BUSINESS CAREER

ビジネス・キャリア検定試験
標準テキスト

経理(財務会計)

2級〔第2版〕

JN222424

監修 大倉 学・鈴木 昭一
中央職業能力開発協会 編

発売元 社会保険研究所

ビジネス・キャリア検定試験標準テキスト について

∎∎∎

　企業の目的は、社会的ルールの遵守を前提に、社会的責任について配慮しつつ、公正な競争を通じて利潤を追求し永続的な発展を図ることにあります。その目的を達成する原動力となるのが人材であり、人材こそが付加価値や企業競争力の源泉となるという意味で最大の経営資源と言えます。企業においては、その貴重な経営資源である個々の従業員の職務遂行能力を高めるとともに、その職務遂行能力を適正に評価して活用することが最も重要な課題の一つです。

　中央職業能力開発協会では、「仕事ができる人材（幅広い専門知識や職務遂行能力を活用して、期待される成果や目標を達成できる人材）」に求められる専門知識の習得と実務能力を評価するための「ビジネス・キャリア検定試験」を実施しております。このビジネス・キャリア検定試験は、厚生労働省の定める職業能力評価基準に準拠しており、ビジネス・パーソンに必要とされる事務系職種を幅広く網羅した唯一の包括的な公的資格試験です。

　２級試験では、課長、マネージャー等を目指す方を対象とし、担当職務に関する幅広い専門知識を基に、グループやチームの中心メンバーとして、創意工夫を凝らし、自主的な判断・改善・提案を行うことができる人材の育成と能力評価を目指しています。

　中央職業能力開発協会では、ビジネス・キャリア検定試験の実施とともに、学習環境を整備することを目的として、標準テキストを発刊しております。

　本書は、２級試験の受験対策だけでなく、その職務のグループやチームの中心メンバーとして特定の企業だけでなくあらゆる企業で通用する実務能力の習得にも活用することができます。また、企業の要として現在活躍され、あるいは将来活躍されようとする方々が、自らのエンプロイアビリティをさ

らに高め、名実ともにビジネス・プロフェッショナルになることを目標にしています。

　標準テキストは、読者が学習しやすく、また効果的に学習を進めていただくために次のような構成としています。

　現在、学習している章がテキスト全体の中でどのような位置付けにあり、どのようなねらいがあるのかをまず理解し、その上で節ごとに学習する重要ポイントを押さえながら学習することにより、全体像を俯瞰しつつより効果的に学習を進めることができます。さらに、章ごとの確認問題を用いて理解度を確認することにより、理解の促進を図ることができます。

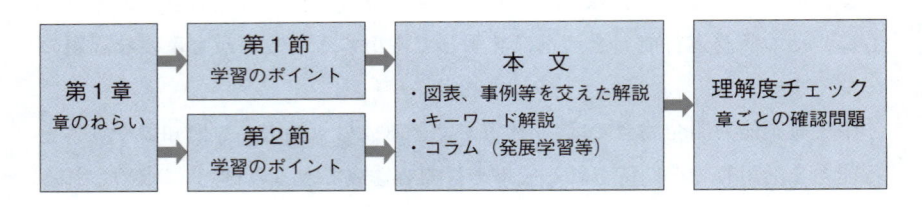

　本書が企業の人材力の向上、ビジネス・パーソンのキャリア形成の一助となれば幸いです。

　最後に、本書の刊行に当たり、多大なご協力をいただきました監修者、執筆者、社会保険研究所編集部の皆様に対し、厚く御礼申し上げます。

中 央 職 業 能 力 開 発 協 会
（職業能力開発促進法に基づき国の認可を受けて
設立された職業能力開発の中核的専門機関）

目　次

財務会計の基礎

【この章のねらい】

　本章では財務諸表について学習する。

　財務諸表とは、損益計算書（Profit and Loss Statement：P／L）、貸借対照表（Balance Sheet：B／S）、キャッシュ・フロー計算書（Cash Flow Statement：C／F）、ならびに株主資本等変動計算書（Statement of Shareholders' Equity：S／S）の総称である。伝統的に損益計算書と貸借対照表が主要財務諸表とされてきたが、（連結）キャッシュ・フロー計算書は2000（平成12）年から、株主資本等変動計算書は2006（平成18）年から制度化されたものである。

　国際化など、会計を取り巻く環境の変化によって財務諸表の種類にも変化が見られるとともに、「個別財務諸表」から「連結財務諸表」へと重点がシフトし、また開示のタイミングも「年次」「半期」から「四半期」へとディスクロージャーの充実化に拍車がかかってきた。

　具体的な処理に関して見ても、たとえば資産の評価について見れば、これまで原価測定が基本であったものが、時価評価が重視され、金融商品を中心に多くの資産・負債項目が時価評価されるようにもなっている。

　特に2000年以降、新たな会計基準が矢継ぎ早に公表されたことでこれまでの会計処理の実務は大きく変更されることとなった。

　このような企業会計を取り巻く変化に対応できるよう、財務諸表の作成原理を深く理解することが本章のねらいである。

会計理論および会計原則

学習のポイント

◆企業会計が制度として成立するための基礎的な仮定あるいは前提である、会計公準（accounting postulates）について理解する。

◆会計という行為を行う場合、どのような立場ないしは視点から行うのかという基本的な立脚点としての概念である会計主体（accounting entity）について理解する。

◆計算構造論については静態論と動態論について理解したうえで、2つの異なる損益計算原理（財産法原理と損益法原理）をこうした視点から見て、財産法は静態論に基づく損益計算原理であるのに対して、損益法は動態論に基づく損益計算原理であるとして整理・理解する。

◆外部報告会計における財務諸表の役割に関して、会計責任説に立つ会計と意思決定に有用な情報提供のための会計との2つの理論的立場を理解する。

◆国際会計基準審議会（International Accounting Standards Board：IASB）が各種の国際会計基準に対して全体に理論的な整合性を持たせるために公表している「概念フレームワーク」（「枠組み」）の基本的視点を理解する。

1 会計公準

会計公準とは、企業会計が制度として成立するための基礎的な仮定あるいは前提をいう。会計公準にかかわる代表的な学説はいくつかあるが、一般には以下の3つが挙げられる。

① **企業実体**（business entity）**の公準**：会計の計算が行われる対象は個人とは分離された個々の企業体（組織体）であるとする前提。

② **継続企業**（going concern）**の公準／会計期間**（accounting period）**の公準**：企業はいったん設立したら半永久的に経営活動を続けるという前提。この前提から人為的に期間を区切った期間計算が必要となる、すなわち会計期間を設定する必要性が導かれることから、会計期間の公準と称されることがある。

③ **貨幣（的）評価**（monetary valuation）**の公準**：会計の測定尺度として貨幣単位を用いるという前提。

2 会計主体

会計主体とは、会計（計算）を行う場合、どのような立場から会計を行うのかという基本的な立脚点を表した概念である。会計主体をどこに求めるかによって、資本主理論、代理人理論、企業主体理論、企業体理論、資金理論などがある。これは非常に重要な考え方で、どの立場に立つかによって計算目的や方法が異なってくることになる。ちなみに、制度的には、以下のうちの①資本主理論の立場がとられていると見ることができる。

① **資本主理論**（proprietorship theory）：企業会計の主体を企業の資本主に求める立場。

② **代理人理論**（agency theory）：所有（資金の委託者）と経営（資金の受託者）の分離を前提に、所有者たる資本主（株主）から拠出された資本を資本主に代わってこれを運用する代理機関としての企

業に求める立場。

③ **企業主体理論**（entity theory）：企業を資本主から切り離して、企業会計の主体を企業それ自体に求める立場。

④ **企業体理論**（enterprise theory）：企業主体論と同じく会計の主体を企業自体に求めるものであるが、企業体論では、さらに企業の社会的側面（社会的給付機能）を強調あるいは重視した企業観をとる。

⑤ **資金理論**（fund theory）：企業にまつわるさまざまな人格的要素から離れて、企業会計の主体を資金の集合体と見る立場。

また、会計主体論はグループ（連結）企業に対しても論じられることがある。つまり、連結財務諸表は誰の立場に立って作成されるのか、という問題である。これには次の3つの考え方がある。

① **親会社株主概念**：親会社株主の立場からグループ企業をとらえようとする考え方。子会社の資産、負債、収益、費用等の財務諸表項目の金額のうち、親会社持分に相当する金額のみが親会社株主に帰属するものとして連結財務諸表が作成される。

② **親会社概念**：親会社の立場からグループ企業をとらえようとする考え方。親会社は子会社全体を支配しているのであるから、全部連結方式が採用されるが、他方、非支配株主持分は、親会社株主から見れば出資者としては位置づけられないので、その表示箇所は負債かまたは負債と資本（純資産）の中間に記載されることになる。

③ **経済的単一体概念**：グループ企業全体の立場からその経済的実態をとらえようとする考え方。ここでは親会社の株主も非支配株主も、どちらもグループ企業全体の出資者として位置づけられる。したがって、連結財務諸表を作成するうえでは、上記②の親会社概念と同様に全部連結方式が採用されるが、非支配株主持分は連結財務諸表上、資本（純資産）と考えられる。

3 計算構造論

（1） 会計理論の変遷──静態論（財産計算）から動態論（損益計算）へ

　静態論とは、財産計算を企業会計の第一義の目的に考えた理論体系である。これに対して、動態論は期間損益計算を企業会計の第一義の目的に考えた理論体系である。歴史的には静態論から動態論へと発展してきたとされている。

　計算原理的視点から見ると、財産法原理と損益法原理という2つの異なる損益計算原理がある。財産法は期首と期末の資本を比較して利益の計算をしようとする思考であり、静態論のもとでの損益計算原理であるとされるのに対して、損益法は収益と費用から利益の計算をしようとする思考であり、動態論のもとでの損益計算原理であると位置づけられる。

（2） 損益法を基調とする発生主義会計──資産・負債アプローチへ

　わが国の現行の企業会計は、「企業会計原則」の思考からは、期間損益計算を中心とした計算構造を持ち、損益法を基調としている。このうち、損益の認識に関しては、発生主義会計（発生主義の原則による費用の計上、実現主義の原則による収益の計上、および費用収益対応の原則による期間損益の限定）が支持されている。さらにこの発生主義会計においては、分配可能利益計算の要請から、収益の認識に関しては実現主義の原則を適用し、未実現利益の計上を避けるよう配慮されている。他方、費用の測定に関しては原価主義がその中心をなしており、そのしくみは原価配分（費用配分）として特徴づけられる。

　一方、後述する国際会計の領域では会計の5要素（資産・負債・持分・収益・費用）について、資産概念を中心としてとらえる「資産・負債アプローチ」がとられており、その理論体系から収益認識に関しては従来の実現主義とは異質の新しい思考方法が展開されている。

4 会計原則――「企業会計原則」の意義

（1）「企業会計原則」の意義と構成

「企業会計原則」とは、その前文において以下の性格を有する会計原則（ないし基準）と述べられている。

① 企業会計の実務の中に慣習として発達したものの中から、一般に公正と認められたところを要約したもので、必ずしも法令によって強制されないでも、すべての企業がその会計を処理するのにあたって従わなければならない基準である。

② 公認会計士が公認会計士法および証券取引法（現在にいう「金融商品取引法」）に基づき財務諸表の監査をなす場合において従わなければならない基準となる。

③ 商法（現在にいう「会社法」）、税法等関係諸法令の制定改廃の際に尊重されなければならないものである。

「企業会計原則」は、1949（昭和24）年に経済安定本部企業会計制度対策調査会の中間報告として公表された。以後、1954（昭和29）年、1963（昭和38）年、1974（昭和49）年、1982（昭和57）年と修正された経緯を持つ。

企業会計原則は、次の内容から構成されている。

① 一般原則
② 損益計算書原則（P／L原則）
③ 貸借対照表原則（B／S原則）
④ 注解

21世紀に入り、会計基準の国際的な調和化が要請される中で、新たな会計基準が矢継ぎ早に公表されたことで、「企業会計原則」の多くの部分が修正されないままに今日に至っている。このことから「企業会計原則の実質的意義は薄れた」といったような表現がなされることがある。確かに金融商品会計基準をはじめ、複数の新会計基準の登場によって部分的に「企業会計原則」の規定よりも優先される基準が存在するが、そ

れをもってまったく機能していないとはいえない。とりわけ、本文を形成しているP/L原則やB/S原則などは、いまなお、財務諸表を作成するうえで重要な役割を果たしているのである。とはいえ、他方では、わが国でも討議資料として「財務会計の概念フレームワーク」が公表されるなど、わが国の会計原則に対する体系的整備の必要性が生起している状況にあるといえる。

（2）「企業会計原則」の一般原則

　一般原則を構成する7つの原則は、会計報告の真実性を要求する「真実性の原則」を頂点（最上位の原則）として、他はそれを支援するための原則（下位原則）として、それぞれ一定の役割を担うものであると階層的にとらえることが必要である。

① 真実性の原則

　「企業会計は、企業の財政状態及び経営成績に関して、真実な報告を提供するものでなければならない」

　この原則にいう「真実性」とは、唯一の客観的・絶対的真実性を指すものではなく、会計の目的に応じて異なり、また会計には本質的に主観的判断が介入することを考慮して、主観的・相対的真実性を指すものと解される。制度的には、真実な会計報告とは、一般に公正妥当と認められる会計基準に準拠して作成された財務諸表を指している。

② 正規の簿記の原則

　「企業会計は、すべての取引につき、正規の簿記の原則に従って、正確な会計帳簿を作成しなければならない」

　正規の簿記の原則は、その文言に見られるように、正確な会計帳簿を作成することを要求する原則であるが、その意味内容をどのように解するかについては広狭2つの説がある。1つは、この原則をもっぱら正確な会計帳簿の作成にかかわる記録原則として限定的に解する説（狭義説）である。いま1つは、この原則を単に記録原則だけでなく、処理ないし財務諸表の作成にもかかわる原則であると解する説（広義説）であ

る。「企業会計原則」注解［注1］「重要性の原則の適用について」において、「重要性の乏しいものについては、本来の厳密な会計処理によらないで他の簡便な方法によることも、正規の簿記の原則に従った処理として認められる」と述べている点から見ると、企業会計原則では広義説が採用されているように思われる。ただし、一般原則の体系上、個々の原則はそれぞれ固有の役割を担っているという点から見ると、広義説はこの原則の範囲を広くとらえすぎているという指摘もある。

③ 資本取引・損益取引区別の原則

「資本取引と損益取引とを明瞭に区別し、特に資本剰余金と利益剰余金とを混同してはならない」

資本取引・損益取引区別の原則は、第1に、この両取引を明瞭に区別して、期間損益の正確な計算を可能にし、第2に、利益剰余金と資本剰余金とを区別することによって、企業の活動の元手たる資本の維持を図るという役割を果たすことにある。

④ 明瞭性の原則

「企業会計は、財務諸表によって、利害関係者に対し必要な会計事実を明瞭に表示し、企業の状況に関する判断を誤らせないようにしなければならない」

明瞭性の原則は、会計報告の担い手としての財務諸表を通して、利害関係者に企業の状況に関する判断を誤らせないようにするために必要な会計事実を明瞭に開示することを要求する原則であり、会計報告の基本原則である。重要な会計方針や後発事象の開示、区分表示、総額表示、注記情報の開示などの要請は、この原則の具体的な現れである。

⑤ 継続性の原則

「企業会計は、その処理の原則及び手続を毎期継続して適用し、みだりにこれを変更してはならない」

継続性の原則は、同一の会計事実について2つ以上の処理方法の選択適用が認められている場合に、いったん採用した方法を毎期継続して適用することによって、(a)財務諸表の期間比較性を確保し、(b)恣意的な

利益操作を排除するという役割を担う原則である。この原則は、広義には、表示方法の継続性をも要求するものと解される。

⑥ **保守主義の原則**

「企業の財政に不利な影響を及ぼす可能性がある場合には、これに備えて適当に健全な会計処理をしなければならない」

この原則の具体的な適用例として、処理方法の選択に同程度の合理性がある場合に減価償却方法として定率法を採用すること、のれんについて短期間に毎期均等額以上の償却を行うこと、引当金の計上について合理的に発生すると予測される数値幅の中から上限の数値を選択することなどが挙げられる。

⑦ **単一性の原則**

「株主総会提出のため、信用目的のため、租税目的のため等種々の目的のために異なる形式の財務諸表を作成する必要がある場合、それらの内容は、信頼しうる会計記録に基づいて作成されたものであって、政策の考慮のために事実の真実な表示をゆがめてはならない」

単一性の原則は、株主総会提出目的、信用目的、租税目的等利用目的の違いにより形式の異なる財務諸表を作成すること（形式多元）は容認するが、その場合にも、内容的には、信頼しうる会計記録に基づいたも

コラム **ちょっとご注意**

《重要性の原則について》

先に示した一般原則に加えて、「企業会計原則」では正規の簿記の原則、明瞭性の原則等に対する注解として重要性の原則を掲げているが、この原則は、重要性の乏しいものについて本来の厳密な会計処理によらないで簡便な方法によることを容認した原則である。注解では、重要性の原則の適用から生じる簿外資産・簿外負債は正規の簿記の原則に従った処理として認められると述べている。この見解では、正規の簿記の原則は処理原則をも含むものと広義に解されている。

のでなければならない（実質一元）とする原則である。

5 外部報告会計と財務諸表の役割

　外部報告会計で中心に位置づけられる財務諸表の目的ないし機能についての議論では、①資本の委託・受託の上に成立する受託責任の解除もしくは会計責任の遂行に重点を置く立場、②利害関係者の利害調整に重点を置く立場、③投資家を中心とする情報利用者の意思決定に有用な情報の提供に重点を置く立場、などがある。

　①　資本の委託・受託の上に成立する受託責任の解除もしくは会計責任の遂行に重点を置く立場とは、外部報告会計を、特に資本の委託・受託の関係に着目して、資本の受託者たる企業経営者がその委託者たる資本提供者（株式会社の場合は株主）に対して負う説明責任を履行するためのものと見る見解である。

　②　利害関係者の利害調整に重点を置く立場とは、外部報告会計を、企業の利害関係者の利害調整のためのものと見る見解である。特に、株式会社においては株主と債権者との間の利害調整に焦点が当てられる。

　③　投資家を中心とする情報利用者の意思決定に有用な情報の提供に重点を置く立場とは、外部報告会計を、（顕在的・潜在的）市場参加者の合理的意思決定を支援し、もって資本市場（証券市場）の合理的な運営・発展に資するべく重要なインフラとして機能するためのものと見る見解である。

　これらの視点と会計行為との関係を見ると、①では株式会社という制度的側面から見た資本の委託・受託の関係をとらえることで、企業が資本提供者から委託された資本の運用顛末を会計責任遂行の意味ととらえている。そこでは、客観的で信頼に足る情報特性が重視されるところから、相対的に過去指向的な会計情報が重視され、実現基準や取得原価基準などの計算構造上の特徴が指摘されるところである。②では利害関係

者の利害衝突というそれぞれの経済的立場に注目しているところから、財務諸表が目的とするところは利害調整機能にある。③資本市場における会計情報の機能は、投資家を中心とする情報利用者に対して経済的意思決定のための有用な情報を提供することにある。ここでは、企業の今後の収益力や成長力、キャッシュ・フロー創出能力が最大の関心事であることから、発生基準や時価基準などの財務諸表の計算構造上の特徴が指摘されるところである。

6 会計の国際化──概念フレームワークと国際会計基準

（1）２つのタイプの会計──英米型会計と大陸型会計

　会計制度を国際的に見た場合、一般に英米（アングロ・アメリカン）型会計とドイツやフランスなどの大陸（フランコ・ジャーマン）型会計とに分類されることが多い。英米系の国々においては、いわゆる慣習法的社会基盤を背景とし、帰納的手法を通じて実際の実務を中心に問題を解決していこうとするアプローチをとる。そこでの外部報告会計の最大の目的は、現在ならびに将来の投資家に対する**有用な投資意思決定情報の提供**にある。これに対して大陸系の国々においては、いわゆる成文法的社会基盤を背景とし、演繹的手法を通じて問題を解決していこうとするアプローチをとる。そこでの外部報告会計の最大の目的は、分配可能利益の算定を通した各種利害関係者の利害調整にある。

　この中にあって、各国の会計制度をできるだけ国際的に調和化していこうとする現代の潮流にある背景には、とりわけ国際資本市場の領域において、企業の経済的実態に関して、意思決定に有用な情報の報告を提供すべきであるという共通認識がある。これは今日のような国際資本市場の飛躍的な発展に伴い、会計情報に対する国境を越えた比較可能性をもっと向上すべきであるというニーズが出発点となっている。こうして現在における会計国際化の流れは、有用な投資意思決定情報の提供を中

心的課題とするような、英米型会計アプローチが国際的な広がりを見せ
ている。

（2）概念フレームワークと国際会計基準

　国際会計基準審議会（IASB）では、各国の会計基準の統一を目的に
その前身である国際会計基準委員会（International Accounting Stan-
dards Committee：IASC）発足の1973年以来、一連の国際会計基準
（International Accounting Standards：IASおよびInternational Fi-
nancial Reporting Standards：IFRS、以下、IAS/IFRSとする）の
公表・設定に力を入れてきた。公表された複数の基準間における理論的
な食い違いをなくすために、会計基準全体にかかわる基本的な理論的概
念・考え方を設定しておく必要があるとの認識のもとで、各種の会計基
準の全体に理論的な整合性を持たせるために、「財務諸表の作成及び表
示に関する枠組」（Framework for the preparation and presentation
of financial statements, 1989）を公表した。これは一般に「概念フレー
ムワーク」とか、単に「枠組み」などといわれる。

　この枠組みはその後見直しがなされ、現在は2010年に出された「財務
報告のための概念フレームワーク2010」において一部が新たな置き換え
られることとなった。これに加えて、2015年には新たな「概念フレーム
ワーク」の公開草案が示され、2018年3月には改訂版が公表された
（2020年1月1日以降に開始する事業年度から適用）。以下のその概要を
示すこととする。

① 「概念フレームワーク」の目的及び位置づけ

　「概念フレームワーク」は次のような目的を有するものである。

　（a）将来のIAS/IFRSを開発する際と現行のIAS/IFRSの見直し
　　　を行う際に役立てること

　（b）各国の会計基準設定主体が国内の基準を開発する際に役立てる
　　　こと

　（c）財務諸表作成者がIAS/IFRSを適用する際、またはIAS/IFRS

が対象としていないテーマについて対応する際に役立てること、等。

② 財務報告の目的

　財務報告の目的は、現在の、または潜在的な投資家や債権者がみずからの資金を企業に提供することに関する意思決定に有用な情報を提供することであるとされる。

③ 会計情報の質的特性

　会計情報の質的特性とは、財務報告の目的を達成するために会計情報が有するべき属性のことであり、基本的な質的特性として次の2つのものが示されている。

　(a) **目的適合性**：財務諸表利用者の意思決定に相違をもたらしうる質的特性

　(b) **忠実な表現**：財務諸表が表現しようとしている内容を忠実に表現しているという質的特性

④ 財務諸表の構成要素の定義

「概念フレームワーク」では、財務諸表の構成要素を資産、負債、持分、収益および費用として次のように定義している。

　(a) 資産：企業が過去の事象の結果として支配している現在の経済的資源。経済的資源とは、経済的便益を生み出す潜在能力を有する権利

　(b) 負債：企業が過去の事象の結果として経済的資源を移転する現在の義務。義務とは、企業が回避する実際上の能力を有していない債務または責任

　(c) 持分：企業の資産からすべての負債を差し引いた残余

　(d) 収益：当該会計期間中の資産の流入もしくは増価または負債の減少の形をとる経済的便益の増価であり、持分参加者からの拠出に関連するもの以外の持分の増加をもたらすもの

　(e) 費用：当該会計期間中の資産の流出もしくは減少または負債の発生の形をとる経済的便益の減少をもたらすもの

　ここに、5要素の意義もしくは関係性が資産の概念を中心として構築されているところから、このような思考がいわゆる「資産・負債アプロ

ーチ」として特徴づけられるところである。

⑤ 構成要素の認識と測定

　定義を充足した構成要素は認識規準を満たした場合に財務諸表において認識され、歴史的原価や現在価値によって測定される。

 **コラム ちょっとご注意**

《会計理論から見た資産の評価「資産の測定属性とは何？」》

　資産をどのような金額で測定するのか、これを測定属性というが、現行の会計制度においては、以下のような複数の測定属性が用いられている。（　）内は実際の適用対象。

① 取得原価：資産を実際に取得したときに実際に支払われた金額

② 償却原価：金銭債権において、債権金額と取得原価とが異なる場合、この差額を弁済期に至る期間において毎期一定の方法で貸借対照表価額に加減した金額。なお、この計算方法を償却原価法といい、複利計算による利息法と単利計算による定額法とがある（満期保有目的の債券）

③ 時価・市場価額：取引市場や流通市場で成立している価格。これには、以下がある。

　(a) 取替原価または再調達原価：いま、調達したらいくらかという金額

　(b) 売却時価：いま、売ったらいくらかという金額

　(c) 正味売却価額：売却時価から販売費用や処分費用等アフター・コストを差し引いた金額

　(d) 使用価値：資産の使用（および処分）によってもたらされると見込まれる将来キャッシュ・フローを一定の割引率を用いて割り引いた金額（(c) と (d) は、固定資産に対する減損会計の適用）

　(e) 入金予定額：資産からもたらされる将来キャッシュ・フローを単純合計した金額（売掛金等の一般債権）

　(f) 被投資企業の純資産に基づく金額：被投資企業の純資産のうち、投資側企業の持分比率に対応した金額（市場価格のない株式の実質価額が著しく低下したときの計算、持分法の適用）

コラム 知ってて便利

《知っておきたい〈J－SOX法〉》

　米国では、コンプライアンス（法令遵守）活動に熱心であったにもかかわらず、エンロン事件などに代表されるような不正会計疑惑が頻発し、証券市場の信頼性を根本から揺るがす事態となった。その結果、内部統制の義務化など抜本的にコンプライアンスを強化させるという米国企業改革法（サーベンス・オクスリー法：SOX法）が2002年に制定された。

　これにより内部統制の有効性について投資家へ報告するために、過去から信用してきたはずの内部統制を改めて文書化し、加えて、内部統制をなぜ有効と評価したのかについての証拠や記録をすべて残さなければならなくなった。一部の企業が起こした不祥事は、多くの企業に莫大な作業とコストを強いる結果となったのである。

　その後、日本でも米国と同様に不正会計疑惑が頻発したことから、2006（平成18）年に日本版SOX法（J－SOX法）が制定され、2008（平成20）年4月1日以降に開始する事業年度から適用されることになった。日本では米国の企業がSOX法に対応するために膨大な作業とコストを強いられたことを教訓とし、企業が過度の負担を強いられないようにするため、実務上の取り扱いの基準となる「財務報告に係る内部統制の評価及び監査の基準」（内部統制報告基準）および「財務報告に係る内部統制の評価及び監査に関する実施基準」（実施基準）が公表された。この基準によれば、企業グループのすべてが具体的に内部統制についての文書化と評価をしなければならないのではなく、重要な事業拠点（たとえば、売上高を合算し、3分の2程度に達するまでの拠点）が評価の対象となっている。そのため、もし重要な事業拠点であると判断されれば、当然にJ－SOX法による評価の対象となる。米国のSOX法でも問題となったのであるが、今後、どのように内部統制の構築と文書化の方法を指導していくのかということが大きな問題となろう。

損益計算書

◆損益計算書は、企業の経営成績を明らかにするために作成される財務諸表である。そのために、一会計期間に生じたすべての収益と費用が損益計算書に含められるとともに、当期純損益の計算過程においては営業損益や経常損益等の表示が要求され、損益が発生源泉別に表示される。

◆わが国の現行会計制度上、期間損益計算において収益と費用は発生主義に基づいて認識される。ただし、収益は、計算価額の客観性や損益の確定性を確保するため、実現したものに限定される。

◆期間損益計算上、収益と費用は収支額に基づき測定される。費用性資産の取得原価は、資産の種類に応じた費用配分の手続により、各期の損益計算に配分される。

◆損益計算書に記載される収益と費用は、期間損益の発生源泉を明らかに示すために各項目の性質に応じて区分して表示される。その結果、損益は、売上総利益、営業損益、経常損益、税引前当期純損益、当期純損益と、段階的に表示される。

1 損益計算の意義

（1）損益計算書の本質

　損益計算書とは、一会計期間に生じた収益と費用とを対応させて、企

業の経営成績を明らかにするために作成される会計報告書のことをいう。この場合に、損益計算書に記載される収益と費用の範囲を確定する考え方に、当期業績主義と包括主義とがある。

① 当期業績主義

当期業績主義とは、損益計算書の記載内容を、企業の経常的な経営活動から生じる損益項目に限定する考え方である。

この考えのもとでは、損益計算書に記載される収益項目は売上高などの営業収益と経常的な財務活動から生じる営業外収益に限られ、また、費用項目は売上原価や販売費及び一般管理費などの営業費用と経常的な財務活動から生じる営業外費用項目に限定される。固定資産の売却や、水害や火災などによって臨時的に生じる損益項目と、過年度の損益修正から生じる前期損益修正項目は、当期の業績を示すものではないため、損益計算書に記載されずに別途これらを収容する利益剰余金計算書というものが作成されることになる。その結果、損益計算書には、一会計期間における経常的な経営活動による正常な収益力が計算・表示されることになる。

② 包括主義

包括主義とは、損益計算書の記載内容を、経常的な経営活動から生じる損益項目に限ることなく、臨時損益項目等も含めたものとする考え方である。この立場では、純資産を増加させる原因となるすべての損益項目が損益計算書に記載される。その結果、損益計算書には純資産の裏づけのある分配可能額が計算・表示されることになる。

このように、損益計算書に記載される収益と費用の範囲については、当期業績主義と包括主義という2つの考え方が存在する。この点について、企業会計原則では「損益計算書は、企業の経営成績を明らかにするために、一会計期間に属するすべての収益とこれに対応するすべての費用とを記載して経常利益を表示し、これに特別損益に属する項目を加減して当期純利益を表示しなければならない」（企業会計原則第二「損益

計算書原則」一）と規定する。これは、一会計期間に生じたすべての収益と費用を損益計算書に記載する包括主義による立場を指示するのと同時に、当期純利益の計算過程において経常損益等の表示を要求することによって、当期業績主義の立場も達成することを意図したものである。

（2）包括利益の表示

たとえば、金融商品会計基準において指示されている、その他有価証券の期末時価評価方法（全部純資産直入法）において、損益計算書を経由することなく貸借対照表の純資産の部を増加させる項目が出現するようになった。

これらの項目は資産の再評価によって生じるため、この場合に生じる評価差額（特に評価益）は、収支額を基礎とする損益の認識構造のもとではとらえることができない。そのために、これらの評価差額は現行の損益計算書に記載することが要請されてはいない。それに代えて、当該収益が実現するまで、貸借対照表の純資産の部に記載することとなっている。

国際的には、こうした項目を損益計算書に含めて作成しようとする動きが見られる。この場合に、これらの評価差額を含めて示される利益を、包括利益という。わが国では、企業会計基準第25号「包括利益の表示に関する会計基準」に具体的規定が設けられた形で国際的な状況に対応している。

2 発生主義会計

損益の認識については、現在IAS／IFRSとの関係において新基準が検討されているが、「企業会計原則」における企業会計の中心的課題は、適正な期間損益の計算・表示にある。本節では、「企業会計原則」における期間損益計算の認識構造について見ることとする。

（1）収益と費用の認識

　期間損益の計算において、収益と費用の期間帰属（いつ、どのような事象をもって収益と費用とするか）を決定する行為を認識という。これに関して、現金主義と発生主義という考えがある。

① 現金主義

　現金主義とは、現金の収入時点で収益を認識し、現金の支出時点で費用を認識するという考え方である。現実の現金の収入・支出事実に基づき収益と費用の金額を認識するため、損益計算が容易で理解しやすいという特徴を持つ。しかし、信用制度の発達により掛売りや掛買いなどの信用取引が増大したり、減価償却を必要とする固定資産を所有したりする場合に、収益と費用の計上時点と現金の収入・支出時点との間に時間的なずれが生じ、正しい損益計算を行うことができなくなる。そのため、現代の企業会計においては、原則として、次に示す発生主義の考え方が採用されている。

② 発生主義

　発生主義とは、企業活動によって生じる経済価値の増加の事実に基づき収益を認識し、経済価値の減少の事実に基づいて費用を認識する方法である。発生主義のもとでは、現金の収入・支出事実とは関係なく、損益の発生をもたらす経済的価値の増減事実に基づいて当期の収益と費用を認識するため、現代の企業会計における期間損益の認識方法として一般に採用されている。

　ただし、次に述べるように、収益の認識については実現基準（実現主義）の適用を受けることになる。この点について「企業会計原則」は、「すべての費用及び収益は、その支出及び収入に基づいて計上し、その発生した期間に正しく割当てられるように処理しなければならない。ただし、未実現収益は、原則として、当期の損益計算に計上してはならない」（企業会計原則第二「損益計算書原則」一Ａ）と規定している。

③ 実現主義

　収益の認識にあたっては、収益が「実現」していることが求められる。

ここに実現とは、特に商品・製品販売業における営業収益の場合、商品・製品等の引き渡しが行われ、その対価として現金または現金同等物が流入した時点をいう。収益の認識基準として「実現」が必要とされる理由は、次の2点にある。

　第1に、現在の資本主義経済のもとでの生産方式が、注文を受けて製造を行う受注生産方式ではなく見込生産に基づいた大量生産方式を採用する点にある。この生産方式のもとでは、たとえば、製品の製造過程の進行に伴って製品価値の増加が認められたとしても、それが販売される保証はなく、また、販売されるまで売上の金額を確定することもできない。そのため、収益金額の確実性・客観性を確保するという要請から、対価の額が確定する販売の時点に収益の認識を行うことが必要となる。

　第2に、処分可能利益を算定する必要からも、収益の実現が要請される。利益が税金の支払や株主への配当の財源等に利用されることを考えると、利益は処分可能であることが求められる。仮に、商品・製品等の販売前に売上が計上されるとすれば、販売対価としての現金あるいは現金同等物の流入のない利益の計上を導くことになる。そのため、処分可能利益の算定を重視するという要請からは、対価の額が確定する販売時点に収益の認識を行うことが必要となる。

④　新しい収益認識基準

　2018（平成30）年3月に、企業会計基準委員会から企業会計基準第29号「収益認識に関する会計基準」（以下、「収益基準」）および企業会計基準適用指針第30号「収益認識に関する会計基準の適用指針」（以下、「収益適用指針」）が公表された。従来、収益の認識に関しては「企業会計原則」が上記③で示した実現主義を指示してきたが、2021年4月以降に開始する会計年度からは、当該基準が優先して適用されることになる（2018年4月以降に開始する年度からの早期適用も認められている）。

　この新しい会計基準は、わが国の収益認識における包括的な会計基準の開発として、国内外での財務諸表の比較可能性を高めるという観点からIFRS第15号「顧客との契約から生じる収益（Revenue from

Contracts with Customers)」を踏まえて作成されたものである。したがって、そこではIFRS第15号の規定内容が基本的に取り入れられ、また、わが国での適用上の課題に対応するために財務諸表の比較可能性を大きく損なわせないという範囲で代替的な取り扱いを追加的に認めているという方針がとられている。

「収益基準」の「結論の背景」ではこうした方針が次のように記されている。

「収益認識に関する会計基準の開発にあたっての基本的な方針として、IFRS第15号と整合性を図る便益の1つである国内外の企業間における財務諸表の比較可能性の観点から、IFRS第15号の基本的な原則を取り入れることを出発点とし、会計基準を定めることとした。また、これまで我が国で行われてきた実務等に配慮すべき項目がある場合には、比較可能性を損なわせない範囲で代替的な取扱いを追加することとした」（第97項）

「前項の方針の下、連結財務諸表に関して、次の開発の方針を定めた。

(1) IFRS第15号の定めを基本的にすべて取り入れる。

(2) 適用上の課題に対応するために、代替的な取扱いを追加的に定める。代替的な取扱いを追加的に定める場合、国際的な比較可能性を大きく損なわせないものとすることを基本とする。

(1) の方針を定めた理由は、次のとおりである。

① 収益認識に関する包括的な会計基準の開発の意義の1つとして、国際的な比較可能性の確保が重要なものと考えられること

② IFRS第15号は、5つのステップに基づき、履行義務の識別、取引価格の配分、支配の移転による収益認識等を定めており、部分的に採用することが困難であると考えられること」（第98項）

従来の実現主義（販売基準等）との関係における「収益基準」の全体的な概要は次のとおりである。

収益（売上高等）は企業が契約上の履行義務を充足した際に認識する

こととされるが、この際、

・顧客との契約の対象となる財またはサービスを顧客に移転すること
によって履行義務を充足したとき

または

・顧客との契約の対象となる財またはサービスを顧客に移転すること
によって履行義務を充足するにつれて

収益が認識されるとしている。

すなわち、前者は従来の販売基準に相当し、後者はいわゆる生産基準
（たとえば工事進行基準）が相当することとなる。ここに注意すべきは、
わが国では収益認識のタイミングおよび簿記処理のポイントとして取り
上げられることの多い割賦販売における割賦基準が認められないことで
ある（第104項）。

上記のように、IFRS第15号では収益認識に5つのステップが規定さ
れており、わが国会計基準の開発においてはこれらを別個に取り扱うこ
との困難性から、上記のようにまずはIFRS第15号の規定内容は基本
的にすべて取り入れられることとなったのであるが、以下に見るように
わが国の会計基準においても収益認識は5つのステップから構成されて
いる。

「収益基準」では、「本会計基準の基本となる原則は、約束した財又は
サービスの顧客への移転を当該財又はサービスと交換に企業が権利を得
ると見込む対価の額で描写するように、収益を認識することである」（第
16項）としてうえで、次の5つのステップを示している。

「(1) 顧客との契約を識別する。

本会計基準の定めは、顧客と合意し、かつ、所定の要件を満た
す契約に適用する。

(2) 契約における履行義務を識別する。

契約において顧客への移転を約束した財又はサービスが、所定
の要件を満たす場合には別個のものであるとして、当該約束を履

　行義務として区分して識別する。

(3) 取引価格を算定する。

　　変動対価又は現金以外の対価の存在を考慮し、金利相当分の影響及び顧客に支払われる対価について調整を行い、取引価格を算定する。

(4) 契約における履行義務に取引価格を配分する。

　　契約において約束した別個の財又はサービスの独立販売価格の比率に基づき、それぞれの履行義務に取引価格を配分する。独立販売価格を直接観察できない場合には、独立販売価格を見積る。

(5) 履行義務を充足した時に又は充足するにつれて収益を認識する。

　　約束した財又はサービスを顧客に移転することにより履行義務を充足した時に又は充足するにつれて、充足した履行義務に配分された額で収益を認識する。履行義務は、所定の要件を満たす場合には一定の期間にわたり充足され、所定の要件を満たさない場合には一時点で充足される」(第17項)

　これら5つのステップを踏まえた収益認識の概要は、「収益適用指針」の〔設例1〕を参考に示すと以下のとおりとなる。

設例1

　次の前提条件のもとで、当期に認識される収益の金額を求めなさい。

〔前提条件〕

1．当期首に顧客との間で商品Aを販売するとともに2年間の保守サービスを提供する1つの契約を締結した。

2．期首に顧客に対して当該商品を引き渡すとともに、当期首から翌期末まで保守サービスを提供する。

3．契約書に記載された対価の額は26,000円である。

　　独立販売価格(商品を販売することだけに基づく取引価格および保守サービスのみを提供することだけに基づく取引価格)に基づき、取引価格26,000円を各履行義務に配分した結果、商品の取引価格は

20,000円であり、保守サービスの取引価格は6,000円であった。

解　答

23,000円

解　説

ステップ1：顧客との契約を識別する。

ステップ2：商品の販売と保守サービスの提供を履行義務として識別し、それぞれを収益認識の単位とする。

ステップ3：商品と保守サービスの提供に対する対価を26,000円と算定する。

ステップ4：前提条件により、取引価格26,000円を各履行義務への配分として商品の取引価格20,000円と保守サービスの取引価格6,000円とに配分する。

ステップ5：履行義務の性質に基づき、商品の販売は一定時点で履行義務を充足すると判断し、商品の引き渡し時に収益を認識する。また、保守サービスの提供は一定の期間にわたり履行義務を充足すると判断して当期、翌期の2年間にわたって収益を認識する。

したがって、当期の収益は商品の販売20,000円と保守サービス3,000円（6,000円×1/2）の合計額23,000円となる。

設例2

設例1 の〔前提条件〕3を次のようにした場合の当期の収益認識額を求めなさい。

3．契約書に記載された対価の額は26,000円である。

当社では商品の販売のみを行う場合の取引価格は24,000円、保守サービスのみを2年間にわたって提供する場合の取引価格は8,000円である。

解　答

22,750円

解　説

　ステップ4での配分計算が次のとおりとなる。

　取引価格総額の26,000円を独立販売価格の比率（24,000：8,000）で配分する。すなわち、

　　商品販売部分：26,000円×｛24,000/（24,000＋8,000）｝＝19,500円

　　保守サービス部分：26,000円×｛8,000/（24,000＋8,000）｝＝　6,500円

という履行義務への配分となり、当期は19,500円＋6,500円×1/2＝22,750円

　ここからは5つのステップについてその概要を見ていくこととする。

【ステップ1：契約の識別】

　ステップ1の契約の識別について「収益基準」は、次の5つの要件をすべて満たす顧客との契約を識別するとしている。

　「(1) 当事者が、書面、口頭、取引慣行等により契約を承認し、それぞれの義務の履行を約束していること

　　(2) 移転される財又はサービスに関する各当事者の権利を識別できること

　　(3) 移転される財又はサービスの支払条件を識別できること

　　(4) 契約に経済的実質があること（すなわち、契約の結果として、企業の将来キャッシュ・フローのリスク、時期又は金額が変動すると見込まれること）

　　(5) 顧客に移転する財又はサービスと交換に企業が権利を得ることとなる対価を回収する可能性が高いこと

　　　　当該対価を回収する可能性の評価にあたっては、対価の支払期限到来時における顧客が支払う意思と能力を考慮する」（第19項）

　そして、同一の顧客と同時またはほぼ同時に締結した複数の契約につ

いては、

「(1) 当該複数の契約が同一の商業的目的を有するものとして交渉されたこと

(2) 1つの契約において支払われる対価の額が、他の契約の価格または履行により影響を受けること

(3) 当該複数の契約において約束した財又はサービスが、ステップ2の履行義務の識別において単一の履行義務となること」

のいずれかに該当する場合には、複数の契約を結合して単一の契約とみなして処理するとされている（第27項）。

また、契約の変更があった場合については、まず、

「(1) 別個の財又はサービスの追加により、契約の範囲が拡大されること

(2) 変更される契約の価格が、追加的に約束した財又はサービスに対する独立販売価格に特定の契約の状況に基づく適切な調整を加えた金額分だけ増額されること」

という要件のいずれも満たす場合には、この契約変更を独立した契約として処理することを指示し（第30項）、これら要件を満たさない場合については、いまだ移転していない財またはサービスが契約変更日以前に移転した財またはサービスと別個のものである場合と、別個のものではない場合に分けてその処理方法を指示している（第31項）。

「収益適用指針」では契約の識別に関する設例として、「対価が契約書の価格と異なる場合」を［設例2］に示している。その概要は以下のとおりである。

設例3

次の前提条件のもとで、A社の製品販売時の仕訳を示しなさい。

〔前提条件〕

1．A社はX国のB社に対して製品2,000,000円を販売する契約を締結

した。当該Ｘ国は経済的にも政治的にも不安定であり、またＢ社との取引実績もないことから2,000,000円全額の回収は困難と予想される。しかし、Ｘ国は数年で安定する可能性が高いと思われ、Ｂ社との取引は今後のＸ国との将来の関係構築に有意義であると判断した。

2．A社は収益基準第19項（5）（先述）の要件に該当するかを判定する際に収益基準第47項の「取引価格の算定」（後述）を考慮してＢ社から2,000,000円全額ではなく、その一部の回収を見込んだ。結果として、取引価格は契約上の固定対価ではなく変動対価であるとして1,000,000円に対する権利を得ると判断した。

3．結果、収益基準第19項（5）の要件が変動対価の見積額1,000,000円に基づいて充足されると判断した。他の要件は満たされている。

解 答

（借）売 掛 金 1,000,000 （貸）売 上 1,000,000

解 説

契約の識別によって、収益基準が適用できると判断した。また、収益認識対象は変動対価である1,000,000円が算定基礎となる。従来の処理との相違は、「契約の識別」に基づいて、契約書に記された2,000,000円を基礎とした収益算定とはならない点である。

【ステップ2：履行義務の識別】

ステップ2の履行義務の識別について「収益基準」は、まず、契約における取引開始日に

「（1）別個の財又はサービス（あるいは別個の財又はサービスの束）

（2）一連の別個の財又はサービス（特性が実質的に同じであり、顧客への移転のパターンが同じである複数の財又はサービス）」

のいずれかを顧客に移転する約束のそれぞれについて履行義務を識別するとしている（第32項）。

　ここに、顧客に約束した財またはサービスは、次の2つの要件のいずれも満たす場合には別個のものとするとしている。

「(1) 当該財又はサービスから単独で顧客が便益を享受することができること、あるいは、当該財又はサービスと顧客が容易に利用できる他の資源を組み合わせて顧客が便益を享受することができること（すなわち、当該財又はサービスが別個のものとなる可能性があること）

(2) 当該財又はサービスを顧客に移転する約束が、契約に含まれる他の約束と区分して識別できること（すなわち、当該財又はサービスを顧客に移転する約束が契約の観点において別個のものとなること）」（第34項）

設例4

　次の前提条件のもとで、(1) 当該契約が別個のものであるかどうかの判定をし、(2) 別個のものであると判断された場合、追加資料に基づき複写機引き渡し時の仕訳を示しなさい。

〔前提条件〕

1．A社はB社に対して複写機1台を5年間の保守サービス付きで1,000,000円で販売した。

2．当該複写機は特別仕様のものではなく、汎用商品である。

3．追加資料：販売契約価格1,000,000円の内訳が複写機代金950,000円と保守サービス代金50,000円として把握されている。

解 答

(1) 別個の契約として識別することができる。

(2) （借）現 金 預 金　1,000,000　　（貸）売　　　　上　950,000
　　　　　　　　　　　　　　　　　　　　　前 受 収 益　　50,000

解　説

(1) 当該複写機および保守サービスが一般的なものであるところから、会計基準第34項に照らして第1項の要件は充足し、複写機の引き渡しと保守サービスの提供は個々別々に移転するものであるところから、第2項の要件も充足するものと判断できる。

(2) 前受収益50,000円は5年間にわたって毎期10,000円ずつ売上として計上される。

【ステップ3：取引価格の算定】

　ステップ3の取引価格の算定について「収益基準」は、まず取引価格を、財またはサービスの顧客への移転と交換に企業が権利を得ると見込む対価の額（ただし、第三者のために回収する額を除く）（第47項）としたうえで、対価の性質、時期および金額は、取引価格の見積もりに影響を与えるとして次の4つのすべてを考慮することを指示している（第48項）。

「(1) 変動対価

(2) 契約における重要な金融要素

(3) 現金以外の対価

(4) 顧客に支払われる対価」

　ここに(1)の変動対価とは、顧客と約束した対価のうち変動する可能性のある部分をいい、契約における対価にこの変動対価が含まれる場合には、財またはサービスの顧客への移転と交換に企業が権利を得ることとなる対価の金額を見積もることが指示されている（第50項）。この変動対価の具体例としては、「値引き、リベート、返金、インセンティブ、業績に基づく割増金、ペナルティー等の形態により対価の額が変動する場合や、返品権付きの販売等がある」（「収益適用指針」第23項）と示されている。

　(2)の契約における重要な金融要素に対しては、それがある場合に

は「取引価格の算定にあたっては、約束した対価の額に含まれる金利相当分を調整する。収益は約束した財又はサービスが顧客に移転した時点（又は移転するにつれて）、当該財又はサービスに対して顧客が支払うと見込まれる現金販売価格を反映する金額で認識する」（第57項）と指示されている。

（3）の現金以外の対価での契約の場合に取引価格の算定は「当該対価を時価で算定する」ことが指示され（第59項）、（4）の顧客に支払われる対価については、「顧客に支払われる対価は、企業が顧客（あるいは顧客から企業の財又はサービスを購入する他の当事者）に対して支払う又は支払うと見込まれる現金の額や、顧客が企業（あるいは顧客から企業の財又はサービスを購入する他の当事者）に対する債務額に充当できるもの（例えば、クーポン）の額を含む。顧客に支払われる対価は、顧客から受領する別個の財又はサービスと交換に支払われるものである場合を除き、取引価格から減額する」（第63項）と示される。

設例5

次の前提条件のもとで、（1）X1年3月31日の割賦販売時に必要な仕訳とX2年3月31日に割賦代金を受領した際に必要な仕訳を示しなさい。

〔前提条件〕
1．X1年3月31日にA社は商品Xを5回の分割払いで割賦販売した。
2．同日、第1回目の代金を受領した。代金は毎年3,000円を5回にわたって受領する契約である。
3．割賦売上は販売基準に従って認識する。
4．割賦代金総額に含まれる金融要素（利息相当額：実効利子率年3.65％）には重要性がある。
5．円未満を四捨五入する。

解　答

X1年3月31日の仕訳

　　（借）割賦売掛金　13,979　　　（貸）割 賦 売 上　13,979

　　（借）現 金 預 金　3,000　　　（貸）割賦売掛金　3,000

X2年3月31日の仕訳

　　（借）現 金 預 金　3,000　　　（貸）割賦売掛金　2,599

　　　　　　　　　　　　　　　　　　　受 取 利 息　401

| 解　説 |

X1年3月31日の現在価値の計算：

$3,000 + 3,000/1.0365 + 3,000/(1.0365)^2 + 3,000/(1.0365)^3 + 3,000/$
$(1.0365)^4 = 13,979$

X2年3月31日の利息の計算：

（割賦売掛金13,979 − 第1回回収3,000）×3.65％ = 401

【ステップ4：取引価格の配分】

　ステップ4の取引価格の履行義務への配分について「収益基準」は、「それぞれの履行義務（あるいは別個の財又はサービス）に対する取引価格の配分は、財又はサービスの顧客への移転と交換に企業が権利を得ると見込む対価を描写するように行う」（第65項）とし、「財又はサービスの独立販売価格の比率に基づき、契約において識別したそれぞれの履行義務に取引価格を配分する」（第66項）と指示している。

　第66項の指示する独立販売価格に基づく配分に関しては、「契約におけるそれぞれの履行義務の基礎となる別個の財又はサービスについて、契約における取引開始日の独立販売価格を算定し、取引価格を当該独立販売価格の比率に基づき配分する」（第68項）。

　値引きの処理の配分については、第70項で「契約における約束した財又はサービスの独立販売価格の合計額が当該契約の取引価格を超える場合には、契約における財又はサービスの束について顧客に値引きを行っているものとして、当該値引きについて、契約におけるすべての履行義務に対して比例的に配分する」と規定されるところであるが、第71項に

おいて次の３つの要件をすべて満たす場合には、契約における履行義務のうち１つまたは複数（ただし、すべてではない）に値引きを配分する、と規定されるところである。

「(1) 契約における別個の財又はサービス（あるいは別個の財又はサービスの束）のそれぞれを、通常、単独で販売していること

(2) 当該別個の財又はサービスのうちの一部を束にしたものについても、通常、それぞれの束に含まれる財又はサービスの独立販売価格から値引きして販売していること

(3) (2) における財又はサービスの束のそれぞれに対する値引きが、当該契約の値引きとほぼ同額であり、それぞれの束に含まれる財又はサービスを評価することにより、当該契約の値引き全体がどの履行義務に対するものかについて観察可能な証拠があること」

この値引きに関する処理を「収益適用指針」の［設例15-1］に基づいて見るならば次のようになる。

設例6

次の前提条件のもとで、値引きを配分した取引価格を求めなさい。

〔前提条件〕

1．A社は通常商品Ｘ、Ｙ、Ｚを独立販売しており、次の独立販売価格を設定している。

商品	独立販売価格
Ｘ	8,000円
Ｙ	11,000円
Ｚ	9,000円
合計	28,000円

2．A社は通常、商品ＹとＺを組み合わせて12,000円で販売している。

3．このたびA社は、商品Ｘ、Ｙ、Ｚを20,000円で販売する契約をB社（顧客）と締結した。

A社はそれぞれの商品に係る履行義務を異なる時点で充足する。

4．円未満を四捨五入する。

解　答

商品	配分した取引価格
Y	6,600円
Z	5,400円
合計	12,000円

解　説

　そもそも第70項に従えば、値引きに相当する8,000円を商品Ｘ、Ｙ、Ｚに比例配分するところであるが、前提条件２および３により、第71項に従ってＢ社に商品を移転する際の12,000円は、それぞれの商品に対して配分されることになる。

　　商品Ｙ：個別の独立販売価格11,000円/合計の独立販売価格20,000円×
　　　　　　12,000円＝6,600円

　　商品Ｚ：個別の独立販売価格9,000円/合計の独立販売価格20,000円×
　　　　　　12,000円＝5,400円

【ステップ５：履行義務の充足による収益の認識】

　ステップ５の履行義務の充足による収益の認識について「収益基準」は、「企業は約束した財又はサービス（本会計基準において、顧客との契約の対象となる財又はサービスについて、以下「資産」と記載することもある。）を顧客に移転することにより履行義務を充足した時に又は充足するにつれて、収益を認識する。資産が移転するのは、顧客が当該資産に対する支配を獲得した時又は獲得するにつれてである」（第35項）として、先述したように、契約における取引開始日に識別された履行義務のそれぞれが、一定の期間にわたって充足されるものか、もしくは、一定時点で充足されたのかの判定を求めている。

　まず、一定の期間にわたって充足される履行義務とは次の３つのいず

れかの要件を満たす場合のものとして規定されている（第38項）。

「(1) 企業が顧客との契約における義務を履行するにつれて、顧客が便益を享受すること

(2) 企業が顧客との契約における義務を履行することにより、資産が生じる又は資産の価値が増加し、当該資産が生じる又は当該資産の価値が増加するにつれて、顧客が当該資産を支配すること

(3) 次の要件のいずれも満たすこと

① 企業が顧客との契約における義務を履行することにより、別の用途に転用することができない資産が生じること

② 企業が顧客との契約における義務の履行を完了した部分について、対価を収受する強制力のある権利を有していること」

そして次に、これら要件のいずれも満たさない場合には、一時点で充足される履行義務として、資産に対する支配を顧客に移転することにより当該履行義務が充足されるときに収益を認識する（第39項）。

ここで資産に対する支配とは、「当該資産の使用を指図し、当該資産からの残りの便益のほとんどすべてを享受する能力（他の企業が資産の使用を指図して資産から便益を享受することを妨げる能力を含む。）をいう」（第37項）。そして、この支配の移転を検討する際に考慮すべき指標として、次の5つが例示として示されている（第40項）。

「(1) 企業が顧客に提供した資産に関する対価を収受する現在の権利を有していること

(2) 顧客が資産に対する法的所有権を有していること

(3) 企業が資産の物理的占有を移転したこと

(4) 顧客が資産の所有に伴う重大なリスクを負い、経済価値を享受していること

(5) 顧客が資産を検収したこと」

したがって、先述したように割賦販売においては財もしくはサービスが移転して時点でこれら指標が充足されるために取引開始時点、いわゆる販売基準で収益が認識されることになるのである。

　ここにわが国の伝統的処理との関係から、（5）について見ることとする。わが国の伝統的な実現主義ないしは販売基準による処理では、財の出荷時点を収益認識のタイミングとしてきた。出荷後、取引相手が検収するまでの行為は販売行為とは別の運送（運搬行為）として一連の取引を切断して処理してきたという経験がある。

　「収益適用指針」はこの点に関して、「会計基準第39項及び第40項の定めにかかわらず、商品又は製品の国内の販売において、出荷時から当該商品又は製品の支配が顧客に移転される時（会計基準第35項から第37項、第39項及び第40項の定めに従って決定される時点、例えば顧客による検収時）までの期間が通常の期間である場合には、出荷時から当該商品又は製品の支配が顧客に移転される時までの間の一時点（例えば、出荷時や着荷時）に収益を認識することができる。商品又は製品の出荷時から当該商品又は製品の支配が顧客に移転される時までの期間が通常の期間である場合とは、当該期間が国内における出荷及び配送に要する日数に照らして取引慣行ごとに合理的と考えられる日数である場合をいう」（第98項）としている。

　このように「収益基準」は、「企業会計原則」が示す収益認識とは基本的視座が異なるものであり、具体的な会計処理においても異なる部分が多々ある。本基準の導入においてわが国の収益認識に大きな影響を及ぼすとされるものに以下のような論点がある。

【本人と代理人の区分】

　「収益適用指針」は次のように規定している。

　「顧客への財又はサービスの提供に他の当事者が関与している場合において、顧客との約束が当該財又はサービスを企業が自ら提供する履行義務であると判断され、企業が本人に該当するときには、当該財又はサービスの提供と交換に企業が権利を得ると見込む対価の総額を収益として認識する」（第39項）

　すなわち、企業がみずから財またはサービスを提供する履行義務を負

う場合には顧客からの取引価格総額で収益を認識するのであるが、一方で「顧客への財又はサービスの提供に他の当事者が関与している場合において、顧客との約束が当該財又はサービスを当該他の当事者によって提供されるように企業が手配する履行義務であると判断され、企業が代理人に該当するときには、他の当事者により提供されるように手配することと交換に企業が権利を得ると見込む報酬又は手数料の金額（あるいは他の当事者が提供する財又はサービスと交換に受け取る額から当該他の当事者に支払う額を控除した純額）を収益として認識する」（第40項）としている。

設例7

次の前提条件のもとで、商品販売時の仕訳を示しなさい。
〔前提条件〕

　小売業A社は、商品100,000円を掛けで仕入れ、これを12,000円で販売して現金を受け取った。A社には在庫の所有権や販売価格の決定権等はなく、また在庫管理責任や売れ残り責任を負うものではなく、これらは仕入れ先に帰属するものである。

解　答

（借）現　　　　金　12,000　　（貸）買　掛　金　10,000
　　　　　　　　　　　　　　　　　　受取手数料　　2,000

解　説

A社は当該取引においては本人ではなく代理人であるので、取引における純額を収益として認識、計上する。

【追加の財またはサービスを取得するオプションの付与：ポイントの発行】
「収益適用指針」は次のように規定している。
「顧客との契約において、既存の契約に加えて追加の財又はサービス

を取得するオプションを顧客に付与する場合には、当該オプションが当該契約を締結しなければ顧客が受け取れない重要な権利を顧客に提供するときにのみ、当該オプションから履行義務が生じる。この場合には、将来の財又はサービスが移転する時、あるいは当該オプションが消滅する時に収益を認識する。重要な権利を顧客に提供する場合とは、例えば、追加の財又はサービスを取得するオプションにより、顧客が属する地域や市場における通常の値引きの範囲を超える値引きを顧客に提供する場合をいう」（第48項）

　すなわち、販売時点で履行義務を充足した財もしくはサービスへの取引価格の配分額については収益を認識することになるが、オプションとして配分された部分は、当該オプションにより将来の時点で財またはサービスが移転するとき、あるいは当該オプションが消滅するときに収益が認識されるのである。

設例8

　次の前提条件のもとで、商品販売時の仕訳を示しなさい。

〔前提条件〕

　A社は、顧客に対して商品購入額の10％分のポイントを付与している。このポイントは、次回の購入時から1ポイントにつき1円の値引きを顧客に約束するものである。このポイント制度のもとでのA社の当期の商品販売総額は100,000円である。なお、顧客によるポイント利用率は70％と見込んでいる。円未満を四捨五入する。

解　答

　（借）現 金 預 金　100,000　　（貸）売　　　上　99,305
　　　　　　　　　　　　　　　　　　　契 約 負 債　　695

解　説

　取引価格100,000円を商品100,000円とポイント相当額700円（100,000

×10％×70％）に基づいて按分する。

    売   上：（100,000/100,700）×100,000＝99,305

    契約負債：（100,000/100,700）×700＝695

なお、「契約負債」については「収益基準」第78項が次のように規定している。

「財又はサービスを顧客に移転する前に顧客から対価を受け取る場合、顧客から対価を受け取った時又は対価を受け取る期限が到来した時のいずれか早い時点で、顧客から受け取る対価について契約負債を貸借対照表に計上する」

（2）特殊な販売に対する収益認識

「収益基準」は先述のように、履行義務の充足をもって収益の認識を規定しており、従来の伝統的実現概念を規定として収益認識が行われていた特殊な販売に対する収益認識にも注意する必要がある。

① 委託販売

委託販売とは、問屋などに一定の手数料を支払って商品の販売を委託するなど、商品販売を外部の業者に代行してもらう販売方式をいう。「商品又は製品を最終顧客に販売するために、販売業者等の他の当事者に引き渡す場合には、当該他の当事者がその時点で当該商品又は製品の支配を獲得したかどうかを判定する。当該他の当事者が当該商品又は製品に対する支配を獲得していない場合には、委託販売契約として他の当事者が商品又は製品を保有している可能性があり、その場合、他の当事者への商品又は製品の引渡時に収益を認識しない」（「収益適用指針」第75項）「契約が委託販売契約であることを示す指標には、例えば、次の(1)から(3)がある。

    (1) 販売業者等が商品又は製品を顧客に販売するまで、あるいは所定の期間が終了するまで、企業が商品又は製品を支配していること

    (2) 企業が、商品又は製品の返還を要求することあるいは第三者に商品又は製品を販売することができること

(3) 販売業者等が、商品又は製品の対価を支払う無条件の義務を有していないこと（ただし、販売業者等は預け金の支払を求められる場合がある。）」（「同指針」第76条）

設例9

次の取引を、三分割法を用いて仕訳しなさい。

1．X1年2月10日：神奈川商店は、委託販売のため、A商品50個（原価@5,000円、売価@8,000円）を北海商店に発送した。発送時に手数料10,000円は現金で支払った。
2．X1年2月25日：北海商店より下記の売上計算書が到着した。

```
              売 上 計 算 書
                 X1年2月20日

売  上  高   A商品50個   @8,000    400,000円
諸    掛
  保管料              20,000円
  手数料              10,000円         30,000円
差引手取金                          370,000円
```

解 答

1．X1年2月10日：
（借）積 送 品 260,000　　（貸）仕　　　入 250,000
　　　　　　　　　　　　　　　　　　　現　　　金 10,000
2．X1年2月20日：
（借）積送売掛金 370,000　　（貸）積送品売上 400,000
　　　積 送 諸 掛 30,000

解 説

委託者から受託者に商品が発送された時点に収益の認識が行われないことは当然として、受託者が受託商品を最終的に引き渡した時点で収益の認識が行われる。

② 試用販売

試用販売とは、商品をあらかじめ得意先に送付し、一定期間試用してもらったうえで購入するか否かの判断をしてもらう販売形態である。この場合に、顧客から当該商品の買い取りの意思が示された時点で収益認識の要件を満たすことになる。

設例10

次の取引を、対照勘定法を用いて仕訳しなさい。
1．神奈川商店は、試用販売のため、商品（原価@5,000円、売価@7,000円）を横浜商店に70個、神田商店に30個発送した。
2．横浜商店より上記の試用品の70個すべてを買い取る旨の通知を受けた。
3．決算を迎えた。

解 答

1．（借）試 用 販 売 売 掛 金　700,000　（貸）試 用 仮 売 上　700,000
2．（借）売　　掛　　金　490,000　（貸）試 用 品 売 上　490,000
　　（借）試 用 仮 売 上　490,000　（貸）試用販売売掛金　490,000
3．（借）繰 越 商 品　150,000　（貸）仕　　入　150,000

解 説

得意先から買取意思のあった商品部分のみ売上を計上し、買取意思のない商品については、未販売とみなしてその原価を計算し、期末商品棚卸高に加算する。

③ 予約販売

予約販売とは、商品・製品の販売あるいは役務の提供を約束して、あらかじめ販売代金の一部を予約金として受け取る販売形態である。この場合に、予約金を前もって受け取った部分は負債として認識し、商品・製品あるいは役務が移転した時点で収益を認識することになる。

次の取引を仕訳しなさい。

1．川崎書籍は、3年間の予定で百科事典全15巻を刊行することになり、150セット分（1セット当たり@3,500円×15巻）の予約金を現金で受け取った。

2．全15巻のうち3巻分を発刊し、予約者へ発送した。

解　答

1．（借）現　　　　金　7,875,000　　　（貸）契 約 負 債　7,875,000
2．（借）契 約 負 債　1,575,000　　　（貸）売　　　　上　1,575,000

解　説

　いまだ商品の提供を行っていない予約の段階で受け取った現金は、前受金勘定を用いて負債に計上する。その後商品の引渡しに応じて収益を計上する。

④　割賦販売

　割賦販売とは、月賦払いのように、販売代金を一定期間ごとの分割払いにより回収する販売形態である。割賦販売では、商品・製品や役務が移転した時点で収益が認識されることになる。従来認められていた割賦代金の回収時点や回収期限到来時の収益認識が認められなくなったことに注意しなければならない。

⑤　工事収益の認識

　先述したように、工事契約は一定期間にわたって履行義務が充足される取引に分類されるため、当該履行義務充足に関する進捗度を見積もって収益が認識されることになる。いわゆる工事進行基準の適用である。

　この点に関して「収益基準」は次のように規定している。

　「一定の期間にわたり充足される履行義務については、履行義務の充

足に係る進捗度を見積もり、当該進捗度に基づき収益を一定の期間にわたり認識する」（第41項）

設例13

1．当社は、当期に長期の請負工事契約を請け負った。この工事の契約価格は10億円であり、この工事に要する見積総工事原価は7億円である。この工事は、数期に及ぶと見込まれている。第1期中に、工事原価が1.75億円発生したとして、第1期に計上される工事収益の金額を求めよ。収益の認識については、工事進行基準によること。

2．第2期に入り工事原価が2.75億円発生し、見積総工事原価が7.5億円に修正されたとき、第2期の工事収益の金額を求めよ。

解 答

1．工事収益は、2.5億円となる。

2．工事収益は、3.5億円となる。

解 説

第1期の工事収益率は、次のように求められる。

$$第1期末工事収益率 = \frac{当期工事原価（175,000,000円）}{見積工事原価（700,000,000円）} = 0.25$$

工事全体の収益が10億円であるので、当期に計上される工事収益は、〔1,000,000,000円×0.25＝250,000,000円〕となる。

第2期の工事収益率は、当期末時点の見積総工事原価と当期末の累積工事原価の割合から当期末の工事進行率を計算し、そこから前期末時点の工事進行率を差し引き求める。

第２期末工事収益率

$$= \frac{\text{工事原価 (第１期175,000,000円 + 第２期275,000,000円)}}{\text{見積工事原価 (750,000,000円)}} = 0.6$$

　ここから前期工事収益率を差し引き、その結果、第２期工事収益率は〔60％－25％＝35％〕となる。これにより、工事収益は〔1,000,000,000円×0.35＝350,000,000円〕として計算される。

　なお、工事完成基準が適用される場合には、工事完成まで収益が計上されることはないため、いずれの期間も工事収益は０となる。

3 収益と費用の対応と測定

（１）費用と収益の対応

　期間損益を適正に計算するために、たとえば当期の経済価値減少分のすべてが、当期の費用として直ちに認識されるわけではない。当期に費用として計上されるのは、当期に認識された収益との間に一定の対応関係のあるものに限られる。対応関係の認められないものについては次期以降の収益に対応させるために、経過的に資産として貸借対照表に繰延計上される。このような考え方を**費用収益の対応の原則**という。

　費用と収益との対応は、基本的に因果関係に基づくが、これには個別的対応と期間的対応という２つの考え方が存在する。

① 個別的・直接的対応と期間的・間接的対応

　個別的・直接的対応とは、個々の商品・製品の販売を媒介とした対応関係を指すものであり、費用と収益が個別的・直接的に結びつく関係にある対応をいう。売上高と売上原価、あるいは売上高と販売手数料との対応がこれに当たる。

　期間的・間接的対応とは、会計期間を媒介とした対応関係を指すものであり、売上高と販売費及び一般管理費やその他の費用との対応がこれに当たる。これらの費用は、収益を計上するために不可避的に発生する

費用ではあるが、発生した費用がどの収益に貢献するものであるかは個別的・直接的に把握できないために、発生した期間の費用として期間的・間接的に収益と対応させるものである。

② 費用収益の対応表示の原則

費用収益の対応の原則は、損益計算書の表示に対しても適用される。すなわち、損益計算書の作成にあたっては、収益と費用はその発生源泉に従って明瞭に分類され、各収益項目とそれに関連する費用項目とを適切に対応表示することが求められる。

（2） 費用と収益の測定──収支額主義

① 収支額の意味

期間損益計算上、収益・費用の大きさは収支額（収入額と支出額）に基づいて測定される。つまり収益は、販売した財貨・用役に対する収入額に基づいて、費用は取得した財貨・用役に対する支出額に基づいて測定される。この考えを収支額主義という。

この場合の収支額とは、当期に生じた現金収支額だけでなく、過去および将来における現金収支額をも含む広義の収支額を意味する。たとえば、過年度における前受金を当期の売上に振り替える手続は過去の収入額を当期の収益の測定額とすることであり、掛による販売処理は、将来の収入額を当期の収益の測定額とするということである。また、固定資産の減価償却費を計上する手続は、過去の支出額を当期の費用の測定額とすることであり、負債性引当金を計上する手続は、将来の支出額を当期の費用の測定額とすることである。

② 収益・費用の控除項目

売上および仕入にかかわる収支額は、そのもととなる売上および仕入の金額に変動が生じた場合には、それに応じて変動することになる。

たとえば、売上または仕入の戻り（戻し）、値引き、割戻し、そして割引きの各ケースがこれに当たる。

① 戻り・戻し

戻り（戻し）とは、品違いなどを理由として商品の返品が生じた場合の返品額をいう。売上戻りの場合には、当該商品の販売が生じていないことになるため、すでに計上されている売上から返品額を控除する。仕入戻しの場合には、当該商品の仕入が行われていないことになるため、すでに計上されている仕入から返品額を控除する。

② 値引き

値引きとは、破損や分量の不足等を理由とする取引先からのクレームによる代金の一部の減免金額をいう。この場合にも、当該商品の販売または仕入は生じていないことになるため、すでに計上されている売上または仕入から減免額を控除する。

③ 割戻し

割戻しとは、一定期間に多額または多量の商品の購入・販売取引を行った場合に、販売側が購入側に対して代金の返戻を行う場合の、返戻額をいう。割戻しは、代金の一部減免である点で、値引きと共通性を持っているため、これと同様にすでに計上されている売上または仕入から減免額を控除する。

④ 割引き

割引きとは、商品売買の契約上、決済期日前に代金の支払が行われたときに代金の一定割合を減免することが定められている場合の、減免額をいう。仕入割引の場合には、期日前決済に対する利息の性質を持つものと見て、これを財務収益として取り扱う。売上割引の場合には、販売代金の早期回収に係る利息相当額の減免と見て、これを財務費用として取り扱う。

（3）費用配分の原則

費用配分の原則とは、資産の取得原価のうち、経営過程において消費した原価部分を費用として各期の損益計算書に計上し、未消費の原価部分を資産として貸借対照表に計上することを要求する原則である。費用配分の原則の適用を受ける資産を費用性資産といい、この代表例に棚卸

資産、有形固定資産、無形固定資産がある（費用配分の具体的な手続は、第3節で説明する）。

① 棚卸資産の費用配分

棚卸資産は、製造のために消費したときに（原材料の製造過程への投入）、あるいは販売したときに（商品・製品の販売）、物量的に減少する。したがって、棚卸資産の費用化の手続にあたっては、まず物量減少量を一定の方法（継続記録法と棚卸計算法）を用いて把握し、次に当該減少量に消費単価を乗じて、費用額を計算する。この棚卸資産の減少額が販売によるものであれば、売上原価として配分され損益計算書に掲記されることになる。

なお、期末商品の実地棚卸高が帳簿棚卸高より小さい場合、その差額分は棚卸数量の減少分と単価の下落分とに分けられる。このうち、棚卸数量の減少分を棚卸減耗という。これは、商品の保管中や運搬中の、紛失・盗難などの原因から生じるものである。棚卸減耗が生じた場合には、当該金額を棚卸減耗損として損益計算書に掲記する。また、時価の下落から生じた帳簿棚卸高と実地棚卸高の差額分を商品評価損といい、これも減耗損と同様に損益計算書に掲記する。

② 有形固定資産の費用配分

建物、構築物、機械および装置（機械装置）、船舶、車両およびその他の陸上運搬具（車両運搬具）、工具器具および備品などの有形固定資産は、時の経過や使用、あるいは災害を通じて物理的に減価する。また、物理的に使用可能な状態ではあっても技術の改良や需要の変化などの外的な要因により陳腐化したり、あるいは生産方法の変更などにより不適応化を起こしたりして次第にその価値を減少させていく。

そこで、こうした有形固定資産の減価に対応して、その取得原価を当該資産の使用期間（耐用期間）にわたり配分し、この期間に獲得される収益と適切に対応させることが必要となる。この有形固定資産の取得原価を当該資産の使用期間にわたって配分する手続を減価償却と呼ぶ。

③ 無形固定資産の費用配分

　特許権、商標権などの法的諸権利に代表される無形固定資産も、一定期間の法的な有効年数を経過するとその価値を失うことになる。そのため、その取得原価を、一定期間にわたり減額する費用配分の手続を行うことが必要となる。

4 収益と費用の分類と表示

（1）収益と費用の分類と利益

　損益計算書では、収益を売上高（営業収益）、営業外収益、特別利益の3つに分類し、費用を売上原価（営業費用）、販売費及び一般管理費（営業費用）、営業外費用、特別損失の4つに分類する。そして、これらの収益と費用を段階的に対応表示させ、次に示すように各種の損益を計算・表示する。

① **売上総利益**

　　売上高−売上原価＝売上総利益

　売上総利益は、商品あるいは製品の販売から生じる利益であり、商品・製品の生み出す収益力を表している。営業活動から生じる費用を控除する前の利益である。

② **営業損益**

　　売上総利益−販売費及び一般管理費＝営業損益

　営業損益は、売上総利益から営業活動から生じた費用を控除して計算される。利益が計上される場合、それは本来の営業活動から得られた利益であり、本業の収益力を意味する。

③ **経常損益**

　　営業損益＋営業外収益−営業外費用＝経常損益

　経常損益は、営業損益に、営業外収益を加算し営業外費用を控除して

求める。

　経常損益は、企業の営業活動とそれに付随して発生する財務活動など
からもたらされた結果の損益である。毎期継続して反復する活動から生
じた損益であり、かつ、臨時的に生じた利益・損失を含まないので、利
益が計上される場合、企業の収益力を最もよく示す損益といわれている。

④　税引前当期純損益

　　　経常損益＋特別利益－特別損失＝税引前当期純損益

　税引前当期純損益は、経常利益に臨時的に生じた利益を加算し、臨時
的に生じた損失を控除して計算される。一会計期間の活動によって計上
される損益であり、利益が計上される場合には課税の対象となる利益で
ある。

⑤　当期純利益

　　　税引前当期純利益－法人税・住民税・事業税＝当期純利益

　当期純利益は、税金を控除した最後に残る利益額である。一会計期間
における最終利益である。

（2）損益計算書項目の表示方法

①　売上高

　損益計算書に「売上高」を記載するにあたり、特に「財務諸表の用語、
様式及び作成方法に関する規則」（以下、「財務諸表等規則」）では、次
の点を考慮することが要請されている。

　①　売上高は、戻り・値引き・割戻しを控除した金額で表示する。た
　　だし、総売上高からこれらを控除する形式で記載することを容認し
　　ている（「財務諸表等規則」第72条1項）。

　②　商品売上高と製品売上高とを区分することが困難でない場合には、
　　これらは個別に記載しなければならない（同第72条2項）。

　③　半製品、副産物、作業くず等の売上高または加工料収入等の役務

収益で、その金額が売上高の総額の100分の10を超えるものについ
ては、当該売上高または収益を示す名称を付した科目をもって別に
記載しなければならない（同第72条3項）。
④ 割賦販売による売上高が売上高の総額の100分の20を超える場合
には、当該名称を付した科目をもって別に記載しなければならない
（同第73条）。
⑤ 関係会社に対する売上高が売上高の総額の100分の20を超える場
合には、その金額を注記しなければならない（同第74条）。

② 売上原価

「**売上原価**」は、売上高に対応する商品等の仕入原価または製造原価
をいう。売上原価の損益計算書への表示にあたり、「財務諸表等規則」
では、次の点に考慮することを要請している。

① 売上原価に関する科目は、1．商品または製品の期首棚卸高、2．
当期商品仕入高または当期製品製造原価、3．商品または製品の期
末棚卸高、の項目を示す名称を付した科目をもって記載しなければ
ならない（同第75条）。これらの項目は、1と2を加算し、そこか
ら3を控除し、図表1－2－1のように計算・表示される。
② 商品または製品について販売、生産または仕入以外の理由による
増減高がある場合、その他売上原価の項目として付加すべきものが
ある場合には、当該項目の内容を示す科目をもって別に記載しなけ

図表1－2－1　売上原価

Ⅱ　売上原価		
1　商品期首棚卸高	×××	
2　当期商品仕入高	×××	
合　　計	×××	
3　商品期末棚卸高	×××	×××

ればならない（同第76条）。これには、商品または製品について合併、営業譲渡、災害、贈与、自家消費等による増減高がある場合または製造費以外の費用で売上原価に賦課したものがある場合等がある（「財務諸表等規則ガイドライン」76）。

③ 商品仕入高は、戻り、値引き等を控除した金額で表示する。ただし、総仕入高からこれらを控除する形式で記載することを容認している（「財務諸表等規則」第79条）。

④ 通常の販売の目的をもって所有する棚卸資産の帳簿価額を、収益性の低下を原因として切り下げた場合には、当該切下額は、重要でない場合を除き売上原価その他の項目の内訳項目として、その内容を示す名称を付した科目をもって区分掲記しなければならない。ただし、切り下げ後の金額によって計上し、その旨および当該切下額を注記する方法も認められる（同第80条）。

⑤ 関係会社との取引により発生した商品もしくは原材料の仕入高、委託加工費で、その金額が売上原価と販売費及び一般管理費の合計額の100分の20を超えるものについては、その金額を注記しなければならない（同第88条）。

設例14

以下の１～７に従い、損益計算書の売上総利益までを完成させなさい。なお、この場合に必要となる注記も示しなさい。

1．売上高は15,500,000円（このうち、一般売上高11,000,000円、割賦売上高4,500,000円）である。

2．当社は、販売先の１つである甲社が発行する議決権のある株式を60％保有している。甲社に対する売上高は4,800,000円である。

3．当期の商品仕入高は9,200,000円である。

4．当社は、仕入先の１つである乙社が発行する株式の75％を保有している。同社からの仕入額3,250,000円は売上原価と販売費及び一般管理費の合計額の20％を超える。

5．当期中に商品500,000円を自家消費した。

6．商品期首棚卸高は1,750,000円、商品期末棚卸高は1,250,000円である（帳簿価額）。

7．期末商品の収益性の低下による簿価切下額300,000円は売上原価に算入する。

解　答

損益計算書

Ⅰ．売上高[1]

	1	一般売上高	11,000,000	
	2	割賦売上高	4,500,000	15,500,000

Ⅱ．売上原価

	1	商品期首棚卸高	1,750,000	
	2	当期商品仕入高[2]	9,200,000	
		合　計	10,950,000	
	3	商品期末棚卸高	1,250,000	
	4	自家消費高	500,000	
		差　引	9,200,000	
	5	商品評価損	300,000	9,500,000
		売上総利益		6,000,000

注1）このうち4,800,000円は関係会社甲社に対する売上高である。

2）このうち3,250,000円は関係会社乙社からの仕入高である。

③　**販売費及び一般管理費**

「販売費及び一般管理費」は、販売業務と管理業務から発生する費用である。その具体例を示すと図表1－2－2のようになる。

販売費及び一般管理費の損益計算書への表示にあたり、「財務諸表等規則」では、次の点に考慮することを要請している。

①　販売費及び一般管理費は、適当と認められる費目に分類し、当該

図表１−２−２　販売費及び一般管理費

販　売　費	一般管理費
商品・製品の販売業務に関連して発生する費用	企業全般の計画、調整、管理などの一般的管理業務に関連して発生する費用
販売部門の販売手数料、貸倒引当金繰入、広告宣伝費、給料、福利厚生費、交通費、旅費、通信費、不動賃借料など	管理部門の給料、交通費、交際費、通信費、消耗品費、減価償却費、不動産賃借料など

費用を示す名称を付した科目をもって記載されるが、販売費の科目もしくは一般管理費の科目または販売費及び一般管理費の科目に一括して記載し、その主要な費目および金額を注記することも認められる（同第85条）。

② 一般管理費および当期製造費用に含まれている研究開発費については、その総額を注記しなければならない（同第86条）。

③ 通常の取引に基づいて発生した債権に対する貸倒引当金繰入額または貸倒損失は、異常なものを除き販売費として、当該費用を示す名称を付した科目をもって別に記載しなければならない（同第87条）。

④ 上述した関係会社との取引により発生した商品もしくは原材料の仕入高、委託加工費に加え、不動産賃借料または経費分担額（関係会社において発生した事業年度中の経費の一定割合を当該会社において負担する契約に基づくものをいう）で、その金額が売上原価と販売費及び一般管理費の合計額の100分の20を超えるものについても、その金額を注記しなければならない。また、これ以外のものの金額の合計額が売上原価と販売費及び一般管理費の合計額の100分の20を超える場合には、その旨およびその金額を注記しなければならない（同第88条）。

④ 営業外収益と営業外費用

「営業外収益」と「営業外費用」は、主たる営業活動以外の活動から発生する収益と費用である。損益計算書上では、その内容を示す勘定科

図表１－２－３　営業外収益と営業外費用

営業外収益	営業外費用
営業活動を遂行するための付随的かつ補助的な活動から発生する収益。財務活動の結果発生する収益がその中心である。	営業活動を遂行するために必要な資金の調達に伴い発生する費用。財務活動から生じる費用がその中心である。
受取利息、有価証券利息、受取配当金、有価証券売却益、仕入割引、為替差益など	支払利息、社債利息、有価証券評価損、有価証券売却損、売上割引、為替差損など

目で表示する。「営業外収益」と「営業外費用」の具体例を示すと図表１－２－３のようになる。

　これらの収益と費用は、本来の営業活動から見れば副次的な活動から発生するものであるが、営業活動を遂行するうえで経常的に発生し、特に金融収益は現代企業の重要な収益源となっている。そのため、企業の収益力を判定する際には、一般に、これらの収益と費用を含めて計算された経常損益が用いられることになる。なお、これらの営業外収益と営業外費用の損益計算書への表示にあたり、「財務諸表等規則」では、次の点に考慮することを要請している。

① 　営業外収益に属する収益は、受取利息、有価証券利息、受取配当金、有価証券売却益、仕入割引その他の項目の区分に従い、当該収益を示す名称を付した科目をもって記載しなければならない。ただし、各収益のうちその金額が営業外収益の総額の100分の10以下のもので一括して表示することが適当であると認められるものについては、当該収益を一括して示す名称を付した科目をもって記載することができる（同第90条）。

② 　営業外収益に属する関係会社との取引により発生した収益で、その金額が営業外収益の総額の100分の10を超えるものについては、その金額を注記しなければならない。また、これ以外の関係会社に係る収益の合計額が営業外収益の総額の100分の10を超える場合には、その旨およびその金額を注記しなければならない（同第91条）。

③ 営業外費用に属する費用は、支払利息、社債利息、社債発行費償却、創立費償却、開業費償却、貸倒引当金繰入額または貸倒損失、有価証券売却損、売上割引その他の項目の区分に従い、当該費用を示す名称を付した科目をもって記載しなければならない。ただし、各費用のうちその金額が営業外費用の総額の100分の10以下のもので一括して表示することが適当であると認められるものについては、当該費用を一括して示す名称を付して記載することができる（同第93条）。

④ 営業外費用に属する関係会社との取引により発生した費用で、その金額が営業外費用の総額の100分の10を超えるものについては、その金額を注記しなければならない。また、これ以外の関係会社に係る費用の合計額が営業外費用の総額の100分の10を超える場合にも、その旨およびその金額を注記しなければならない（同第94条）。

⑤ **特別利益と特別損失**

「**特別利益**」と「**特別損失**」は、経常的な経営活動とは無関係に生じる利益と損失である。損益計算書上では、経常的な経営活動の成果である経常損益の下に記載される。

特別利益と特別損失の損益計算書の表示にあたり、「財務諸表等規則」では、次の点に考慮することを要請している。

① 特別利益に属する利益は、固定資産売却益、負ののれん発生益その他の項目の区分に従い、当該利益を示す名称を付して記載しなければならない。ただし、各利益のうち、その金額が特別利益の総額の100分の10以下のもので一括して表示することが適当であると認められるものについては、当該利益を一括して示すことができる（同第95条の2）。

② 特別損失に属する損失は、固定資産売却損、減損損失、災害による損失その他の項目の区分に従い、当該損失を示す名称を付して記載しなければならない。ただし、各損失のうち、その金額が特別損失の総額の100分の10以下のもので一括して表示することが適当で

あると認められるものについては、当該損失を一括して示すことができる（同第95条の3）。

⑥ 純損益の計算区分

損益計算書では、経営活動の成果である「経常損益」に「特別利益」を加算し、そこから「特別損失」を控除して「税引前当期純損益」を計算する。この「税引前当期純損益」の次に「法人税、住民税および事業税」および税効果会計の適用により計上される法人税、住民税および事業税の調整額を控除し、「当期純損益」が計算表示される。経常損益以降の計算区分を純損益の計算区分という。

税引前当期純利益から当期純利益までの損益計算書の記載について、「財務諸表等規則」では、税引前当期純利益に、ⅰ．当該事業年度に係る法人税、住民税および事業税、ⅱ．法人税等調整額（税効果会計の適用により計上されるⅰの法人税、住民税および事業税の調整額をいう）を加減して、当期純利益を導くと規定している。また、法人税等の更正、決定等による納付税額または還付税額がある場合には、上記ⅰの次に、その内容を示す名称を付して記載するが、これらの金額の重要性が乏しい場合は、ⅰの項目の金額に含めて表示することができると規定している（同第95条の5）。

設例15

以下の1〜7に従い、先の 設例14 の諸条件を引き継ぎ、損益計算書の売上総利益から当期純利益までを完成させなさい。なお、この場合に必要となる注記も示しなさい。

1．販売業務の費用は販売手数料250,000円、管理業務の費用は、従業員給料1,150,000円、不動産賃借料は2,750,000円であった。なお、不動産賃借料は全額、甲社に対して支払われたものである。

2．財務活動にかかわる費用と収益は、支払利息180,000円、有価証券評価損50,000円、受取手数料250,000円、受取配当金275,000円であった。なお、受取配当金のうち甲社からの配当金は150,000円、

乙社からの配当金は75,000円である。

3．工場が火災を起こし損失が生じたので、災害損失175,000円を計上する。

4．営業用の固定資産を除却した。その際、除却損が発生したので、固定資産除却損150,000円を計上する。

5．長期間保有してきた投資有価証券を売却した。その際、売却益が発生したので、投資有価証券売却益50,000円を計上する。

6．負ののれん発生益20,000円を計上する。

7．税引前当期純利益の40%の金額を法人税・住民税・事業税として計上する。

| 解 答 |

損益計算書

Ⅰ．売上高

1	一般売上高	11,000,000	
2	割賦売上高	4,500,000	15,500,000

Ⅱ．売上原価

1	商品期首棚卸高	1,750,000	
2	当期商品仕入高	9,200,000	
	合　計	10,950,000	
3	商品期末棚卸高	1,250,000	
4	自家消費高	500,000	
	差　引	9,200,000	
5	商品評価損	300,000	9,500,000
	売上総利益		6,000,000

Ⅲ．販売費及び一般管理費

1	販売手数料	250,000	
2	従業員給料	1,150,000	
3	不動産賃借料[1]	2,750,000	4,150,000

		営業利益		1,850,000
Ⅳ．	営業外収益			
1	受取利息		250,000	
2	受取配当金[2]		275,000	525,000
Ⅴ．	営業外費用			
1	支払利息		180,000	
2	有価証券評価損		50,000	230,000
		経常利益		2,145,000
Ⅵ．	特別利益			
1	投資有価証券売却益		50,000	
2	負ののれん発生益		20,000	70,000
Ⅶ．	特別損失			
1	災害損失		175,000	
2	固定資産除却損		150,000	325,000
		税引前当期純利益		1,890,000
		法人税・住民税・事業税		756,000
		当期純利益		1,134,000

注1） 不動産賃借料は全額関係会社に対して支払ったものである。

2） このうち225,000円は関係会社からのものである。

⑦ 1株当たり利益情報

　損益計算書には、1株当たり当期純利益または当期純損失および当該金額の算定上の基礎を注記しなければならない（同第95条の5の2　1項）。この計算は、企業会計基準第2号「1株当たり当期純利益に関する会計基準」に従えば、次式のように、普通株式に係る当期純利益を普通株式の期中平均株式数で除して算定すると定めている（同基準12項）。

$$1株当たり当期純利益＝\frac{普通株式に係る当期純利益}{普通株式の期中平均株式数}$$

設例16

次の１～３に基づき、先の 設例15 の１株当たり当期純利益の金額を求めなさい。小数点第２位まで求めること。

１．当期純利益は全額普通株式に係るものである。

２．期首の発行済普通株式数は80,000株である。

３．期末の発行済普通株式数は98,000株である。

４．普通株式の増加日から期末日までの経過日数は73日である。

解 答

１株当たり当期純利益は13.56円である。

解 説

普通株式の期中平均株式数

	普通株式数	期末日数	期中平均株式数
期首株式数	80,000株	365日	80,000株
期中増加数	18,000株	73日	3,600株*
期末株式数	98,000株		83,600株

＊18,000株×73日÷365＝3,600株

$$１株当たり当期純利益 = \frac{1,134,000円}{83,600株} ÷ 13.56円$$

貸借対照表

学習のポイント

◆貸借対照表は、企業の財政状態を明らかにするために作成される財務諸表である。このために、財務流動性・財務安全性に従った表示方法が採用されている。

◆資産の部は、流動資産、固定資産、繰延資産に分類される。特に金銭債権や金融商品の期末評価、のれん、ソフトウェア、リース、減損、退職給付引当金などの会計処理を理解することが重要である。

◆負債の部は、流動負債と固定負債に分類される。

◆純資産の部は株主資本項目とそれ以外の項目に分類される。

1 貸借対照表の意義と様式

（1）貸借対照表の意義

　貸借対照表は、企業活動のある一定時点（決算時）において、企業が保有するすべての資産、負債および資本の有高を記載して、当該時点における企業の財政状態を表示する計算書である。この場合に、財政状態とは、企業が経営活動において利用する資金が、どのような源泉から調達されたものであり、そして調達された資金が現在どのように運用されているかという、資金の調達源泉とその運用形態の状況のことをいう。資金の調達源泉は貸借対照表において負債および資本として示され、運用形態は資産として示されることになる。「企業会計原則」は、この点

について、「貸借対照表は、企業の財政状態を明らかにするため、貸借対照表日におけるすべての資産、負債及び資本を記載し、株主、債権者その他利害関係者にこれを正しく表示するものでなければならない」（「企業会計原則」第三「貸借対照表原則」一）と述べている。これを図示すると図表1−3−1のようになる。

図表1−3−1　貸借対照表

資金の運用形態	資　産	負　債	資金の調達源泉
		株主資本（純資産）	
	資産合計	負債・株主資本合計	

なお、ここでいう資本とは、株主から拠出された株主資本のことを指す。株主資本以外の項目（「評価・換算差額等」「新株予約権」および「非支配株主持分」）を貸借対照表に記載する場合には、後述するように、「株主資本」と区別して記載することになる。

（2）貸借対照表の様式

①　表示形式

　貸借対照表の表示形式には、勘定式と報告式とがある。勘定式は、資産項目と負債項目および資本項目（純資産項目）を左右対称的に表示する表示形式である。報告式は、これらの項目を上から順に記載していく表示形式である。「財務諸表等規則」は、報告式を用いることを規定している。（第11条2項）

②　区分表示

　貸借対照表の作成表示にあたっては、一定の区分を設けることが定められている。これは、区分表示を通して企業の財政状態を整然かつ明瞭

に表示するために要請されるものである。具体的には、貸借対照表は、「資産の部」「負債の部」および「純資産の部」に区分され、資産の部はさらに、「流動資産」「固定資産」および「繰延資産」に区別して表示される。このうち、固定資産はさらに「有形固定資産」「無形固定資産」および「投資その他の資産」の3区分に分けられる。一方、貸借対照表の貸方は負債の部と純資産の部に分けられる。負債の部は、「流動負債」と「固定負債」に区分される。純資産の部は、株主から拠出された「株主資本」と、それ以外の項目である「評価・換算差額等」「新株予約権」および「非支配株主持分」（連結の場合）とに区分される。

（3） 配列方法

資産および負債項目の貸借対照表への記載方法には、流動性配列法と固定性配列法の2つがある。流動性配列法は、資産および負債項目について、流動性の高い項目から低い項目へと順次記載していく方法である。具体的には、資産の部は「流動資産⇒固定資産」の順で記載し、負債の部は「流動負債⇒固定負債」の順で記載する。固定性配列法は、これとは逆に流動性の低い項目から高い項目へと記載する方法である。これによれば、資産の部は「固定資産⇒流動資産」の順で記載し、負債の部は「固定負債⇒流動負債」の順で記載することになる。今日では、企業の財務的流動性ないし安全性を明瞭に表示するという観点から流動性配列法が多く用いられている。ただし、電力会社やガス会社のように有形固定資産の重要性が高い企業では固定性配列法が用いられている。なお、「財務諸表等規則」では流動性配列法による配列を要請している（第13条）。

（4） 流動・固定の分類基準

資産および負債の各項目を流動資産・固定資産および流動負債・固定負債に分類する基準には、1年基準と営業循環基準とがある。流動・固定の分類にあたっては、営業循環基準を主たる基準として適用し、これを補足するものとして1年基準を適用する。

　営業循環基準とは、たとえば、現金により棚卸資産を購入し、その販売により売上債権が生じ、その回収により再び現金を獲得するという企業の通常の営業過程に着目し、この過程にあるものは資金投下から回収までの期間の長短にかかわらず流動資産とし、それに見合う負債を流動負債とする基準である。**1年基準**とは、決算日（貸借対照表日）の翌日から起算して、1年以内に決済（入金または支払）の期限が到来する資産・負債を流動資産・流動負債とし、1年を超えて決済期限が到来するものを固定資産・固定負債とする基準である。

　たとえば、商品の割賦販売によって生じる売掛金は、その回収期間が長期にわたる場合であっても、営業循環基準に基づき流動資産に記載されることとなる。これに対して、営業外の活動で生じた貸付金（または借入金）は、1年基準を適用し、1年以内に決済される部分については、流動資産（流動負債）に記載され、1年を超える部分については固定資産（固定負債）に記載される。

（5）総額主義

　貸借対照表に記載する資産および負債の各項目の金額は、総額によって表示しなければならず、特定の資産項目を負債項目または資本項目と相殺することによって、その全部または一部を貸借対照表から除去してはならない。この原則を**総額主義の原則**という。

2 流動資産項目

　流動資産とは、現金および短期間のうちに現金化する資産、または短期間のうちに費用化する資産の総称である。その内容は、**図表1－3－2**に示すように、当座資産、棚卸資産およびその他の流動資産に分類することができる。以下、これらの内容につき説明する。

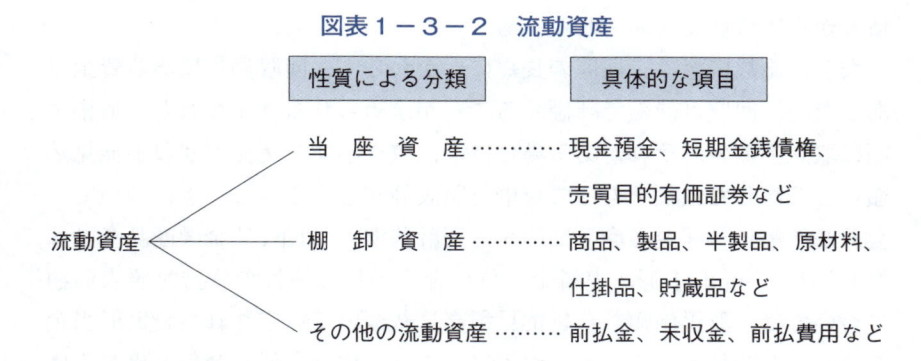

図表1－3－2　流動資産

| 性質による分類 | 具体的な項目 |

流動資産
- 当　座　資　産 ………… 現金預金、短期金銭債権、売買目的有価証券など
- 棚　卸　資　産 ………… 商品、製品、半製品、原材料、仕掛品、貯蔵品など
- その他の流動資産 ……… 前払金、未収金、前払費用など

（1）当座資産

当座資産とは、流動資産の中でも特に換金性の高い資産である。これには、現金預金、短期金銭債権、売買目的有価証券、1年以内償還予定の満期保有目的の債券などがある。

① 現金預金

企業会計上、現金として取り扱うものは、通貨だけではなく、金融機関で現金に換えることのできる他人振出しの小切手、郵便為替証書、配当金領収書、あるいは支払期限の到来した公社債の利札なども含まれる。

長期性の預金については、1年基準の適用を受ける。そのため、満期日の到来が、決算日後1年以内に到来する預金が流動資産の部に記載され、1年を超えるものについては固定資産の部に長期定期預金として記載される。外国通貨については、決算日の為替相場で円貨に換算する。換算時に生じる換算差額は、当期の為替差損益として損益計算書に計上する。

② 金銭債権

金銭債権は、営業取引から生じる受取手形や売掛金などの売上債権と、貸付金や未収金などの営業以外の取引から生じる債権とからなる。売上債権は、通常の営業取引から生じる債権であるため、回収期間の長短にかかわらず当座資産に含められる。営業以外の取引から生じる債権については、1年基準の適用を受け、1年以内に回収することが予定される

債権が当座資産に含められる。

　なお、金銭債権は、期間の長短にかかわらず、回収過程にある資金であるため、回収可能額で評価することが求められる。すなわち、債権金額に取立不能のおそれがある場合には、取立不能見込額（回収不能見込額）を控除した金額をもって貸借対照表価額とする。この点について、会計基準第10号「金融商品に関する会計基準」（以下、「金融商品会計基準」）では、受取手形、売掛金、貸付金その他の債権の貸借対照表価額については、取得価額から貸倒見積高に基づいて算定された貸倒引当金を控除した金額とすること、および、これら債権を債権金額と異なる価額で取得した場合に、その差額が金利の調整と認められるときは、償却原価法に基づいて算定された価額から貸倒引当金を控除した金額とすることを規定している（「金融商品会計基準」14項）。償却原価法と貸倒見積高の計算は後述する。

　なお、関係会社との取引に基づいて発生した受取手形および売掛金の合計額が資産の総額の100分の5を超える場合には、当該受取手形および売掛金の金額をそれぞれ注記しなければならない。ただし、関係会社に対する受取手形または売掛金のいずれかの金額が資産の総額の100分の5以下である場合には、これらの合計額のみを注記することができる（「財務諸表等規則」第39条）。また、株主、役員もしくは従業員に対する短期債権等の合計額が資産総額の100分の5を超える場合は、当該資産を示す名称を付した科目をもって記載しなければならない（同第19条、同ガイドライン19）。

③　有価証券

　「金融商品会計基準」では、株式および債券などの保有する有価証券は、その保有目的と属性により、売買目的有価証券、満期保有目的債券、子会社株式および関連会社株式、その他有価証券、および市場価格のない有価証券に分類して会計処理を規定している（「金融商品会計基準」15～23項）。これを図示すると、図表1－3－3のようになる。これらのうち、当座資産に含められる有価証券は売買目的有価証券および1年以

図表１－３－３　有価証券

有価証券の分類		評価基準	時価評価差額	B/Sの表示
有価証券	売買目的有価証券	時　価	当期損益に計上	流動資産
	満期保有目的債券	取得ないしは償却原価	—	流動資産固定資産
	子会社株式および関係会社株式	取得原価		固定資産
	その他有価証券	時　価	部分純資産直入全部純資産直入	固定資産
	市場価格のない有価証券	債券：償却原価その他：取得原価	—	固定資産

内償還予定の満期保有目的債券であり、これ以外の有価証券は原則として固定資産の部（投資その他の資産）に記載する。ここでは、売買目的有価証券の会計処理を説明し、その他については後述する。

　ここにいう売買目的有価証券とは、時価の変動により利益を得ることを目的として保有する有価証券である。期末時点において売買目的有価証券を保有している場合には、時価評価額で貸借対照表に計上する。時価評価を行うことによって生じる評価差額は当期の損益に算入する。売買目的有価証券を時価で評価するのは、この種の有価証券に対する企業の財務活動の成果は期末時点の時価に求められ、また投資者にとっての有用な情報も期末時点の時価に求められると考えられるからである。加えて、時価評価差額を当期の損益に算入するのは、当該有価証券の売却に関して事業遂行上の制約がなんら存在しないとみなされるからである。

　時価評価後の処理としては洗替方式または切放方式により処理する。**洗替方式**とは、決算日に時価評価したことにより生じた時価評価差額を翌期首に振り戻し、売買目的有価証券の簿価を、取得時の帳簿価額とする方法である。この方法によれば、時価と比較される帳簿価額は常に取得原価となる。**切放方式**とは、決算日に時価評価額で評価替えした価額を翌期における帳簿価額とする方法である。この方法によれば、時価と

比較される帳簿価額は常に期首時点の帳簿価額となる。

設例1

　期末に保有する売買目的有価証券の内訳は次のとおりである。洗替方式と切放方式により、評価替えを行うための仕訳を示しなさい。新規の株式取得および売却はないものとする。

有価証券	取得原価	第1期末時価	第2期末時価
A社株式	2,250,000円	2,850,000円	2,450,000円
B社株式	3,250,000円	2,500,000円	2,750,000円
C社株式	1,200,000円	1,440,000円	1,350,000円

解　答

◇洗替方式
　【1期末】
　　（借）売買目的有価証券　　90,000　　　（貸）有価証券運用損益　　90,000
　【翌期首】
　　（借）有価証券運用損益　　90,000　　　（貸）売買目的有価証券　　90,000
　【2期末】
　　（借）有価証券運用損益　150,000　　　（貸）売買目的有価証券　150,000
◇切放方式
　【1期末】
　　（借）売買目的有価証券　　90,000　　　（貸）有価証券運用損益　　90,000
　【翌期首】会計処理なし
　【2期末】
　　（借）有価証券運用損益　240,000　　　（貸）売買目的有価証券　240,000

解　説

　すべて、売買目的有価証券であるので、合算した純額で運用損益（評価損益）を計算する。下記の勘定が示すように、いずれの方法によって

も運用損益の金額は２期トータルでは変わらないことになる。

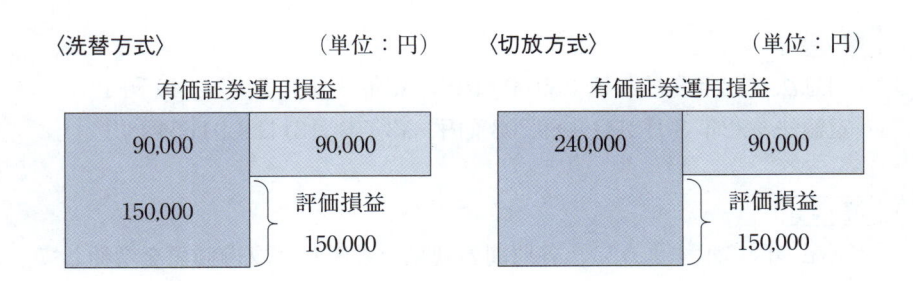

〈洗替方式〉　　　　　（単位：円）　　〈切放方式〉　　　　　（単位：円）

④　償却原価法

　前述のように「金融商品会計基準」では、債権を債権金額と異なる価額で取得した場合に、その差額が金利の調整と認められるときは、償却原価法に基づいて算定された価額から貸倒引当金を控除した金額を貸借対照表価額とすることを規定している。**償却原価法**とは、債権をその債権額と異なる金額で計上した場合において、当該差額に相当する金額を弁済期に至るまで毎期一定の方法で取得価額に加減する方法をいう（同基準注５）。この場合の加減の方法には、複利計算に基づく**利息法**と、毎期一定額を増額する**定額法**とがある。

設例２

　当社は、X1年４月１日に資金を融通する目的で、神田商店が保有する受取手形を以下の条件で買い取り、小切手を振り出した。

１．この手形の額面金額は100,000千円であり、満期日はX4年３月31日である。

２．手形の取得金額は、83,962千円である。

３．実効利子率は年６％で、取得原価と額面金額との差額は金利調整差額と認められる。

　このとき、取得日から満期日までの各貸借対照表（X2年とX3年）に計上される当該債権の金額を、利息法と定額法で示しなさい。当社の決算

日は、3月31日である。

　┃ 解　答 ┃

　　利息法：X2年3月31日：89,000千円、X3年3月31日：94,340千円
　　定額法：X2年3月31日：89,308千円、X3年3月31日：94,654千円

　┃ 解　説 ┃

　　下記の図に示すように、各期間の利息を考慮し、取得価額を増額して
いく。すなわち、X2年3月31日は〔83,962千円×(1+0.06)＝89,000千円〕、
X3年3月31日は〔89,000千円×(1+0.06)＝94,340千円〕となる。このよ
うに複利で増額計算する方法を利息法という。定額法は、取得価額と債
権金額との差額を、一定額で増額する方法である。すなわち、〔(100,000
千円−83,962千円)÷3年＝5,346千円〕として、この額を毎年増額する。
満期日にはいずれの方法でも100,000千円となる。

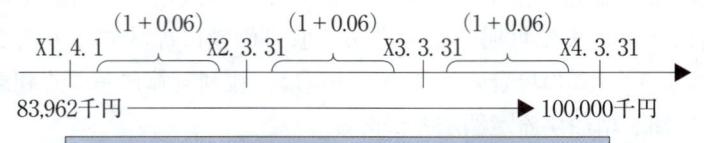

⑤　債権の分類と貸倒引当金の算定

　　前述のように、債権は、その取得価額から貸倒見積高に基づいて算定
した貸倒引当金を控除した金額としなければならない。債権の貸倒見積
高の算定にあたっては、債権の区分に応じた計算が行われる。「金融商
品会計基準」では、債権を、債務者の財政状態と経営成績に応じて、図
表1−3−4のように3つに分類している（同基準27項）。
　　債権の貸倒見積高は、この債権の種類に応じて評価されることになる
（同基準28項）。

図表1－3－4　債権の種類

債権種類	意　　義
一般債権	経営状態に重大な問題が生じていない債務者に対する債権
貸倒懸念債権	経営破綻の状態には至っていないが、債務の弁済に重大な問題が生じているか、または生じる可能性の高い債務者に対する債権
破産更生債権等	経営破綻または実質的に経営破綻に陥っている債務者に対する債権

　まず、一般債権に対しては、次の計算式に従い、債権全体または同種・同類の債権ごとに、債権の状況に応じて求めた過去の貸倒実績率等の合理的な基準により貸倒見積高を控除する。

　　　一般債権の貸倒見積高＝債権金額×貸倒実績率

　次に、貸倒懸念債権に対しては、次のいずれかの方法により、貸倒見積高を計算する。

（1）財務内容評価法

　この方法は、次の計算式に示すように、債権額から担保の処分見込額および保証による回収見込額を減額し、その残額について債務者の財政状態および経営成績を考慮して貸倒見積高を算定する方法である。

　　　貸倒懸念債権の貸倒見積高＝（債権額－担保の処分額および保証による回収見込額）×回収不能見込率

（2）キャッシュ・フロー見積法

　この方法は、次の計算式に示すように、債権の元本の回収および利息に係るキャッシュ・フローを当初の約定利子率で割り引いた金額の総額と債権の帳簿価額との差額を貸倒見積高とする方法。

　　　貸倒懸念債権の貸倒見積高＝債権額－当初の約定利子率で割り引いた債権の元本および利息金額の総額

最後に、破産更正債権等に対しては、債権額から担保の処分見込額および保証による回収見込額を減額し、その残額を貸倒見積高とする。

破産更正債権等の貸倒見積高＝債権額－担保の処分額および
保証による回収見込額

設例3

1. 当期末（X4年度末）の売掛金期末残高2,000,000円に対して過去3年間の貸倒実績率に基づき貸倒見積高を計算しなさい。過去3年間の売掛金と貸倒金額は次のとおりであり、貸倒実績率は各年度ごとの貸倒率の平均値を用いること。

	X1年度	X2年度	X3年度
売掛金期末残高	1,250,000円	1,600,000円	1,750,000円
うち貸倒金額	37,500円	56,000円	96,250円

2. A社に対する貸付金1,000,000円が貸倒懸念債権として分類されるため、財務内容評価法により、貸倒見積高を計算しなさい。同社に対する貸付にあたっては、担保として甲資産（処分額800,000円）の提供を受けている。なお、同社の経営状態を考慮すると貸付金の回収不能額は80％と予想される。

3. 当社は、B社に対する貸付金50,000,000円を有しており、その条件は、X1年4月1日貸付、貸付期間3年、約定利子率4％、利払日各3月31日後払いであった。貸付後1年経過時点において、同社の申し出により将来の利払の条件を2％に引き下げることとした。このとき、同貸付金に対する貸倒見積高を計算しなさい。

4. 当社は、決算にあたり、A社に対する貸付金1,000,000円につき、同社が破産したため、貸倒処理する。B社から貸付金の担保として国債（時価：800,000円）の提供を受けている。これ以外については回収が不能であると見込まれる。

解　答

1．80,000円

2．160,000円

3．1,886,000円

4．200,000円

解　説

1．各年度ごとの貸倒実績率とそれらの平均値は次のように求める。

　X1年度：37,500円÷1,250,000円＝0.03

　X2年度：56,000円÷1,600,000円＝0.035

　X3年度：96,250円÷1,750,000円＝0.055

　平均値：（0.03＋0.035＋0.055）÷3年＝0.04

　売掛金期末残高2,000,000円×0.04＝80,000円

2．（1,000,000円－800,000円）×0.8＝160,000円となる。

3．当初の契約に基づく各年度のキャッシュ・フローの現在価値はAのようになる。いずれの年度においても2,000千円（50,000千円×4％）の利息が生じる。これと元本50,000千円を約定利子率の4％で割り引いて求めれば、貸付金の額50,000千円となることがわかる。1年経過後に、契約条件を緩和したことにより、将来キャッシュ・フローのパターンに変化が生じ、今後の受取利息は1,000千円（50,000千円×2％）となる。これを当初の条件の利子率で割り引くと、Bのように50,000千円の現在価値が48,114千円と判明する。これにより、貸付金に生じた貸倒金額が、〔50,000千円－48,114千円＝1,886千円〕となる。

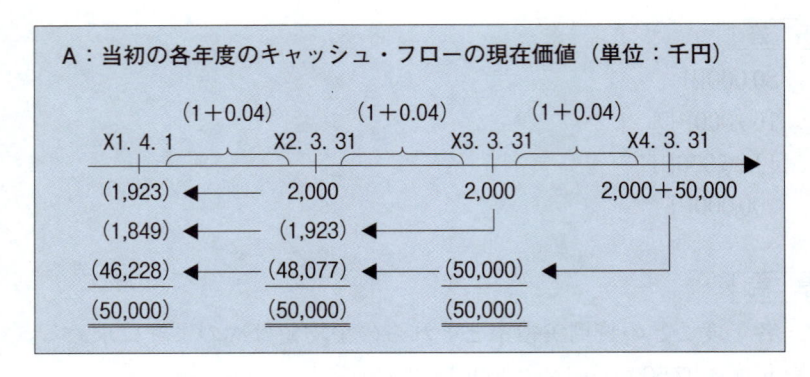

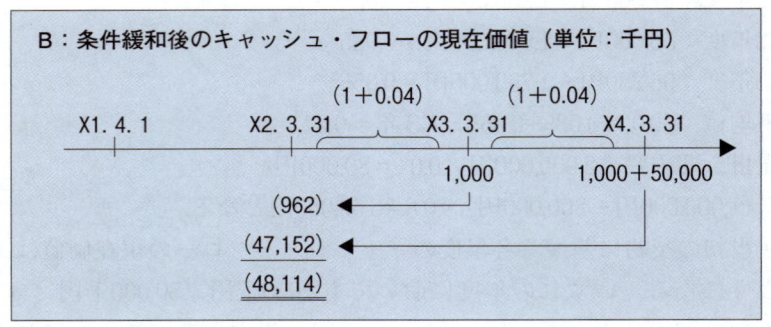

⑥ 貸借対照表への表示

貸借対照表における債権と貸倒見積高の表示方法には、科目別控除方式、一括控除方式、注記方式の３つの方法がある（「財務諸表等規則」第20条）。

科目別控除方式とは、債権の科目ごとに債権金額から貸倒引当金を控除する形式で表示する方法である。

一括控除方式とは、２以上の科目について貸倒引当金を一括して記載する方法である。

注記方式とは、債権について貸倒引当金を控除した残額のみを記載して、当該貸倒引当金を注記する方法である。

それぞれの表示方法に関して、受取手形期末残高3,000,000円と売掛金期末残高2,000,000円に対して貸倒実績率を２％として貸倒見積高を計算

した場合について示すとそれぞれ次のようになる。

①科目別控除方式

貸借対照表（一部）　　　　　　　　（単位：円）

受 取 手 形	3,000,000	
貸倒引当金	60,000	2,940,000
売 掛 金	2,000,000	
貸倒引当金	40,000	1,960,000

②一括控除方式

貸借対照表（一部）　　　　　　　　（単位：円）

受 取 手 形	3,000,000
売 掛 金	2,000,000
貸倒引当金	▲ 100,000

③注記方式

貸借対照表（一部）　　　　　　　　（単位：円）

受 取 手 形	2,940,000
売 掛 金	1,960,000

（注）受取手形と売掛金は貸倒引当金をそれぞれ60,000円と40,000円控除した残額である。

（2）棚卸資産

① 棚卸資産の意義と範囲

　棚卸資産とは、企業会計基準第9号「棚卸資産の評価に関する会計基準」（以下、「第9号」）において「棚卸資産は、商品、製品、半製品、原材料、仕掛品等の資産であり、企業がその営業目的を達成するために所有し、かつ、売却を予定する資産のほか、売却を予定しない資産であっても、販売活動及び一般管理活動において短期間に消費される事務用消耗品等も含まれる。なお、売却には、通常の販売のほか、活発な市場が存在することを前提として、棚卸資産の保有者が単に市場価格の変動により利益を得ることを目的とするトレーディングを含む」（3項）と示されている。

② 棚卸資産の評価方法

棚卸資産の評価方法について、「第9号」は「原則として購入代価又は製造原価に引取費用等の付随費用を加算して取得原価とし、次の評価方法の中から選択した方法を適用して売上原価等の払出原価と期末棚卸資産の価額を算定するものとする」（同6−2項）として、(1)個別法、(2)先入先出法、(3)平均原価法、(4)売価還元法を示している。ここに示された各方法の内容は以下のとおりである（同6−2項より）。

（1）個別法

取得原価の異なる棚卸資産を区別して記録し、その個々の実際原価によって期末棚卸資産の価額を算定する方法であり、個別性が強い棚卸資産の評価に適した方法である。

（2）先入先出法

最も古く取得されたものから順次払い出しが行われ、期末棚卸資産は最も新しく取得されたものからなるとみなして期末棚卸資産の価額を算定する方法である。

（3）平均原価法

取得した棚卸資産の平均原価を算出し、この平均原価によって期末棚卸資産の価額を算定する方法である。なお、平均原価は、総平均法または移動平均法によって算出する。

ここに移動平均法とは、単価の異なる物を受け入れるつど、その受入価額と残高との合計額を受入後の在庫数量で除すことによって平均単価を求め、これを払出単価とする方法であり、総平均法とは、一定期間の受入価額の合計額を受入数量で除して一定期間の平均単価を求め、これを払出単価とする方法である。

（4）売価還元法

値入率等の類似性に基づく棚卸資産のグループごとの期末の売価合計額に、原価率を乗じて求めた金額を期末棚卸資産の価額とする方法であり、取扱品種のきわめて多い小売業等の業種における棚卸資産の評価に適用される方法である。

設例4

　次の資料から、先入先出法、移動平均法、総平均法によった場合の、払出価額、商品棚卸高、売上総利益を答えなさい。総平均単価が割り切れない場合は、同単価の小数点第1位を四捨五入しなさい。

1. 当月の商品の仕入数量と単価は次のとおりであった。

日　付	5/2	5/10	5/20
仕入数量	100個	200個	300個
仕入単価	@100円	@120円	@130円

2. 月初商品棚卸高が24,000円（300個×@80円）ある。

3. 当月の販売数量は次のとおりであった。販売価格は200円で一定である。

　販売数量：5/5（250個）、5/15（150個）、5/25（400個）

解　答

	先入先出法	移動平均法	総平均法
売　上　高	160,000円	160,000円	160,000円
売　上　原　価	84,000円	85,000円	86,400円
売上総利益	76,000円	75,000円	73,600円
月末商品棚卸高	13,000円	12,000円	10,600円

解　説

売　上　高：$(250個 + 150個 + 400個) × 200円 = 160,000円$

各方法のもとで、売上原価は次のように計算する

先入先出法：$5/5(250個 × 80円) + 5/15(50個 × 80円 + 100個 × 100円)$
　　　　　　$+ 5/25(200個 × 120円 + 200個 × 130円) = 84,000円$

移動平均法：5/5 ｛250個 ×（300個 × 80円 + 100個 × 100円）÷（300個 +
　　　　　　100個）｝+ 5/15 ｛150個 ×（150個 × 85円（移動平均単価）+
　　　　　　200個 × 120円）÷（150個+200個）｝+ 5/25 ｛400個 ×（200個
　　　　　　×105円（移動平均単価）+ 300個 × 130円）÷（200個 + 300

$$個)\} = 85,000円$$

総 平 均 法：総受入金額97,000円÷総受入数量900個×払出数量800個
$$= 86,400円$$

月末棚卸商品

先入先出法：100個×130円＝13,000円

移動平均法：100個×120円＝12,000円

総 平 均 法：総受入金額97,000円－売上原価86,400円＝10,600円

③ 通常の販売目的で保有する棚卸資産の評価基準

棚卸資産の取得原価の配分の結果として計算された未消費部分、すなわち棚卸資産価額が、貸借対照表に記載される。ただし、棚卸資産の保管中に減耗損や評価損が生じた場合には、期末時点で、棚卸資産価額を修正する必要がある。

「第9号」では次のように規定している。「通常の販売目的（販売するための製造目的を含む。）で保有する棚卸資産は、取得原価をもって貸借対照表価額とし、期末における正味売却価額が取得原価よりも下落している場合には、当該正味売却価額をもって貸借対照表価額とする。この場合において、取得原価と当該正味売却価額との差額は当期の費用として処理する」（同7項）。

ここにいう正味売却価額は、「売価（購買市場と売却市場とが区別される場合における売却市場の時価）から見積追加製造原価及び見積販売直接経費を控除したものをいう。なお、『購買市場』とは当該資産を購入する場合に企業が参加する市場をいい、『売却市場』とは当該資産を売却する場合に企業が参加する市場をいう」（同5項）。

（1）棚卸減耗損

棚卸資産は、保管中や運搬中に紛失・盗難・蒸発などの原因により、数量的に減少することがある。その場合には、帳簿上の棚卸数量と実地棚卸により確定する数量との間に差異が生じることになる。このときの帳簿数量と実地棚卸数量との差異を棚卸減耗という。棚卸減耗は、棚卸

資産の物理的な消滅であるので、これを貸借対照表の資産価額から引き下げ、同時にその額を棚卸減耗損として損益計算書に計上する。

（2）商品評価損

棚卸資産は、市場で売買されるために、市場の価格変動にさらされている。そのため、市場価格の変動を反映し、棚卸資産の市場における時価（正味売却価額）が低下した場合に、その低下した時価で評価することが求められる。これを低価法または低価基準という。

設例5

次の資料から、棚卸減耗損と商品評価損を計算しなさい。
1．期末商品帳簿棚卸数量　1,500個　取得価額　@300円
2．実地棚卸　1,350個　期末正味売却価額　@285円

解　答

棚卸減耗損：45,000円　　商品評価損：20,250円

解　説

棚卸減耗損：（1,500個 － 1,350個）× 300円 ＝ 45,000円
商品評価損：（300円 － 285円）× 1,350個 ＝ 20,250円

3 固定資産項目

貸借対照表の固定資産の部には、長期間使用または保有する資産が記載される。その内容は、図表1－3－5のように、有形固定資産、無形固定資産および投資その他資産に分類することができる。

このうち、ここでは、まず有形固定資産の会計について見ていくことにしよう。

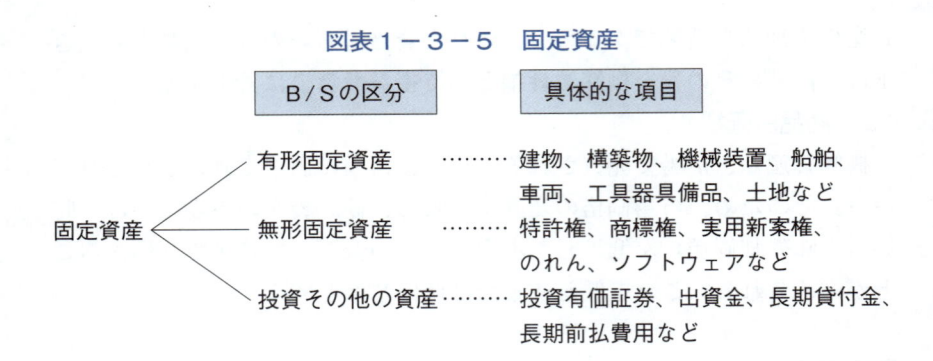

図表１－３－５　固定資産

| B/Sの区分 | | 具体的な項目 |

固定資産
- 有形固定資産 ……… 建物、構築物、機械装置、船舶、車両、工具器具備品、土地など
- 無形固定資産 ……… 特許権、商標権、実用新案権、のれん、ソフトウェアなど
- 投資その他の資産……… 投資有価証券、出資金、長期貸付金、長期前払費用など

（1）有形固定資産項目

　有形固定資産とは、固定資産のうちで具体的な物的形態を持つもので
あって、企業の通常の営業活動のために使用することを目的として長期
間保有する資産である。つまり、有形固定資産は、①物的資産、②使用
目的資産、③長期性資産、という３つの属性を有する資産として特徴づ
けられる。有形固定資産に属する具体的な項目には、建物、構築物、機
械および装置（機械装置）、船舶、車両およびその他の陸上運搬具（車
両運搬具）、工具・器具および備品（工具器具備品）、土地、建設仮勘定、
などがある（「財務諸表等規則」第23条）。

（2）有形固定資産の減価償却と原価配分

①　減価原因

　有形固定資産は、土地などの一部の資産を除き、時の経過や使用、あ
るいは災害を通じて物理的に減価する。また、物理的に使用可能な状態
ではあっても技術の改良や需要の変化などの外的な要因により陳腐化し
たり、あるいは生産方法の変更などにより不適応化を起こしたり、しだ
いにその価値を減少させていく（→図表１－３－６）。そこで、こうし
た有形固定資産の減価に対応して、その取得原価を当該資産の使用期間
（耐用期間）にわたり配分し、この期間に獲得される収益と適切に対応
させることが必要となる。この有形固定資産の取得原価を当該資産の使

図表１－３－６　有形固定資産の減価原因

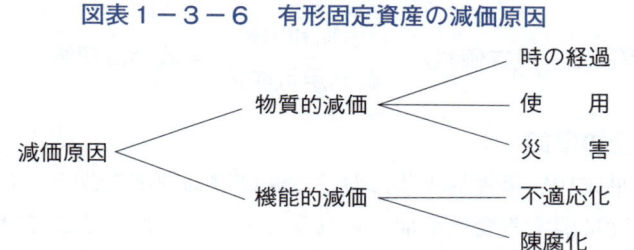

用期間にわたって配分する手続を減価償却と呼ぶ。

②　原価配分の方法

「企業会計原則」は、その貸借対照表原則の五で「有形固定資産は、当該資産の耐用期間にわたり、定額法、定率法等の一定の減価償却の方法によって、その取得原価を各事業年度に配分」するとしている。

（１）定額法

この方法は、耐用年数にわたり、毎期均等額の減価償却費を計上する方法である。計算式を示すと次のようになる。

（取得原価－残存価額）÷耐用年数＝減価償却費

（２）定率法

この方法は、耐用年数にわたり、毎期の期首未償却残高に一定の償却率を乗じて減価償却費を計上する方法である。計算式を示すと次のようになる。

（取得原価－期首減価償却累計額）×償却率＝減価償却費

なお、償却率は $1 - \sqrt[n]{\dfrac{残存価額}{取得原価}}$ として求める。（ n は耐用年数）

（３）生産高比例法

この方法は、耐用年数にわたり、毎期その資産の利用の度合いに応じた減価償却費を計上する方法である。計算式を示すと次のようになる。

$$（取得原価－残存価額）\times\frac{当期利用量}{総利用可能量}＝減価償却費$$

③ 税法上の償却

　2007（平成19）年税制改革における減価償却制度の改正において、減価償却制度に関する変更が加えられることとなった。そこでは、減価償却の計算にあたり、償却限度額と残存価額を廃止することが決定された。これにより、定額法、定率法、生産高比例法などを採用した場合に従来の方法（旧定額法、旧定率法、旧生産高比例法と呼ばれる）に比べ、多額の償却費が計上されることとなる。具体的には、図表１－３－７に示すように償却可能限度額が拡大されることとなった。

図表１－３－７　法人税法施行令の有形固定資産の償却可能限度額

	2007年３月31日以前に取得	2007年４月１日以後に取得
償却可能限度額	取得原価の95/100に相当する金額。（ただし、95％に到達後の翌事業年度以後５年間で簿価が１円となるまで償却可能。）（61条１－イ、同条２）	取得価額から１円を控除した金額に相当する金額。（61条１ニイ）

　また、2012年４月１日以後に取得をした減価償却資産に対して定率法を適用する場合には、減価償却資産の耐用年数等に関する省令別表第十の償却率が用いられる。これによれば、原則として定額法の２倍となるように設定された償却率を適用することができ（200％償却などと呼ばれる）、早期に多額の償却費を計上することが可能となった。

（3）貸借対照表への表示

　貸借対照表における有形固定資産の表示方法には、科目別控除方式、一括控除方式、注記方式の３つの方法がある（「財務諸表等規則」第25・26条）。科目別控除方式とは、各有形固定資産の科目ごとに当該有

形固定資産に対する減価償却累計額を控除する形式で表示する方法である。**一括控除方式**とは、２以上の有形固定資産の科目について減価償却累計額を一括して記載する方法である。**注記方式**とは、各有形固定資産の金額から減価償却累計額を控除した残額のみを記載して、当該減価償却累計額を注記する方法である。

設例6

次の場合に、①科目別控除方式、②一括控除方式、③注記方式により貸借対照表を作成しなさい。

1．建物：取得原価10,000,000円、耐用年数10年、残存価額は取得原価の10％、定額法、当期末で取得後３年経過
2．車両：取得原価1,000,000円、残存価額は取得原価の10％、生産高比例法、総利用可能距離10万km、当期走行距離15,000km、当期首に取得
3．備品：取得原価2,500,000円、償却率0.28、当期末で取得後２年経過

解 答

① 科目別控除方式

貸借対照表（一部）　　　　　　　　（単位：円）

1	建 物	10,000,000	
	減価償却累計額	<u>2,700,000</u>	7,300,000
2	車 両	1,000,000	
	減価償却累計額	<u>135,000</u>	865,000
3	備 品	2,500,000	
	減価償却累計額	<u>1,204,000</u>	1,296,000

② 一括控除方式

貸借対照表（一部）　　　　　　　　（単位：円）

1	建 物	10,000,000
2	車 両	1,000,000
3	備 品	2,500,000
	減価償却累計額	▲ 4,039,000

③ 注記方式

貸借対照表（一部）　　　　　　　　（単位：円）

1 建	物	7,300,000
2 車	両	865,000
3 備	品	1,296,000

（注）建物、車両、備品は、減価償却累計額をそれぞれ2,700,000円、135,000円、1,204,000円を控除した残額である。

（4）資本的支出と収益的支出

固定資産を購入した後に、改良や修繕などの工事が行われることがある。改良のための支出と修繕のための支出は異なる性質を持ち、その会計処理も異なる。

① 修繕

固定資産の性能が低下したために、これを回復することを目的として、工事を行うことがある。この種の工事のことを修繕といい、修繕のための支出を修繕費という。修繕費は、当期の費用として処理される（これを収益的支出という）。

② 改良

固定資産の機能の追加や耐用年数の延長など、固定資産の価値を高めることを目的として、工事を行うことがある。この種の工事のことを改良という。改良のための支出は、固定資産の価値増加をもたらし、当期の費用として処理するのではなく、固定資産の取得原価に加算する（これを資本的支出という）。

設例7

次の取引の仕訳を示しなさい。

建物について定期的な修繕と改良を行い、その代金3,000,000円は小切手を振り出して支払った。なお、このうちの1/4は資本的支出とみなされた。

　　（借）建　　　物　　750,000　　　　（貸）当座預金　3,000,000
　　　　　修　繕　費　2,250,000

（5）リース会計

① リース取引の意義

　リース取引とは、企業会計基準第13号「リース取引に関する会計基準」（以下、「第13号」）において「特定の物件の所有者たる貸手（レッサー）が、当該物件の借手（レッシー）に対し、合意された期間（以下「リース期間」という。）にわたりこれを使用収益する権利を与え、借手は、合意された使用料（以下「リース料」という。）を貸手に支払う取引をいう」（4項）とされる。

② リース取引の分類

1）ファイナンス・リース取引とオペレーティング・リース取引

　リース取引は、ファイナンス・リース取引とオペレーティング・リースとに分類される。「第13号」において、**ファイナンス・リース取引**は、「リース契約に基づくリース期間の中途において当該契約を解除することができないリース取引又はこれに準ずるリース取引で、借手が、当該契約に基づき使用する物件（以下「リース物件」という。）からもたらされる経済的利益を実質的に享受することができ、かつ、当該リース物件の使用に伴って生じるコストを実質的に負担することとなるリース取引」（同5項）をいい、**オペレーティング・リース取引**は「ファイナンス・リース取引以外のリース取引をいう」（同6項）とされる。

　ここに、前段の解約不能とは、リース契約に基づくリース期間の中途において当該契約を解除することができないリース取引や、法的形式上は解約可能であるとしても、解約に際し相当の違約金を支払わなければならない等の理由から、事実上解約不能と認められるリース取引をいう。また、後段の内容はフルペイアウトといい、借手が、当該契約に基づき使用する物件を自己所有したならば得られると期待されるほとんどすべ

ての経済的利益を享受し、かつ使用に伴って生じる取得価額相当額、維持管理等の費用、陳腐化によるリスク等のほとんどすべてのコストを負担することをいう（「第13号」5・36項、「リース取引に関する会計基準の適用指針」（以下、本項で「適用指針」）5項）。

これらの条件を満たすリース取引は、ファイナンス・リース取引に該当することになるが、「適用指針」では、この具体的判定基準として、現在価値基準と経済的耐用年数基準を定めている。そして、このいずれかに該当するリース取引をファイナンス・リース取引と判定することとしている（「適用指針」9項）。→図表1−3−8

図表1−3−8　ファイナンス・リース取引の具体的判定基準

| 現在価値基準 | 解約不能のリース期間中のリース料総額の現在価値が、当該リース物件を借手が現金で購入するものと仮定した場合の合理的見積金額のおおむね90％以上であること |
| 経済的耐用年数基準 | 解約不能のリース期間が、当該リース物件の経済的耐用年数のおおむね75％以上であること |

一方、オペレーティング・リース取引とは、ファイナンス・リース取引に分類されない、リース取引のことをいう。

2）所有権移転リース取引と所有権移転外リース取引

ファイナンス・リース取引として分類されたリース取引は、さらに、リース契約上の諸条件に照らして、リース物件の所有権が借手に移転すると認められる所有権移転ファイナンス・リース取引と、それ以外の取引である所有権移転外ファイナンス・リース取引とに分類される（「第13号」8項）。このうち、所有権移転リース取引に分類されるリース取引は、所有権移転リース、割安購入選択権付リース、あるいは特別仕様リースのいずれかに該当するリース取引である（「適用指針」10項）。→図表1−3−9

図表1－3－9　所有権移転リース取引の判定基準

所有権移転リース	リース期間終了後またはリース期間の中途で、リース物件の所有権が借手に移転することとされているリース取引
割安購入選択権付リース	借手に対して、リース期間終了後またはリース期間の中途で、名目的価額またはその行使時点のリース物件の価額に比して著しく有利な価額で買い取る権利（割安購入選択権）が与えられており、その行使が確実に予想されるリース取引
特別仕様リース	リース物件が、借手の用途等に合わせて特別の仕様により製作または建設されたものであって、当該リース物件の返還後、貸手が第三者に再びリースまたは売却することが困難であるため、その使用可能期間を通じて借手によってのみ使用されることが明らかなリース取引

　以上のリース取引の分類をまとめると、図表1－3－10のようになる。

図表1－3－10　リース会計基準におけるリースの分類

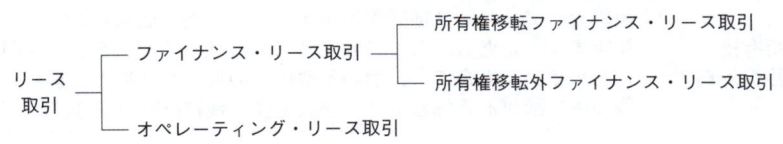

③　**会計処理**

1）ファイナンス・リース取引

　ファイナンス・リース取引の借手の会計処理は、通常の売買取引に係る方法に準じた方法による（「第13号」10項）。まず、リース開始日に、図表1－3－11に示す価額により、リース資産とリース債務が計上される（「適用指針」21・22・36・37項）。

　次に、リース料の支払日には、契約により定められたリース料の支払が行われる。この支払額は、リース債務の返済額とリース債務に対して発生した利息相当額からなる。リース料総額に含まれている利息相当額は、原則として、リース期間にわたり利息法により配分する。

　最後に、決算日には、リース物件の減価償却が、以下の手続により実

図表1－3－11　ファイナンス・リース（F/L）の計上額

	資産・負債の計上額
所有権 移転F/L	1．リース物件の貸手の購入価額が明らかな場合には、当該価額 2．貸手の購入価額が明らかでない場合は、リース料総額の現在価値と見積現金購入価額とのいずれか低い額（割安購入選択権がある場合にはその行使価額を含める）
所有権 移転外F/L	1．リース物件の貸手の購入価額が明らかな場合には、購入価額とリース料総額（残価保証額がある場合には含む）の現在価値とのいずれか低い額 2．貸手の購入価額が明らかでない場合は、見積現金購入価額とリース料総額の現在価値とのいずれか低い額

図表1－3－12　ファイナンス・リース（F/L）の減価償却

	減価償却の方法
所有権 移転F/L	自己所有の固定資産に適用する減価償却方法と同一の方法により、経済的使用可能予測期間を耐用年数として算定する。
所有権 移転外F/L	原則として、リース期間を耐用年数とし、残存価額をゼロとして算定する。ただし、F/Lの判定時に、再リース期間をリース期間に含めている場合には、耐用年数にこの期間を含める。また、残価値保証額がある場合には、当該金額を残存価額とする。

施される（「適用指針」27・42項）。→図表1－3－12

2）オペレーティング・リース取引

　オペレーティング・リース取引については、通常の賃貸借取引に係る方法に準じて会計処理を行う（「第13号」15項）。すなわち、毎期の支払リース料を費用計上する処理のみが行われることになる。

設例8

1．下記の①から⑧の条件に従い、次の設問に答えなさい。
　(1) このリース取引がファイナンス・リース取引であるかどうかの判定をしなさい。
　(2) X1年4月1日（リース開始日）の仕訳を示しなさい。

(3) X2年3月31日（リース料支払と減価償却費の計上）の仕訳を示しなさい。

① このリース契約には、所有権移転条項および割安購入選択権条項はない。

② このリースは特別仕様リースではない。

③ 解約不能のリース期間5年、リース物件（機械装置）の経済的耐用年数8年

④ 借手の見積現金購入価額48,000千円

⑤ リース料は年額12,000千円（支払は毎年末）、リース料総額60,000千円

⑥ 借手の減価償却方法　定額法（見積残存価額は0とする）

⑦ 借手の追加借入利子率　年7％

⑧ リース取引開始日X1年4月1日、決算日X2年3月31日

2. 下記の①から④の条件に従い、次の設問に答えなさい。

(1) X1年4月1日（リース開始日）の仕訳を示しなさい。

(2) X2年3月31日（リース料支払と減価償却費の計上）の仕訳を示しなさい。

① リース取引開始日はX1年4月1日

② 解約不能のリース期間5年

③ リース料は年額12,000千円（支払いは毎年末）

④ このリース取引はオペレーティング・リース取引と判定される。

解　答

1.

(1) 現在価値基準により、所有権移転外ファイナンス・リースと判定される。

(2) リース開始日の仕訳

（借）リース資産　48,000,000　（貸）リース債務　48,000,000

(3) リース料支払・減価償却費の計上

（借）リ ー ス 債 務　8,193,120　（貸）現 金 預 金　12,000,000

　　　　支 払 利 息　3,806,880

（借）減 価 償 却 費　9,600,000　（貸）減価償却累計額　9,600,000

2.

(1)　仕訳なし

(2)（借）支払リース料　12,000,000　（貸）現 金 預 金　12,000,000

解　説

1.

(1)　下記表に示す判定と①および②の条件から所有権移転外ファイナンス・リースと判定される。

現在価値基準による判定	経済的耐用年数基準による判定
①リース料総額を追加借入利子率で割引く $$\sum_{i=1}^{5} \frac{12,000\text{千円}}{(1+0.07)^i} = 49,202\text{千円}$$ ②見積現金購入価額48,000千円×90% = 43,200千円 49,202千円＞43,200千円 ∴ファイナンス・リース取引と判定される	①リース物件の経済的耐用年数8年×75% = 6年 ②リース期間5年＜6年 ∴ファイナンス・リース取引と判定されない

(2)　借手の見積現金購入価額がリース料総額の現在価値より低いため、48,000千円がリース資産およびリース負債の計上価額となる。

(3)　リース債務の返済とこれに対して発生する利息相当額との計上を行う。利息相当額の計算に必要な利子率の計算は次のようになる。

$$\sum_{i=1}^{5} \frac{12,000\text{千円}}{(1+r)^i} = 48,000\text{千円、} \quad r \fallingdotseq 7.931\%$$

　　よって初年度の利息相当額は、48,000千円×0.07931 = 3,806,880円となる。

　　以後、毎年度末にリース債務金額に対する利息の計上を行う。減価償却費は、リース期間を耐用年数、残存価額を０とする定額法により、〔48,000千円÷５年＝9,600千円〕となる。

２．
　（1）オペレーティング・リース取引では、賃貸借処理を行うため、リース開始日時点にいかなる資産負債も計上されない。
　（2）賃貸借処理として、毎期支払リース料を費用計上するのみである。

（6）無形固定資産項目

　次に、無形固定資産について見ていくこととする。

① 無形固定資産の意義と範囲

　無形固定資産とは、経営活動のために長期間継続的に使用される、物

 コラム **コーヒーブレイク**

《リース会計基準の国際的動向》

　現在のわが国のリース会計基準では、それまでの国際的動向と同じく、リース取引をファイナンス・リース取引とオペレーティング・リース取引とに分類し、前者においては原則として売買処理に準じた処理を通じてリース資産とリース債務が貸借対照表に計上され、後者においては支払リース料が損益計算書に費用として計上される。

　一方で、国際的動向としては、ＩＦＲＳおよびアメリカの会計基準において、リース会計に関する従来の会計処理方法が大幅に見直され、2016年にＩＦＲＳ16号として公表され、ＩＦＲＳ適用企業は2019年４月１日に開始する会計期間からの適用が始まる。同じ内容の基準はアメリカにおいても会計基準化されている。

　この新しい会計基準においては、リース取引は資産を使用する権利を対価との交換により一定期間にわたって移転する契約として、原則的に借手側ですべての契約内容が資産・負債として計上されることになる。

　今後のわが国の会計基準はこの方向性で修正されると考えられるところから、この新基準に関する知識の習得が必要と考えられる。

理的な形態を持たない資産をいう。これには、法律あるいは契約によって独占的・排他的に利用することを与えられた権利、企業買収の際に生じるのれんおよびソフトウェアがある。

② 法律あるいは契約上の権利

これには、法律上独占的に利用することが認められた権利を内容とするものと、契約によって特定の財産を独占的に利用することが認められた権利を内容とするものとに区別される。前者には、特許権、実用新案権、商標権、意匠権、借地権、漁業権、鉱業権、著作権などの法律上の権利がある。後者には、電話加入権、電気ガス施設利用権などがある。これらの資産は取得のために要した金額をもって貸借対照表に計上し、法律等による有効期限内あるいは、それよりも短い期間内に償却計算が行われる。償却にあたっては残存価額をゼロとする定額法によることとし、直接法により記帳が行われる。

設例9

次の決算整理前残高試算表に決算修正を行い、貸借対照表を作成しなさい。

決算整理前残高試算表（一部）　　（単位：円）

| 特　許　権 | 800,000 | |

＊この特許権は前期首に取得し、5年で償却することとしている。

解　答

貸借対照表（一部）　　（単位：円）

| 特　許　権 | 600,000 | |

解　説

前期首に取得して5年で償却するので、特許権の残高をあと4年で償却することになる。すなわち、〔800,000円－（800,000円÷4年）＝600,000円〕となる。

---

③ のれん

のれんとは、ある企業が、同業の他の平均的企業と比べて超過収益力を有する場合に、その超過収益力の源泉となるもののことをいう。これには、たとえば、次のものがある。

　○立地条件がすぐれていること

　○従業員の技術開発力、営業手腕、マーケティング能力が卓越していること

　○製品の知名度が高いこと

　○特殊な製法上の秘訣を有していること

　○取引先との間に緊密な関係が存在すること

　○有能な経営陣が存在すること　など

　これらは、その評価を客観的に行うことが困難であり、たとえ評価可能であるとしても主観的な評価にならざるを得ない。そのため、のれんを貸借対照表に計上するのは、主観性の排除、計算価格の客観性の保証という視点から、有償取得した場合に限られている。

　のれんを有償取得するケースには、他企業を買収するケースがある。この場合には、買収の対価として、現金が支払われるか、あるいは株式が交付される。そのため、のれんの取得原価が明らかとなり、当該のれんを貸借対照表に計上することになる。企業会計基準第21号「企業結合に関する会計基準」では、取得したのれんは20年以内のその効果の及ぶ期間にわたって、定額法その他の合理的な方法により規則的に償却するものとし、金額に重要性が乏しい場合には、のれんが生じた事業年度の費用として処理することができるとしている（32項）。

設例10

1. 当社（P社）は、S社を支配することを目的として、当期首に自社の新株式500株と交換にS社の発行済株式のすべてを取得し同社を取得した。P社の株価は、S社取得時点で1株55,000円である。両社の貸借対照表が次のとき、取得後のP社の貸借対照表はどのようになる

か答えなさい。新株の発行価額の全額を資本金とする。

2．期末に、取得時に計上したのれんを5年間にわたり均等償却することとした。そのときの仕訳を示しなさい。

P社		貸借対照表	（単位：千円）
諸　資　産	73,500	諸　負　債	22,000
		資　本　金	38,000
		利益剰余金	13,500

S社		貸借対照表	（単位：千円）
諸　資　産	37,700	諸　負　債	17,500
		資　本　金	18,000
		利益剰余金	2,200

＊S社の貸借対照表に計上されている諸資産および諸負債の簿価と時価は一致しているものとする。

[解 答]

1．取得時点のP社の貸借対照表は、次のようになる。

P社		貸借対照表	（単位：千円）
諸　資　産	111,200	諸　負　債	39,500
の　れ　ん	7,300	資　本　金	65,500
		利益剰余金	13,500
	118,500		118,500

2．（借）のれん償却額　1,460,000　　（貸）の　れ　ん　1,460,000

[解 説]

1．取得時のP社の仕訳は次のようになる。この仕訳をP社の貸借対照表に合算する。

（借）諸　資　産　37,700,000　　（貸）諸　負　債　17,500,000
　　　の　れ　ん　　7,300,000　　　　　資　本　金　27,500,000

　なお、受け入れた純資産額よりも、対価が小さければ、「負ののれん」として貸方に取得差額が計上される。

2．S社取得時に計上されたのれんを、5年間で均等額償却する。すなわち、〔7,300,000円÷5年＝1,460,000円〕となる。

　この場合に、もしS社の取得が支配を目的としておらず、結合後のリスクや便益が相互に共有されるときには、単にS社の資産・負債の帳簿価額を引き継ぎ、資本構成もそのまま引き継がれることになる。その場合には、のれんの計上は行われない。

《参考》

　のれんの償却に関しては、理論上、償却不要説と償却必要説という対立する見解がある。

○償却必要説

　超過収益力は、一般に、企業間の競争の激化や環境の変化によりしだいにその価値を減少していくと考えられる。加えて、のれんは具体的実体を持たない資産項目であるため、その存在期間や価値について不明確な部分が多い。そのため、のれんはできるだけ速やかに償却するものと考える。

○償却不要説

　超過収益力は、他社が模倣できない企業の特殊性を反映したものであり、企業経営の継続・進化・発展により、その価値が増すことはあっても、減少することはないと考えられる。そのため、この説では、のれんを償却不要と考える。

④　ソフトウェア

1）ソフトウェアの概念

　ソフトウェアとは、コンピュータを機能させるように指令を組み合わせて作成されたプログラムなどをいう（「研究開発費等に係る会計基準」一2）。

2）ソフトウェア制作費の会計処理

　ソフトウェアの制作費のうち研究開発に該当する部分については、研究開発費としてすべて発生時に費用として処理する（「同基準」三）。研究開発費に該当しないソフトウェア制作費については、ソフトウェアの制作目的別に、販売目的のソフトウェアと自社利用目的のソフトウェアに区別して処理する（「同基準」四）。

　このうち、販売目的のソフトウェアは、市場販売目的のソフトウェアと受注制作のソフトウェアに区別される。市場販売目的のソフトウェアは、複写可能な完成品（これを「製品マスター」という）を制作し、これを複写して製品として販売するものである。この「製品マスター」の制作費のうち、研究開発費に該当する部分は研究開発費として処理する。また、「製品マスター」の機能の改良・強化を行う制作活動のための費用は、これが著しい改良に要したものと認められない限り、資産に計上する。著しい改良と認められる費用は研究開発費として処理する。また、機能維持などに要した費用は発生時の費用とする（「同基準」四2）。→図表1－3－13

図表1－3－13　市場販売目的のソフトウェア

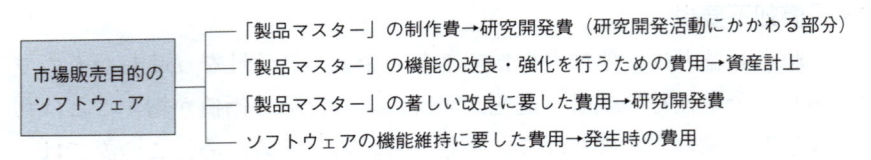

　受注制作のソフトウェアとは、販売目的ソフトウェアのうち、ソフトウェアメーカーなどが受注制作しているソフトウェアである。これは、受注契約により請負価額などの諸条件があらかじめ定められているため、請負工事の会計処理に準じて処理を行う。

　次に、自社利用目的のソフトウェアは、ソフトウェアの利用により、将来の収益獲得または費用の削減が確実であることが認められる場合には、当該ソフトウェアの制作費または購入に要した費用を資産に計上す

図表1－3－14　自社利用目的のソフトウェア

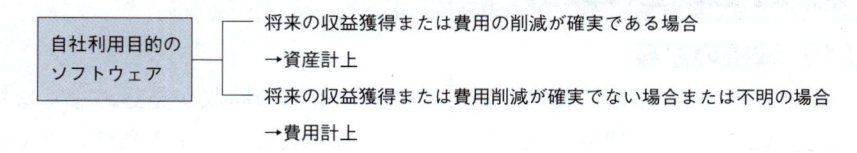

る。将来の収益獲得または費用削減が確実であると認められない場合また
は不明の場合には費用として処理する（「同基準」四1・3）。→図表
1－3－14

3）ソフトウェア制作費の償却

　無形固定資産として計上したソフトウェアの取得原価は、当該ソフト
ウェアの性格に応じて、見込販売数量に基づく償却方法その他合理的な
方法により償却する。ただし、毎期の償却額は残存有効期間に基づく均
等配分額を下回ってはならない（「同基準」四5）。

設例11

　次の取引を仕訳しなさい。

1．自社利用目的で、完成品のソフトウェア1,250,000円を購入し、代金
　は付随費用25,000円とともに現金にて支払った。このソフトウェアの
　利用により将来の費用の削減が確実に見込まれる。

2．上記のソフトウェアを耐用年数5年として償却した。

解　答

1．（借）ソフトウェア　1,275,000　　（貸）現　　　　金　1,275,000

2．（借）ソフトウェア償却　255,000　　（貸）ソフトウェア　255,000

4 固定資産の減損

（1） 減損の意義

　減損とは、「資産の収益性の低下により投資額の回収が見込めなくなった状態であり、減損処理とは、そのような場合に、一定の条件の下で回収可能性を反映させるように帳簿価額を回収可能価額まで減額する会計処理」のことをいう（「固定資産の減損に係る会計基準の設定に関する意見書」三3）。以下で、減損損失の計算手続について見ていくことにしよう。

（2） 減損の計算手続

① 資産のグルーピング

　資産が減損しているかどうかの判定は、独立したキャッシュ・フローを生み出す最小単位で行う。複数の資産が一体となって独立したキャッシュ・フローを生み出す場合には、減損処理を行うにあたり、まず、他の資産または資産ループからおおむね独立したキャッシュ・フローを生み出す最小の単位で資産のグルーピングを行う（「固定資産の減損に係る会計基準」二6）。

② 減損の兆候の確認

　減損の手続にあたっては、はじめに、資産または資産グループに減損が生じている可能性を示す事象（これを減損の兆候という）が存在していることを確認する。この確認作業は、内部管理上算定される損益や経営計画などの内部の情報源と、経営環境や資産の市場価格などの外部の情報源に基づき行われる。たとえば、資産または資産グループが使用されている営業活動から生ずる損益またはキャッシュ・フローが、継続してマイナスとなっているか、あるいは、継続してマイナスとなる見込みであることや、資産または資産グループが使用されている事業に関連して、経営環境が著しく悪化したか、あるいは、悪化する見込みであることなどがこれに該当する（「同基準」二1）。

③ 減損損失の認識

　減損の兆候が確認された場合には、次に、減損損失を認識するか否かの判定を行う。この判定は、資産または資産グループが生み出す割引前将来キャッシュ・フローの総額と帳簿価額とを比較することにより行われる。前者の金額が後者の金額を下回る場合には、減損の存在が相当程度に確実であるとして、減損損失を認識する（「同基準」二２）。

④ 減損損失の測定

　資産または資産グループについて減損損失を認識することが必要であると判定された場合には、減損損失の測定を行う。具体的には、資産または資産グループの帳簿価額を回収可能価額まで減額し、当該減少額を減損損失として測定する（「同基準」二３）。ここに、回収可能価額とは、使用価値と正味売却価額のいずれか高い金額をいう。この場合の使用価値とは、資産または資産グループの継続的な使用と使用後の処分によって生じると見込まれる将来キャッシュ・フローの現在価値のことをいい、正味売却価額とは、資産または資産グループの時価から処分費用見込額を控除して算定される金額のことをいう（「同基準」注解（注１））。

⑤ 資産グループについて認識された減損の配分

　資産グループについて　認識された減損損失は、帳簿価額に基づく比例配分等の合理的な方法により、当該資産グループの各構成資産に配分する（「同基準」二６（２））。

（3）減損処理後の会計処理

　減損処理を行った資産については、減損損失を控除した帳簿価額に基づき減価償却を行う。また、減損損失の戻入れは行わない（「同基準」三１・２）。

（4）財務諸表における表示

　減損処理にかかわる貸借対照表の表示は、原則として、減損処理前の取得原価から減損損失を直接控除し、控除後の金額をその後の取得原価

とする方式で表示する。ただし、減損損失累計額を取得原価から間接控除する方式で表示することもできる。また、この場合に、減損損失累計額を減価償却累計額に合算する方式で表示することもできる（「同基準」四1、「財務諸表等規則」第26条の2）。

　減損損失の損益計算書における表示については、原則として、特別損失とする。なお、重要な減損損失を認識した場合には、減損損失を認識した資産、減損損失の認識に至った経緯、減損損失の金額、資産のグルーピングの方法、回収可能価額の算定方法などの事項について注記する（「同基準」四2・3、「同規則」第95条の3の2）。

設例12

　当社の保有する次の固定資産について、減損の調査を行った結果、当期に減損損失を認識することとなった。この固定資産は、一体として独立したキャッシュ・フローを生み出しているため、減損処理にあたりグルーピングを行う。この資産グループに対して認識される減損損失は、帳簿価額に基づき各資産に比例配分する。この場合の仕訳を直接法で示しなさい。

	建　物	土　地
帳　簿　価　額	120,000千円	230,000千円
回 収 可 能 価 額	280,000千円	

解　答

（借）減 損 損 失　70,000,000　　（貸）建　　　　物　24,000,000

　　　　　　　　　　　　　　　　　　　土　　　　地　46,000,000

解　説

　まず、帳簿価額と回収可能額との差額を減損損失として認識する。すなわち、減損損失の総額は、〔350,000千円－280,000千円＝70,000千円〕となる。

この額を、次のように、各資産の帳簿価額に基づき比例配分する。

建物：70,000千円×120,000千円÷（120,000千円＋230,000千円）

　　　＝24,000千円を建物に生じた減損として配分する。

土地：70,000千円×230,000千円÷（120,000千円＋230,000千円）

　　　＝46,000千円を土地に生じた減損として配分する。

5 投資その他の資産項目

投資その他の資産とは、投資項目とその他の固定資産項目からなる固定資産項目をいう。このうち、投資項目とは商品、製品あるいはサービスの提供以外の目的で、長期にわたり企業外部に資金を投下したものをいう。具体的には、①事業の支配や統制など他企業への影響力を行使するために保有する子会社株式・関連会社株式、②長期の運用目的で保有する満期保有目的債券、③長期的な融資目的や長期運用を目的とする長期貸付金や長期性預金、④取引相手が経営破たんに陥り長期間にわたり回収不能となった破産更生債権、などがある。また、その他の固定資産項目とは、費用化するまで貸借対照表作成日の翌日から起算して1年を超える資産をいう。具体的には、長期前払費用がある。

以下でこれらの主な内容について見ていくことにしよう。

（1）子会社株式・関連会社株式

子会社株式・関連会社株式とは、自社が保有する自社の子会社と関連会社の株式をいう。財務諸表等規則では、子会社と関連会社につき次のように定めている（「同規則」第8条3〜6項）。

子会社とは、当社が、他の会社の意思決定機関を支配している場合の、当該他の会社のことをいう。このような、意思決定機関を支配しているか否かに基づき子会社を判定する考えを支配力基準という。

関連会社とは、当社が、子会社以外の他の会社の財務および営業または事業の方針の決定に対して重要な影響を与えることができる場合の、

当該子会社以外の他の会社をいう。このような、重要な影響力を与えることができるか否かに基づき判定する考えを影響力基準という。

子会社あるいは関連会社の株式の取得は、事業への直接的な投資とみなされるため、時価の変動は考慮されず、取得原価によって貸借対照表の固定資産の部の投資その他の資産の区分に「関係会社株式」として計上される。なお、子会社と関連会社の判定については、連結財務諸表の節で詳しく学習する。→**本章第7節**

（2）満期保有目的債券

満期保有目的債券とは、満期まで所有する意図のもとで保有される社債その他の債券をいう。満期保有目的債券については、時価が明確なものであっても、利息の受け取りと元本の回収が目的であり、価格変動のリスクを考慮する必要がないため、償却原価法に基づいて算定された価格をもって貸借対照表価額とする（「金融商品会計基準」16項）。**償却原価法**とは、債券を額面額と異なる価額で取得した場合に、その差額が金利の調整分であると認められるときは、債券の償還期限までに、その差額部分に相当する額を毎期帳簿価額に加減算し、取得原価を券面額まで減額あるいは増額する方法である。これは先に学んだ債権の償却原価法と同様であり、その計算方法には**利息法**と**定額法**がある。利息法と定額法は、ともに債券の券面額と取得原価との差額を毎期一定の方法で調整していく方法であるが、原則として、複利計算を前提とする利息法が用いられ、継続適用を条件として定額法を採用することができる。

貸借対照表の表示にあたっては1年以内に満期到来債券は流動資産に有価証券として、それ以外は固定資産の投資その他の資産に投資有価証券として計上する。

設例13

次の条件でA社の発行する債券を満期保有目的で取得した。X2年3月31日のこの債券の帳簿価額はいくらとなるか答えなさい。計算は償却原

価法（利息法）によること。

　　額 面 金 額：30,000千円、購入金額：28,200千円、

　　取　　得　　日：X1年４月１日、満　期　日：X4年３月31日、

　　名目利子率：年６％、実効利子率：年8.3％

　　利　　払　　日：毎年３月末と９月末（したがって、半年ごとに利息の計
　　　　　　　　　　上を行う）

　　小数点第１位を四捨五入すること。当期の決算日は、X2年３月31日である。

解　答

　満期保有目的債券の帳簿価額：28,751,817円

解　説

　社債は、社債の額面金額に対する名目利子率が市場利子率よりも低いときに、社債の利回りが市場利子率に等しくなるよう調整するために割引発行されることがある。このときの割引額が金利調整差額となり、名目利息と金利調整差額の合計額を、債券の帳簿価額に対して一定率となるように、複利をもって各期の損益に配分する方法を利息法と呼び、この一定率のことを実効利子率いう。具体的には次のように計算する。

① X1年９月末（第１回利払日）

　額面金額：30,000,000円×名目利子率６％×６ヵ月/12ヵ月＝900,000円

　帳簿価額：28,200,000円×実効利子率8.3％×６ヵ月/12ヵ月＝1,170,300円

　金利調整差額の配分額：1,170,300円－900,000円＝270,300円

　X1年９月末の社債の帳簿価額は〔28,200,000円＋270,300円＝28,470,300円〕となる。

② X2年３月末（第２回利払日、決算日）

　額面金額：30,000,000円×名目利子率６％×６ヵ月/12ヵ月＝900,000円

　帳簿価額：28,470,300円×実効利子率8.3％×６ヵ月/12ヵ月＝1,181,517円

　金利調整差額の配分額：1,181,517円－900,000円＝281,517円

X2年3月末の社債の帳簿価額は〔28,470,300円＋281,517円＝28,751,817円〕となる。

（3） その他有価証券

その他有価証券は、市場性のある有価証券を4分類した場合に、いずれにも分類されない有価証券で、長期的な時価の変動による利益の獲得や業務提携等の目的など多様な意図のもとで保有するものをいう。その他有価証券は決算日における時価で評価するが、直ちに売却することを目的として保有するものではないため、評価差額は洗替法式による全部純資産直入法または部分純資産直入法によって処理する。

ここに、全部純資産直入法とは、時価による評価差額の合計額を貸借対照表の純資産の部に直接計上する方法をいう。この方法によれば、評価差額が当期の損益に計上されることはない。また、部分純資産直入法とは、時価が取得原価を上回る銘柄の評価差額は純資産の部に計上し、時価が取得原価を下回る銘柄の評価差額は損益計算書に計上する方法をいう。この方法によれば、評価損のみが当期の損失として損益計算書に計上されることとなる。

その他有価証券の貸借対照表の計上にあたっては、1年以内に満期到来債券は流動資産に有価証券として、それ以外は固定資産の投資その他の資産に投資有価証券として計上する。純資産の部には、税効果を適用後、その他有価証券評価差額金勘定で記載する。

（4） 長期貸付金

貸付金については、すでに説明した1年基準に従い、貸借対照表の記載区分が決定される。貸借対照表日の翌日から起算して1年以内に期限の到来するものは、流動資産の部に「短期貸付金」として記載し、1年を超えるものは固定資産の部の投資その他の資産の区分に「長期貸付金」として計上する。なお、株主、役員、または従業員に対する貸付金、ならびに関係会社に対する貸付金は区別して表示する。→図表1－3－15

図表１－３－15　貸借対照表

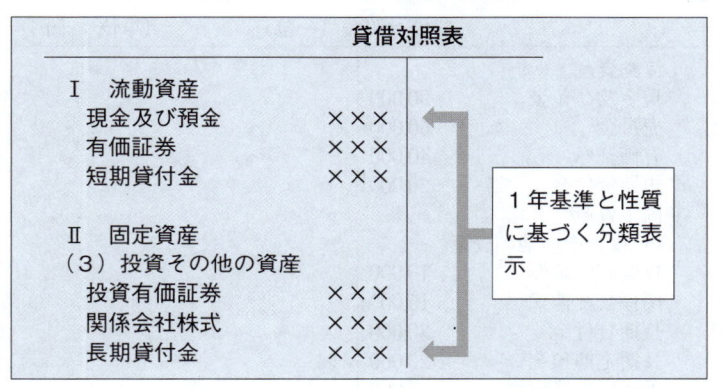

　次の資料から貸借対照表の資産の部を完成させなさい。当期の会計期間はX1年４月１日からX2年３月31日である。

残高試算表　　　　　（単位：千円）

現 金 預 金	110,000
売 掛 金	80,000
有 価 証 券	65,000
貸 付 金	50,000

１．現金預金には、次の定期預金が含まれている。

　　X3年３月31日に満期となる定期預金30,000千円。

　　X4年３月31日に満期となる定期預金20,000千円。

２．売掛金のうち20,000千円は破たんした取引先に対するものであり、このうち15,000千円は回収不能と見込まれる。貸借対照表には回収不能額を控除した金額で計上する。

３．貸付金のうち20,000千円は、当期の９月１日に期間１年として貸し付けたものであり、残りは同日に期間２年として貸し付けたものである。

４．有価証券のうち15,000千円は子会社の株式であり、10,000千円は満期保有目的債券である。また、残りは売買目的有価証券である。

解 答

貸借対照表（一部） （単位：千円）

```
Ⅰ 流動資産
  現金及び預金        90,000
  売掛金            60,000
  有価証券          40,000
  短期貸付金         20,000
Ⅱ 固定資産
（3）投資その他の資産
  投資有価証券        10,000
  関係会社株式        15,000
  長期貸付金         30,000
  長期定期預金        20,000
  破産更生債権等        5,000
```

コラム　コーヒーブレイク

《繰延資産の取り扱い》

　資産として計上することが認められている繰延資産として、図表1－3－16のものがある。

図表1－3－16　繰延資産項目

項目	内容
①創 立 費	会社設立のために要した費用を指す。定款・諸規則の作成費、株式募集費、目論見書・株券などの印刷費、設立事務にあたる使用人の給料、創立総会費、設立登記の登録税など。
②開 業 費	会社設立後営業開始までに支払われた開業準備のための費用を指す。土地・建物などの賃借料、広告宣伝費、事務用消耗品費、使用人の給料など。
③株式交付費	新株発行および自己株式の処分に係る費用を指す。株式募集のための広告費、金融機関・証券会社に対する取扱手数料、株券等の印刷費など。
④社債発行費等	社債および新株予約権の発行のために要した費用を指す。社債募集のための広告費、金融機関・証券会社に対する取扱手数料、社債券の印刷費など。
⑤開 発 費	新技術または新経営組織の採用、資源の開発、市場の開拓などのために支出した費用、生産能率の向上また生産計画の変更などにより設備の大規模な配置換えを行った場合の費用。

　これらはサービス対価として当期に支出されたものであるものの、その効果の発現（収益の獲得）が将来にわたって期待されるところから、損益法思考における費用収益対応の原則の考え方をその根拠として、経過的に貸借対照表に繰延資産として計上することができるとされてきた性質のものである。（「企業会計原則」注解［注15］）

　一方で、国際的な動向としてはこの種の資産の資産性に疑問が持たれているという思考が主流であり、企業会計基準委員会は実務対応報告第19号「繰延資産の会計処理に関する当面の取扱い」において、ほとんどの繰延資産に対して原則として費用処理することを指示しており、資産計上した場合でも早期の費用化（償却）を想定している。

コラム　知っておきたい

《繰延税金資産とは？》

　将来の収益力の低い企業が多額の繰延税金資産を計上するのは、健全な会計処理ではない。損金計上が認められれば繰延税金資産は減少し、その同額当期純利益が減少することになるが、万一、将来それに見合う利益が確保できない場合には、赤字となってしまうからである。このように、収益力が低く、課税所得が少ないと判断される場合には、法人税等の額を減少させる効果が期待できないと考え（税金を前払いする能力に乏しいと判断される）、繰延税金資産の回収可能性が否定される。すなわち、税効果会計における繰延税金資産の計上にあたっては、それが解消すると見込まれる将来時点において課税所得が確保されることを大前提にしているのである。逆に考えれば、将来の課税所得の範囲において「回収」できる一時差異についてのみ計上することができる。このため、将来の課税所得の見積りに用いる事業計画の内容や、一時差異解消のスケジュールによって繰延税金資産の額が変動する。

　企業会計基準適用指針第26号「繰延税金資産の回収可能性に関する適用指針」において、繰延税金の回収可能性は、下記の（1）から（3）に基づいて将来の税負担軽減効果の有無について判断するとしている。

　（1）収益力に基づく一時差異等加減算前課税所得
　（2）タックス・プランニングに基づく一時差異等加減算前課税所得
　（3）将来加算一時差異

6 負債項目

（1）負債の分類

　負債は、債務性の観点から、確定債務、条件付債務、純会計的負債の3つに分類される。このうち、確定債務とは、債務の履行義務と金額とがともに確定しているものであり、次の2つの種類からなる。

　①　金銭債務……将来金銭を支払う義務

　②　財貨・用役給付義務……財貨・用役取引に伴う義務

　次に、条件付債務とは、将来一定の条件が満たされた場合に確定債務に転化する債務である。現時点においては、金額や給付先が未確定の状態にある債務である。

　そして、純会計的負債とは、法的な債務性はないが、将来の未確定給付額のうち当期の収益に対応する金額を当期の費用として計上した場合に、その結果として貸方に生じる項目をいう。これらを図示すると図表1－3－17のようになる。

図表1－3－17　負債の分類

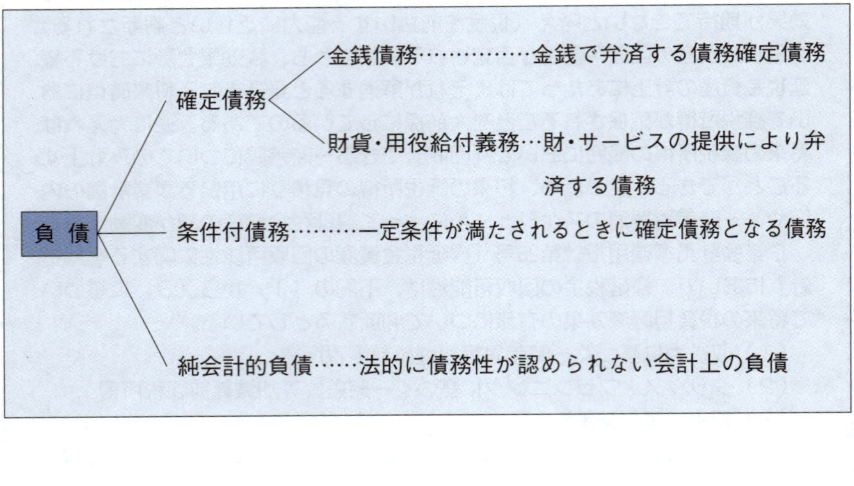

```
              ┌─ 金銭債務……………金銭で弁済する債務確定債務
       確定債務┤
              └─ 財貨・用役給付義務…財・サービスの提供により弁
                  済する債務
負債 ──┼── 条件付債務………一定条件が満たされるときに確定債務となる債務
       │
       └── 純会計的負債……法的に債務性が認められない会計上の負債
```

（2）貸借対照表上の負債の分類

　これらの負債は、貸借対照表に記載するにあたっては、流動性の観点から、流動負債、固定負債に分類して表示される。このうち、**流動負債**は、営業循環基準に基づく営業上の債務と１年基準の適用により記載されるその他の債務からなる。→図表１－３－18

図表１－３－18　流動負債

性質による分類	具体的な勘定項目

流動負債　＜　営業上の債務（営業循環基準により分類）　……… 買掛金、支払手形、前受金

その他の債務（１年基準により分類）　……… 短期借入金、未払金、預り金　引当金など

　固定負債は、１年基準の適用により支払または給付義務の期限が１年を超えて到来する負債が記載される。→図表１－３－19

図表１－３－19　固定負債

性　　　質	具体的な勘定項目

固定負債　──────　１年基準により分類　……… 長期借入金、社債、引当金　など

① 営業上の債務とその他の債務

　営業上の債務とは、企業の通常の営業循環過程において発生する負債項目であり、これには買掛金、支払手形、前受金がある。これらの項目は、**営業循環基準**の適用を受けるため、弁済期間の長短にかかわらず流動負債として分類される。

　また、その他の債務とは、**１年基準**の適用を受け、流動負債に分類さ

れる項目である。これには短期借入金、未払金、預り金などがある。これらの項目は、1年基準の適用を受けるため、弁済期限が貸借対照表日の翌日から起算して1年以内に到来しない場合には、固定負債に分類される。

なお、関係会社との取引に基づいて発生した支払手形および買掛金の合計額が、負債および純資産の合計額の100分の5を超える場合には、当該支払手形および買掛金の金額をそれぞれ注記しなければならない。ただし、関係会社に対する支払手形または買掛金のいずれかの金額が、負債および純資産の合計額の100分の5以下である場合には、これらの合計額のみを注記することができる（「財務諸表等規則」第55条）。また、株主、役員もしくは従業員からの短期借入金等の短期債務またはその他の負債で、その金額が負債および純資産の合計額の100分の5を超えるものについては、当該負債を示す名称を付した科目をもって記載しなければならない（「同規則」第50条）。

② 固定負債

固定負債は、企業の通常の営業循環過程において生じた負債以外の負債項目であり、かつその弁済期限が貸借対照表の翌日から起算して1年以内に到来しないものである。これには、長期借入金、社債、引当金などがある。このうち、社債と引当金は次に項を改め説明する。

なお、株主、役員もしくは従業員からの長期借入金またはその他の負債で、その金額が負債および純資産の合計額の100分の5を超えるものについては、当該負債を示す名称を付した科目をもって記載しなければならない（「同規則」53条）。

（3）社債

① 社債の会計処理

社債とは、株式会社が長期資金の調達を行うために、社債券を発行することによって生じた長期の債務のことをいう。社債券の発行により生じた債務は、企業会計上、社債勘定を用いて、負債として貸借対照表に

記載する。

　社債の発行には、社債の券面金額で発行する**平価発行**、券面金額より低い価格で発行する**割引発行**、そして券面金額より高い価格で発行する**打歩発行**がある。いずれの発行形態によるかは、社債に付されている契約利子率と市場利子率との関係によって決定される。社債の契約利子率が、市場利子率よりも低い場合には、社債を低い価格で発行しなければ買い手がつかないため、割引発行の形態がとられる。反対に、契約利子率が市場利子率よりも高い場合には、打歩発行の形態が取られることになる。

　社債を発行した場合には、社債の債務額をもって貸借対照表に計上する。ただし、割引発行や打歩発行のように、社債金額よりも低い価額または高い価額で発行したことにより、収入に基づく金額と債務額が異なる場合には、**償却原価法**を適用し、社債の償還期に至るまで毎期一定の方法で社債金額の調整を行う必要がある。

　なお、社債の発行に伴って社債募集のための広告費、金融機関・証券会社に対する取扱手数料、社債券の印刷費などが発生することがある。これらの費用を**社債発行費**と呼ぶ。前述のように、社債発行費は、原則として、支出時の費用として処理する。ただし、繰延資産として計上し、社債の償還までの期間で償却（利息法あるいは定額法）することが認められる。

② 新株予約権付社債

　社債には、普通社債と新株予約権付社債とがある。**新株予約権付社債**とは、新株予約権を付与された社債をいう。**新株予約権**とは、この保有者から見れば、新株予約権の発行会社に対して、一定の価格で新株の発行を請求できる権利をいう。一方、発行会社から見れば、新株予約権者の請求に応じて、新株式を発行するかあるいは自己株式を引き渡す義務を負うものである。

　新株予約権付社債の発行会社の会計処理には、一括法と区分法とがある。**一括法**とは、新株予約権と社債とを区別せずに、一体として処理す

る方法である。これに対して、**区分法**とは、新株予約権と社債とを区別して処理する方法である。

　なお、新株予約権は、先に見た負債には分類されない。また、新株予約権者の権利行使があるまでは、資本となることもない。すなわち、負債と資本のいずれにも属さない項目である。そのため、後述するように、これを純資産の部の株主資本以外の項目として記載する。

設例15

次の取引の仕訳を示しなさい。

1．X1年4月1日に、額面総額100,000千円、クーポン利率年6％、利払日年2回（3月と9月末）、期限5年の社債を@96.5円で募集し、全額払込を受け当座預金とした。なお、社債の発行にあたり、社債募集のための広告費、印刷費などの費用1,000千円が発生し、現金で支払った。

2．X1年4月1日に、新株予約権付社債を次の条件で発行し、額面金額の払込を受け当座預金とした。

① 　額面総額10,000千円。発行価額は100円につき95円とする。

② 　払込金額のうち、社債の対価部分は7,500千円、新株予約権の対価部分は2,000千円とする。

③ 　期間5年、利率年4％、利払日3月末日（年1回）

④ 　新株予約権の権利行使期間の満了日を社債の満期日とする。

⑤ 　新株予約権の行使により発行する新株式の発行総額のうち資本金に組み入れない額は行使価額の2分の1とする。

⑥ 　社債の対価部分と額面金額との差額は定額法により処理する。

この場合に、発行日、決算日および権利行使日の仕訳を示しなさい。

　(1) X1年4月1日　発行日

　(2) X2年3月31日　決算日、利払日

　(3) X3年3月31日　新株予約権の60％が行使され新株が発行された。

解 答 (単位：円)

1．（借）当 座 預 金　96,500,000　　（貸）社　　　債　96,500,000
　　（借）社債発行費　1,000,000　　（貸）現　　　金　1,000,000
2．区分法による場合
　（1）発行日
　　（借）当 座 預 金　7,500,000　　（貸）社　　　債　7,500,000
　　（借）当 座 預 金　2,000,000　　（貸）新株予約権　2,000,000
　（2）決算日、利払日
　　（借）社 債 利 息　　900,000　　（貸）当 座 預 金　　400,000
　　　　　　　　　　　　　　　　　　　　社　　　債　　500,000
　（3）新株予約権の権利行使日
　　（借）社 債 利 息　　900,000　　（貸）当 座 預 金　　400,000
　　　　　　　　　　　　　　　　　　　　社　　　債　　500,000
　　（借）社　　　債　5,100,000　　（貸）資　本　金　3,150,000
　　（借）新株予約権　1,200,000　　（貸）資本準備金　3,150,000
3．一括法による場合
　（1）発行日
　　（借）当 座 預 金　9,500,000　　（貸）新株予約権付社債　9,500,000
　（2）決算日、利払日
　　（借）社 債 利 息　　500,000　　（貸）当 座 預 金　　400,000
　　　　　　　　　　　　　　　　　　　新株予約権付社債　　100,000
　（3）新株予約権の権利行使日
　　（借）社 債 利 息　　500,000　　（貸）当 座 預 金　　400,000
　　　　　　　　　　　　　　　　　　　新株予約権付社債　　100,000
　　（借）新株予約権付社債　5,820,000　　（貸）資　本　金　2,910,000
　　　　　　　　　　　　　　　　　　　資本準備金　2,910,000

解 説

1．社債は、社債の発行による払込金額を社債勘定に計上する。社債募

集のための広告費、印刷費などの費用は社債発行費とする。

2．「区分法」

　社債の発行による払込金額を、「社債」の対価部分7,500千円と「新株予約権」の対価部分2,000千円とに区分して処理する。社債利息は〔10,000千円×0.04＝400千円〕となる。社債の定額法による増価額は〔(10,000千円−7,500千円)× 1 / 5 ＝500千円〕となる。これらを「社債利息」として計上する。新株式の発行価額は、社債の簿価と新株予約権の合計の60％（8,500千円×0.6＋2,000千円×0.6＝6,300千円）となる。このうち、1 / 2 は「資本金」として計上し、残額は「株式払込剰余金」（資本準備金）とする。

3．「一括法」

　社債の発行による払込金額を、「社債」と「新株予約権」とに区分せず、新株予約権付社債として一括して処理する。社債の増価額は〔(10,000千円−9,500千円)× 1 / 5 ＝100千円〕となる。新株式の発行価額は、社債の簿価の60％（9,700千円×0.6＝5,820千円）となる。

（4） 引当金

① 引当金の意義

　毎期の損益計算を適正に行うためには、すでに当期に発生した費用を計上するだけでなく、将来発生すると予想される費用についても、それが当期の負担に属すると認められる限り、これを見越して計上することが必要となる。その際に設定される貸方科目を引当金という。企業会計原則では、引当金の計上要件を、次のように定めている。すなわち、「将来の特定の費用又は損失であって、その発生が当期以前の事象に起因し、発生の可能性が高く、かつ、その金額を合理的に見積ることができる場合には、当期の負担に属する金額を当期の費用又は損失として引当金に繰入れ、当該引当金の残高を貸借対照表の負債の部又は資産の部に記載するものとする」（「企業会計原則」［注18］）としている。ここには、引当金の設定要件として、

① 将来の特定の費用または損失であること

② その発生が当期以前の事象に起因すること

③ その発生の可能性が高いこと

④ その金額を合理的に算定できること

という4つの設定要件が示されている。このすべてを満たした場合に、引当金の設定が認められることになる。

② 引当金の分類

引当金は、その性質に従い、資産控除の性質を有する評価性引当金と、負債の性質を有する負債性引当金に分類することができる。

1) 評価性引当金

評価性引当金とは、資産価額の未確定減少額を示す引当金のことをいい、これは将来その設定原因となった価値減少が発生したときに、当該資産の消滅によって解消する性質を持つ。この引当金は、資産控除性引当金ともいわれる（これは、債権のところですでに説明したので、参照されたい →本節 **2** **(1)**）。

2) 負債性引当金

負債性引当金とは、将来の未確定支出額を示す引当金のことをいい、これは将来その設定原因となった価値減少が発生したときに、支出によって解消する性質を持つ。これには、製品保証引当金、賞与引当金、退職給付引当金、債務保証損失引当金、修繕引当金などがある。

ⅰ. 製品保証引当金

製品保証引当金とは、たとえば「一定期間内に生じた故障を無償で修理する」という契約で製品を販売している場合に、将来発生すると予想される修理費を、当期の収益に対応する費用として見越し計上する際に設定される引当金のことをいう。建設業などでは、これを工事補償引当金という。

ⅱ. 賞与引当金

就業規則などに基づいて、次期に支払われる従業員の賞与のうち、当期の負担に帰属すべき額を見積もって計上する際に設定される引当

金のことをいう。

ⅲ. 退職給付引当金

当期に従業員が提供した労働に対して、その従業員が退職した後に支払われる退職給付に備え設定される引当金のことをいう。

ⅳ. 損害補償損失引当金

当社の営業活動を原因として発生した公害や薬害などにより、訴訟が起こされ、係争中ではあるが敗訴の見通しが強くなったときに、それに備えて設定される引当金のことをいう。

ⅴ. 修繕引当金

有形固定資産に対して当期に行われる予定の修繕が次期に行われることになったとき、この次期の修繕に対して設定される引当金のことをいう。修繕引当金は、法的債務性を持たない引当金である。

③ 引当金の表示

負債性引当金は、引当金の設定目的となった支出が貸借対照表日の翌日から1年以内に行われるか否かによって、流動負債に表示されるものと、固定負債に表示されるものとに分かれる。一般に、退職給付引当金は固定負債として表示されるが、それ以外の引当金については流動負債に記載されることが多い。

（5）退職給付引当金

上記の負債性引当金の中でも退職給付引当金は、金額の見積もりが長期にわたるために、計算が複雑になる。ここでは、その基本的な計算のしくみについて説明することとする。

① 退職給付とは

退職給付とは、従業員が提供した労働用役に対して、将来、その従業員が退職した後に労働協約や就業規則に基づいて支払われる給付をいう。退職給付は、退職一時金と退職年金に大別される。退職一時金とは退職時に一括して支払われる退職給付のことをいい、退職年金とは退職以後一定額ずつ支払われる退職給付のことをいう。企業会計基準第26号「退

職給付に関する会計基準」(以下、「退職給付会計基準」) では、これら
を一括して退職給付として扱い、この支払いに対して退職給付引当金を
設定することとしている。

② 退職給付引当金の計算

1) 退職給付債務と退職給付引当金

貸借対照表に計上される退職給付引当金は、基本的には、次のように
退職給付債務から年金資産を控除して求められる。

退職給付引当金=退職給付債務-年金資産

2) 退職給付債務

退職給付債務とは、従業員の退職時に見込まれる退職給付の総額(退
職給付見込額)のうち、認識時点までに発生していると認められる額を
いう。退職給付債務は次の手続により求める。

初めに、退職給付見込額を見積もる。これは、従業員の退職以後に支
給される退職給付の総額を退職時点での現在価値に割り引くことによっ
て求める。次に、この退職給付見込額を、従業員が労働を提供した各勤
務期間に配分し、貸借対照表作成時点までに発生していると認められる
退職給付見込額を確定する。最後に、この退職給付見込額を現在価値に
割り引き、退職給付債務の額を計算する。

3) 年金資産

年金資産とは、企業年金制度に基づき退職給付に充てるために積み立
てられている資産である。この積立資金は、債券や株式などに投資する
ことによって運用される。そのため、期首時点の年金資産は、期末にお
いて運用収益相当額だけ増加することになる。この計算は、期首の年金
資産評価額に期待運用収益率を乗じて計算される。そのため、この増加
額は期待運用収益と呼ばれる。

4) 数理計算上の差異と過去勤務債務

退職給付引当金の計算には、上記のように割引率や期待運用収益率が
用いられる。これらは一定の仮定に基づく予測値であるため、実績値と

　の間に差異が生じることがある。退職給付の計算に用いた予測と実績との差異を**数理計算上の差異**という。数理計算上の差異が明らかとなったときには、その発生時に一括して費用として計上するのではなく、原則として、従業員の平均残存勤務年数にわたり按分する**遅延認識**と呼ばれる方法がとられる。

　また、年金制度を新設したり、退職給付の支給水準を引き下げ（あるいは引き上げ）た場合には、退職給付債務が増減することになる。この退職給付水準の改定等に起因して発生した退職給付債務の増加または減少額を**過去勤務債務**という。過去勤務債務が明らかとなったときには、数理計算上の差異と同様に、原則として、費用の遅延認識が行われる。

　数理計算上の差異と過去勤務債務のうち、遅延認識を適用することにより、当期の費用として計上されていないものを未認識の数理計算上の差異および未認識の過去勤務債務という。「退職給付会計基準」では、退職給付債務に未認識過去勤務債務および未認識数理計算上の差異を加減した額から年金資産の額を控除した額を退職給付に係る負債として計上するとしている（「退職給付会計基準」13項）。したがって、退職給付引当金の金額は次の式のように計算されることになる。

退職給付引当金＝退職給付債務±未認識の数理計算上の差異±
未認識の過去勤務債務－年金資産

③　退職給付費用

　貸借対照表において退職給付引当金が計上されるのに伴い、損益計算書では退職給付費用が計上される。**退職給付費用**は、主として、勤務費用と利息費用とからなる。**勤務費用**とは、1期間の労働の対価として発生したと認められる退職給付をいう。これは、退職給付見込額のうち当期に発生した額の現在価値として算出される。具体的には、〔退職給付見込額の1期間分÷（1＋割引率）^{n}〕となる。**利息費用**とは、期首時点の退職給付債務が時の経過によって期末までに発生する利息分として計算される。これは、勤務費用として割り当てられた退職給付債務が、期

末時点まで時間が経過することによって増加した、計算上の利息としての性質を持つ。具体的には、〔期首の退職給付債務×割引率〕として計算される。

このように、退職給付費用は原則として、労働対価としての勤務費用とその期間的な増加額である利息費用とからなる。ただし、年金資産の期待運用収益が見込まれる場合には、退職給付費用の計算上これを控除する。というのも、年金資産の期待運用収益額は年金資産を増加させ、退職給付の支払財源となるため、その結果、退職給付の計上金額を減少させることにつながるからである。また、未認識の数理計算上の差異および未認識の過去勤務債務の一部を費用処理した場合には、当該金額を退職給付費用に含めることになる。

したがって、退職給付費用の金額は次の式のように計算されることになる。

退職給付費用＝勤務費用＋利息費用－期待運用収益
　　　　　　　±未認識の数理計算上の差異の当期費用処理額
　　　　　　　±未認識の過去勤務債務の当期費用処理額

設例16

次の取引に答えなさい。

1. 当社は、従業員Aが、X1年4月1日から5年間勤務後退職し、その後X7年3月31日から3年間にわたり毎年2,000千円の退職年金を受け取ると予測した。この場合に、次の問いに答えなさい。
 (1) 割引率を4％として退職給付見込額を計算せよ。
 (2) 退職給付見込額の各期への配分額を計算せよ。退職給付見込額を勤務期間で除した金額を各期の配賦額とする方法によること。
 (3) X1年度末と退職給付債務に係る仕訳を示しなさい。
2.
 (1) X2年度末の退職給付債務に係る仕訳を示しなさい。
 (2) 上記1の条件のときに、もしX2年4月1日に社外の年金基金に掛

金800千円の拠出が行われ、4%の期待運用収益が見込まれるとするならば、X2年度末の仕訳はどのようになるか。

(3) 上記2(2)の条件のときに、X2年度末の実際運用収益が2.5%となり、数理計算上の差異が生じたとすると、X2年度末の仕訳はどのようになるか。数理計算上の差異の費用処理を期間3年の定額法で行うものとして計算すること。

解 答 （単位：千円）

1.

(1) 5,550

(2) 1,110

(3) （借）退 職 給 付 費 用　949　　（貸）退職給付引当金　949

2.

(1) （借）退 職 給 付 費 用　1,025　　（貸）退職給付引当金　1,025

(2) （借）退 職 給 付 費 用　993　　（貸）退職給付引当金　993

(3) （借）退 職 給 付 費 用　997　　（貸）退職給付引当金　997

解 説

1.

(1) 退職後3年間にわたり支払われる2,000千円の退職時点での価値は次式のようになる。

$$\sum_{i=1}^{3} \frac{2,000千円}{(1+0.04)^i} = 5,550千円$$

(2) 退職給付見込額5,550千円を勤務期間5年で除すると、1期間への配分額は1,110千円となる。

(3) X1年度に勤務費用として配分される1,110千円の現在価値は、〔1,110千円÷(1+0.04)^4＝948,833円（949千円）〕となる。

2.

(1) X2年度に勤務費用として配分される1,110千円の現在価値は、〔1,110

千円÷（1＋0.04）^{3}＝986,786円〕となる。これに加えて、X1年度末の退職給付債務に対する利息費用が〔948,833円×0.04＝37,953円〕発生する。これにより、〔986,786円＋37,953円＝1,024,739円（1,025千円）〕となる。

(2) X2年度の期首に800千円の拠出が発生することにより、期待運用収益が〔800,000円×0.04＝32,000円〕生じる。その結果、X2年度の退職給付費用は32,000円減額され〔1,024,739円－32,000円＝992,739円（993千円）〕となる。

(3) 数理計算上の差異は、〔800,000円×（4％－2.5％）＝12,000円〕となる。これを3年間で費用化するため、〔12,000円÷3年＝4,000円〕となる。この額を退職給付に加算する。

（6）資産除去債務

資産除去債務とは「有形固定資産の取得、建設、開発又は通常の使用によって生じ、当該有形固定資産の除去に関して法令又は契約で要求される法律上の義務及びそれに準ずるものをいう」（企業会計基準第18号「資産除去債務に関する会計基準」3項（1））。

このような法律上の義務およびそれに準ずるものについては、有形固定資産の取得、建設、開発または通常の使用によって発生したときに負債として計上することが規定されている。

資産除去債務は、それが発生したときに有形固定資産の除去に要する割引前の将来キャッシュ・フローを見積もり、割引後の金額で算定して負債として計上する。この際、資産除去債務に対応する除去費用は関連する有形固定資産の帳簿価額に加算され、減価償却計算によって各期に費用配分される（「同基準」6・7項）。

設例17

次の条件に基づき、X1年4月1日に有形固定資産Aを取得したときと、X2年3月31日（決算時）の仕訳を示しなさい。

〈条件〉

① X1年4月1日に有形固定資産Aを取得して使用を開始した。

　当該有形固定資産の取得原価は20,000円であり、耐用年数は5年である。当社には当該有形固定資産を使用後に除去する法的義務がある。

② 当該有形固定資産を除去するときの支出は2,000円と見積もられる。

③ 資産除去債務は取得時にのみに発生するものとする。

④ 当社は当該有形固定資産を残存価額0で定額法によって減価償却をしている。

⑤ 割引率は4.0%とする。

┃ 解 答 ┃

X1年4月1日：

　（借）有 形 固 定 資 産　21,644　　（貸）現 金 預 金　20,000

　　　　　　　　　　　　　　　　　　　資 産 除 去 債 務　1,644

X2年3月31日：

　（借）費用（利息費用）　　66　　（貸）資 産 除 去 債 務　　66

　（借）減 価 償 却 費　4,329　　（貸）減価償却累計額　4,329

┃ 解 説 ┃

X1年4月1日：

　資産除去債務：$2,000円 / (1 + 0.04)^5 = 1,644円$

X2年3月31日：

　時の経過による資産除去債務の増加：1,644円 × 4.0% = 66円

　減価償却計算：20,000円 / 5年 + 1,644円 / 5年 = 4,329円

（7）偶発債務

　偶発債務とは、貸借対照表日現在、まだ現実の債務となっていないが、将来特定の事象が発生したときに、現実の債務に転化する可能性のある

ものをいう。手形の裏書や割引、債務の保証、各種の係争事件に関する損害賠償義務などがその典型例である。

　偶発債務はその発生の確実性の点で引当金とは異なるため、負債計上はされずに、貸借対照表へ注記することが求められる（「財務諸表等規則」第58条）。

7 純資産項目

（1）純資産項目

① 純資産の部の構成要素

　純資産の部には、株主資本と株主資本以外の項目が記載される。株主資本は、株主からの払込資本である資本金と資本剰余金、および企業が獲得した利益のうち企業内に留保された利益剰余金からなる。株主資本以外の項目は、評価・換算差額等、新株予約権がある。また、連結貸借対照表では、非支配株主持分が株主資本以外の項目に記載される。→図表1-3-20

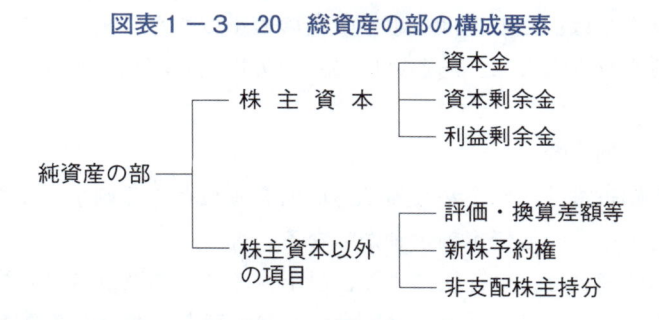

図表1-3-20　総資産の部の構成要素

② 純資産の部の各項目

1）株主資本

　株主資本とは、会社の所有者である株主に帰属する純資産をいう。これには、株主との資本取引によって生じた払込資本（資本金と資本剰余

金）とその運用取引から生じた留保利益（利益剰余金）がある。払込資本は、会社の資本主たる株主からの出資であり、これは経営活動の元手にあたる部分であるため、本来、企業内に維持拘束されるべき性質を持つ。これに対して、留保利益は元手を利用した経営活動によるその増分であるため、本来、処分可能な性質を持つ。

　以下これらの項目とその内容について見ていくことにしよう。

ⅰ．資本金

　資本金とは、会社に対して、株主となるものが払い込みまたは給付をした財産の額のことである。この場合、資本金の額は、原則として、株主による払い込みまたは給付の総額である。ただし、この2分の1を超えない額を資本金として計上せず、資本準備金とすることが認められている（「会社法」第445条1～3項）。

　会社の資本金は、会社設立後に増減することがある。たとえば、会社設立後の増資、新株予約権の行使、吸収合併、吸収分割、および株式交換などにより新株式を交付する場合に、増加する。さらに、資本準備金やその他資本剰余金の資本組み入れのように、純資産額は変わらなくとも資本の計数が変動することにより増加することもある。また、資本金は、たとえば、事業規模の縮小にあたり出資額の一部の払い戻しを行う場合に、あるいは過去の欠損金の填補を行う場合に、減少する。

ⅱ．資本剰余金

　資本剰余金は、株主からの払込取引を源泉とする剰余金であり、資本準備金とその他資本剰余金からなる。

　資本準備金は、会社法により、計上することを強制された資本項目である。これには、**株式払込剰余金、合併差益、株式交換剰余金、株式移転剰余金、会社分割剰余金**などがある。このうち、株式払込剰余金は、株主となるものが払い込みまたは給付をした額のうち、資本金に計上しなかった額をいう。その他の項目は、組織再編（合併、株式交換、株式移転、会社分割）における払込資本のうち、「会社法」お

および「会社計算規則」に従い計上することが規定された額である（「会社法」第445条5項）。また、資本準備金は、剰余金の配当を行う際にも、後述する利益準備金と合わせて、配当財源に従った一定割合を計上することが要請されている（同法第445条4項）。さらに、資本金を減少する際には、その額の全部または一部を資本準備金に計上することができる（同法第447条1項2号）。

その他資本剰余金は、資本剰余金のうち、資本準備金および法律で定める準備金で資本準備金に準ずるもの以外のものをいう。これには、**資本金減少差益（減資差益）、資本準備金減少差益、自己株式処分差益**などがある。このうち、資本金減少差益は、たとえば、資本金の額を減少した際に払い戻しに要した額または相殺される損失の額を上回る額をいう。また、資本準備金減少差益は、たとえば、配当の財源とするために資本準備金を取り崩した額などがその例である。自己株式処分差益は、自己株式をその取得価額よりも高く処分した際に生じる処分差額をいう。これらは、いずれも株主からの出資額を源泉としているために資本剰余金としての性質を有するが、会社法の定めにより配当の財源となりうることから、資本準備金と区別して、その他資本剰余金の名称のもとで一括して表示されることになる。

ⅲ．利益剰余金

利益剰余金は、払込資本の運用によって生じた剰余金であり、利益準備金とその他の利益剰余金からなる。

利益準備金は、会社法により、計上することを強制された利益である。「会社法」では、会社財産の維持充実を図る要請から、剰余金の配当を行う際に、資本準備金と利益準備金の合計額が資本金の4分の1に達するまで、剰余金の配当により減少する剰余金の額の10分の1に相当する額を、その配当に占める財源の割合に応じて、資本準備金または利益準備金として計上することを要請している（同法第445条4項、「会社計算規則」第22条）。

その他の利益剰余金は、利益準備金以外の利益剰余金をいう。これ

には、株主総会の決議など会社の自己の意思に基づいて積み立てられた任意積立金と、処分が確定する前の状態にある繰越利益剰余金がある。このうち、**任意積立金**は、減債積立金や配当平均積立金などのようにその使途が特定されている特定目的積立金と、目的を特定しない別途積立金がある。また、**繰越利益剰余金**には、損益計算書において計上される当期純損益や任意積立金を取り崩した額が振替えられる。

2）株主資本以外の項目

ⅰ．評価・換算差額等

評価・換算差額には、**その他有価証券評価差額金、繰延ヘッジ損益、土地再評価差額金**などの項目がある。これ以外にも、**評価・換算差額等**（連結の場合には、その他の包括利益累計額）の項目として計上することが適当であると認められるものは、当該項目を示す名称を付した科目をもって記載することができる（「財務諸表等規則」第67条）。これらの項目は、時価評価を行った際にその評価差額を当期の損益としていない場合に生じる項目である。これは、株主からの払い込みによる取引から生じた項目ではなく、当期純利益にも含まれていないため、株主資本以外の項目として表示されることになる。なお、連結財務諸表の作成にあたり、在外子会社の外国通貨で表示されている財務諸表を本邦通貨に換算した場合に生じる**為替換算調整勘定**も、その他の包括利益累計額の区分に記載する。

ⅱ．新株予約権

新株予約権は、先に見たように、発行会社から見れば、新株予約権者の請求に応じて、新株式を発行するかあるいは自己株式を引き渡す義務を負うものである。新株予約権は、将来権利行使がなされ、それに応じて新株式を交付したときには、払込資本となる。しかしながら、権利行使がなされない可能性もあり、現時点では、その性格が定まらない項目である。そのため、株主資本とは区別して記載することが求められる。ちなみに、権利行使が行われなかった場合には、権利失効に対応する額が特別利益に計上される。また、新株を発行する代わり

に、自己株式を処分した場合には、自己株式の処分の対価から自己株式の帳簿価額を控除した額（自己株式処分差損益）を「その他資本剰余金」に計上する。

ⅲ．非支配株主持分

非支配株主持分とは、非支配株主が所有している子会社の資本をいう。非支配株主とは、子会社が親会社の完全子会社でない場合に存在する親会社以外の株主である。非支配株主が存在する子会社を連結する場合には、子会社の資本は株式の所有割合に応じて、親会社に帰属する部分と、非支配株主に帰属する部分とに区分される。この場合に、親外社に帰属しない部分を、非支配株主持分として株主資本とは区別して記載する。

ⅳ．１株当たり純資産額情報

１株当たり純資産額は注記しなければならない（「財務諸表等規則」第68条の４）。この計算は、企業会計基準適用指針第４号「１株当たり当期純利益に関する会計基準の適用指針」に従えば、次式のように、普通株式に係る期末純資産額を自己株式を除く期末普通株式の発行済株式数で除して算定すると定めている（「同指針」34・35項）。なお、この場合の分子の純資産額からは、上述の新株予約権と少数株主持分は控除される。

$$１株当たり純資産額＝\frac{普通株式に係る期末の純資産額}{期末の普通株式の発行済株式数－期末の普通株式の自己株式数}$$

株主資本等変動計算書

学習のポイント

◆株主資本等変動計算書の意義を正しく理解する。
◆株主資本等変動計算書の記載内容について正しく理解する。
◆株主資本等変動計算書の計算設例を通して、その基本的なし
くみを理解する。

1 株主資本等変動計算書の意義と様式

　株主資本等変動計算書は、貸借対照表の純資産の部の一会計期間にお
ける変動額のうち、主として株主に帰属する部分である株主資本の各項
目の変動事由を報告するために作成する財務諸表である。様式（→図表
1－4－1）のとおり、純資産の項目について、当期首残高に当期変動
額を加減し当期末残高に至る明細が示される。
　企業会計基準第6号「株主資本等変動計算書に関する会計基準」によ
れば、この計算書が求められるようになった理由として、近年の会計基
準の新設または改正により、その他有価証券評価差額金や為替換算調整
勘定など純資産の部に記載される株主資本以外の項目が増えてきている
こと、自己株式の取得や処分、消却等の変動要因が増加したこと、剰余
金の配当をいつでも行うことができるようになり、また、株主資本の計
数をいつでも変動させることができるようになったことなどにより純資
産の部に関する情報の透明性の確保が求められるようになったことが挙
げられている（「同基準」17・18項）。

図表1−4−1　株主資本等変動計算書—「財務諸表等規則」様式第七号

（自　平成　年　　月　　日　至　平成　　年　　月　　日）

（単位：円）

	株主資本										評価・換算差額等				新株予約権	純資産合計
		資本剰余金			利益剰余金				自己株式	株主資本合計	その他有価証券評価差額金	繰延ヘッジ損益	土地再評価差額金	評価・換算差額等合計		
	資本金	資本準備金	その他資本剰余金	資本剰余金合計	利益準備金	その他利益剰余金		利益剰余金合計								
						××積立金	繰越利益剰余金									
当期首残高	×××	×××	×××	×××	×××	×××	×××	×××	△×××	×××	×××	×××	×××	×××	×××	×××
当期変動額																
新株の発行	×××	×××		×××						×××						×××
剰余金の配当					×××		△×××	△×××		△×××						△×××
当期純利益							×××	×××		×××						×××
自己株式の処分									×××	×××						×××
・・・・・・・																
株主資本以外の項目の　当期変動額（純額）											×××	×××	×××	×××	×××	×××
当期変動額合計	×××	×××	−	×××	×××		−	×××	×××	×××	×××	×××	×××	×××	×××	×××
当期末残高	×××	×××	×××	×××	×××	×××	×××	×××	△×××	×××	×××	×××	×××	×××	×××	×××

2 表示区分と表示方法

　株主資本等変動計算書の表示区分は、貸借対照表の純資産の部の表示区分に従い（「同基準」4項）、表示される各項目の当期首残高および当期末残高は、前期および当期の貸借対照表の純資産の部における各項目の期末残高と整合することが要求される（「同基準」5項）。以下、株主資本の項目とそれ以外の各項目について説明する。

（1）株主資本の各項目

　貸借対照表の純資産の部における株主資本の各項目は、当期首残高、当期変動額および当期末残高に区分し、当期変動額は変動事由ごとにその金額を表示する（「同基準」6項）。

（2）株主資本以外の各項目

　貸借対照表の純資産の部における株主資本以外の各項目は、当期首残高、当期変動額および当期末残高に区分し、当期変動額は純額で表示する。ただし、当期変動額について主な変動事由ごとにその金額を表示（注記による開示を含む）することができる（「同基準」8項）。

　このように、株主資本の各項目と株主資本以外の各項目には、重要性の違いから表示方法に差異が設けられている。

（3）注記事項

　個別株主資本等変動計算書/連結株主資本等変動計算書には、次に掲げる事項を注記する（「同基準」9項）。

① 連結株主資本等変動計算書の注記事項
　ａ．発行済株式の種類および総数に関する事項
　ｂ．自己株式の種類および株式数に関する事項
　ｃ．新株予約権および自己新株予約権に関する事項
　ｄ．配当に関する事項

② 個別株主資本等変動計算書の注記事項
　　自己株式の種類及び株式数に関する事項

　なお、個別株主資本等変動計算書には、これに加え、連結ベースで求められる上記①のａ、ｃおよびｄに準ずる事項を注記することを妨げない。

　連結財務諸表を作成しない会社においては、②の事項に代えて、①に準ずる事項を個別株主資本等変動計算書に注記する。

3 株主資本の変動事由

　株主資本の変動事由には、たとえば、以下のものが含まれる（「同基準適用指針」6項）。

① 当期純利益（連結上：親会社株主に帰属する当期純利益）または当期純損失（連結上：親会社株主に帰属する当期純損失）
② 新株の発行または自己株式の処分
③ 剰余金（その他資本剰余金またはその他利益剰余金）の配当
④ 自己株式の取得
⑤ 自己株式の消却
⑥ 企業結合（合併、会社分割、株式交換、株式移転など）による増

　加または分割型の会社分割による減少

⑦　株主資本の計数の変動

　・資本金から準備金または剰余金への振替

　・準備金から資本金または剰余金への振替

　・剰余金から資本金または準備金への振替

　・剰余金の内訳科目間の振替

⑧　連結範囲の変動または持分法の適用範囲の変動（連結子会社または持分法適用会社の増加または減少）（←連結特有の項目）

⑨　非支配株主との取引に係る親会社の持分変動（←連結特有の項目）

4 株主資本以外の変動事由

（1）変動事由

　株主資本以外の各項目の主な変動事由には、たとえば、以下のものがある（「同基準適用指針」11項）。

①　**評価・換算差額等**（連結上：その他の包括利益累計額）

　ａ．**その他有価証券評価差額金**

　　　その他有価証券の売却または減損処理による増減

　　　純資産の部に直接計上されたその他有価証券評価差額金の増減

　ｂ．**繰延ヘッジ損益**

　　　ヘッジ対象の損益認識またはヘッジ会計の終了による増減

　　　純資産の部に直接計上された繰延ヘッジ損益の増減

　ｃ．**為替換算調整勘定**（←連結特有の項目）

　　　在外連結子会社等の株式の売却による増減

　　　連結範囲の変動に伴う為替換算調整勘定の増減

　　　純資産の部に直接計上された為替換算調整勘定の増減

②　**新株予約権**

　　　新株予約権の発行、取得、行使、失効

　　　自己新株予約権の消却、処分

③ **非支配株主持分**（←連結特有の項目）

非支配株主に帰属する当期純利益（または非支配株主に帰属する当期純損失）

連結子会社の増加（または減少）による非支配株主持分の増減

連結子会社株式の取得（または売却）による持分の増減

連結子会社の増資による非支配株主持分の増減

設 例

次の資料に基づき、株主資本等変動計算書（一部）を完成しなさい。

〔**資料**〕（単位：百万円）

1．前期末勘定残高

　資本金8,000　資本準備金750　その他資本剰余金250　利益準備金500、新築積立金50、繰越利益剰余金420

2．新株発行額

　当期に新株発行による増資を実施し、払込金額500のうち2分の1を資本金とした。

3．配当額

　期中の株主総会において繰越利益剰余金からの配当200の支払と、利益準備金への繰り入れ20が決議され、配当が行われた。また、新築積立金への積立て50が決議された。

4．自己株式300を取得した。

5．当期純利益

　当期純利益280が計上された。

株主資本等変動計算書 （単位：百万円）

	資本金	資本剰余金		利益剰余金			自己株式	株主資本合計
		資本準備金	その他資本剰余金	利益準備金	その他利益剰余金			
					新築積立金	繰越利益剰余金		
前期末残高	8,000	750	250	500	50	420		9,970
当期変動額　新株の発行	250	250						500
剰余金の配当				20		△220		△200
新築積立金積立					50	△50		
当期純利益						280		280
自己株式取得							△300	△300
当期変動額合計	250	250		20	50	10	△300	280
当期末残高	8,250	1,000	250	520	100	430	△300	10,250

第5節
キャッシュ・フロー計算書

> ### 学習のポイント
>
> ◆キャッシュ・フロー計算書にいうキャッシュとは、現金及び現金同等物をいう。
>
> ◆キャッシュ・フロー計算書は、営業活動によるキャッシュ・フロー、投資活動によるキャッシュ・フロー、そして財務活動によるキャッシュ・フローの3つの区分から構成されている。
>
> ◆キャッシュ・フロー計算書における営業活動によるキャッシュ・フロー区分の表示方法には、直接法と間接法の2つの方法がある。
>
> ◆営業活動によるキャッシュ・フローは、本業でどれだけキャッシュを生み出したかを示す金額である。
>
> ◆投資活動によるキャッシュ・フローは、設備投資を中心に見る指標で、資産の取得（投下資金）や資産の売却（回収された金額）などがここに含まれる。したがって、積極的に設備投資を行っている会社はここがマイナスになる。
>
> ◆財務活動によるキャッシュ・フローには、銀行からの借り入れや返済、あるいは株主からの資金調達などが示される。

1 キャッシュ・フロー計算書の意義

キャッシュ・フロー計算書（Statement of Cash Flows）は、一会計期間におけるキャッシュ・フローの状況を一定の活動区分別に報告する

ために作成され、貸借対照表および損益計算書とともに企業活動全体を対象とする重要な情報を提供する。わが国では、かつて資金情報を開示する資金収支表が財務諸表外の補足情報として位置づけられていたが、現在ではこれに代えてキャッシュ・フロー計算書が財務諸表の1つとして位置づけられている（企業会計審議会「連結キャッシュ・フロー計算書等の作成基準の設定に関する意見書」二）。

キャッシュ・フロー計算書は、金商法会計においてのみ作成・開示が求められており、連結ベースでの作成・開示をしていれば、個別ベースのものは必要とされていない。企業会計審議会「連結キャッシュ・フロー計算書等の作成基準」では、個別ベースのキャッシュ・フロー計算書は連結キャッシュ・フロー計算書に準じて作成されるものと定められている。

2 キャッシュの意義

キャッシュ・フロー計算書が対象とする資金の範囲は、**現金及び現金同等物**である。ここでいう現金とは、手許現金および要求払預金（当座預金、普通預金、通知預金など）を指し、**現金同等物**とは、容易に換金が可能であり、かつ、価値の変動について僅少なリスクしか負わない短期投資をいう。現金同等物には、たとえば、取得日から満期日または償還日までの期間が3ヵ月以内の短期投資である定期預金、譲渡性預金、コマーシャル・ペーパーなどが含まれる。市場性ある有価証券は、換金性は高いものの価格変動リスクが高いため現金同等物には該当しない（「同基準」第二、一1・2、注解（注1）（注2））。

3 キャッシュ・フロー計算書における区分表示

キャッシュ・フロー計算書においては、キャッシュ・フローを生み出す企業活動を**営業活動**、**投資活動**、**財務活動**の3つに区分し（「同基準」第二、二1）、それぞれにおいて期中に生じたキャッシュ・フロー額を

図表1−5−1 キャッシュ・フロー計算書

キャッシュ・フロー計算書	
営業活動によるキャッシュ・フロー	×××
投資活動によるキャッシュ・フロー	×××
財務活動によるキャッシュ・フロー	×××
現金及び現金同等物に係る換算差額	×××
現金及び現金同等物の増減額	×××
現金及び現金同等物の期首残高	×××
現金及び現金同等物の期末残高	×××

明示してキャッシュ（現金及び現金同等物）の純増減額を算出し、これを期首残高に加減することにより期末残高を求める形式をとる。→図表1−5−1

3つの活動区分における記載内容は次のとおりである。

（1）営業活動によるキャッシュ・フロー

営業損益計算の対象となった取引のほか、投資活動および財務活動以外の取引によるキャッシュ・フローを記載する。例示すると次のとおりである（「同基準」注解（注3））。

・商品および役務の販売（および購入）による収入（および支出）

・従業員および役員に対する報酬の支出

・災害による保険金収入

・損害賠償金の支払

また、法人税等の支払いに係るキャッシュ・フローは、課税所得をそれぞれの活動別に区分するのが困難なためにこの区分に記載される（「同基準」第二、二2）。

　営業活動によるキャッシュ・フロー区分の表示方法については、後述するとおり直接法と間接法がある。

（2）投資活動によるキャッシュ・フロー

　固定資産の取得および売却、現金同等物に含まれない短期投資の取得および売却等によるキャッシュ・フローを主要な取引ごとに総額表示する。例示すると次のとおりである（「同基準」注解（注4））。
- ・有形固定資産および無形固定資産の取得（および売却）による支出（および収入）
- ・有価証券（現金同等物を除く）および投資有価証券の取得（および売却）による支出（および収入）
- ・貸し付けによる支出
- ・貸付金の回収による収入

（3）財務活動によるキャッシュ・フロー

　資金の調達および返済によるキャッシュ・フローを主要な取引ごとに総額表示する。例示すると次のとおりである（「同基準」注解（注5））。
- ・株式の発行による収入
- ・自己株式の取得による支出
- ・配当金の支払
- ・社債の発行および借り入れによる収入
- ・社債の償還および借入金の返済による支出

4 利息および配当金の表示区分

　収支を伴う利息・配当金には、図表1－5－2のとおり4つがある。
　これらのキャッシュ・フロー計算書への記載にあたっては、継続適用を条件として次の2つの方法から選択する（「同基準」第二、二3）。
　〇第1法：損益算定に含まれる受取利息・受取配当金・支払利息は

図表1－5－2　収支を伴う利息・配当金

利息	配当金
受取利息	受取配当金
支払利息	支払配当金

「営業活動によるキャッシュ・フロー」区分へ、支払配当金は「財務活動によるキャッシュ・フロー」区分へ、それぞれ記載する。損益計算書記載事項に関連する収支とそれ以外の収支という観点で区分している。

○第2法：投資活動の成果である受取利息・受取配当金は「投資活動によるキャッシュ・フロー」区分へ、財務活動上のコストである支払利息・支払配当金は「財務活動によるキャッシュ・フロー」区分へ、それぞれ記載する。各収支がどの活動区分に関連が強いかという観点で区分している。

5 「営業活動によるキャッシュ・フロー」区分の表示方法：直接法と間接法

「営業活動によるキャッシュ・フロー」区分の表示方法には、図表1－5－3に示す直接法と間接法の2つの方法がある。継続適用を条件と

図表1－5－3　直接法と間接法

	意　　義	評　　価
直接法	主要な取引ごとに収入総額と支出総額を表示する方法	長所：総額表示である 短所：主要な取引ごとにキャッシュ・フローに関する基礎データが必要になるなど実務上手間を要する
間接法	損益計算の結果である税引前当期純利益に対して、一定の調整項目を加減して表示する方法	長所：純利益とキャッシュの差異（関連）が明示される 　　　直接法に比べると作成に手間を要しない 短所：純額表示である

して選択適用が認められている（「同基準」第三、一）。

6 キャッシュ・フロー計算書の様式

（1）直接法による表示

　財務諸表等規則様式第八号に則り、営業活動によるキャッシュ・フロー区分（個別ベース）を直接法によった場合のキャッシュ・フロー計算書を示せば、図表１－５－４のとおりである。

図表１－５－４　直接法によるキャッシュ・フロー計算書

営業活動によるキャッシュ・フロー	
営業収入	×××
原材料又は商品の仕入れによる支出	△×××
人件費の支出	△×××
その他の営業支出	△×××
小計	×××
利息及び配当金の受取額	×××
利息の支払額	△×××
損害賠償金の支払額	△×××
・・・・・・・・・・・・	×××
法人税等の支払額	△×××
営業活動によるキャッシュ・フロー	×××
投資活動によるキャッシュ・フロー	
有価証券の取得による支出	△×××
有価証券の売却による収入	×××
有形固定資産の取得による支出	△×××
有形固定資産の売却による収入	×××
投資有価証券の取得による支出	△×××
投資有価証券の売却による収入	×××
貸付けによる支出	△×××
貸付金の回収による収入	×××
・・・・・・・・・・・・	×××
投資活動によるキャッシュ・フロー	×××

財務活動によるキャッシュ・フロー	
短期借入れによる収入	××××
短期借入金の返済による支出	△×××
長期借入れによる収入	××××
長期借入金の返済による支出	△×××
社債の発行による収入	××××
社債の償還による支出	△×××
株式の発行による収入	××××
自己株式の取得による支出	△×××
配当金の支払額	△×××
··············	××××
財務活動によるキャッシュ・フロー	××××
現金及び現金同等物に係る換算差額	××××
現金及び現金同等物の増減額（△は減少）	××××
現金及び現金同等物の期首残高	××××
現金及び現金同等物の期末残高	××××

（2）間接法による表示

　同じく様式第九号に則り、間接法により営業活動によるキャッシュ・フロー区分（個別ベース）を示せば、図表１－５－５のとおりである（投資・財務活動によるキャッシュ・フローの区分については図表１－５－４と同様）。

図表１－５－５　間接法によるキャッシュ・フロー計算書

営業活動によるキャッシュ・フロー	
税引前当期純利益（または税引前当期純損失）	××××
減価償却費	××××
減損損失	××××
のれん償却額	××××
貸倒引当金の増減額（△は減少）	××××
受取利息及び受取配当金	△×××

支払利息	×××
有形固定資産売却損益（△は益）	×××
売上債権の増減額（△は増加）	×××
たな卸資産の増減額（△は増加）	×××
仕入債務の増減額（△は減少）	×××
・・・・・・・・・・・・	×××
小計	×××
利息及び配当金の受取額	×××
利息の支払額	△×××
損害賠償金の支払額	△×××
・・・・・・・・・・・・	×××
法人税等の支払額	△×××
営業活動によるキャッシュ・フロー	×××

　間接法によって営業活動によるキャッシュ・フロー区分を表示する場合には、税引前当期純利益/税引前当期純損失（連結上：税金等調整前当期純利益/税金等調整前当期純損失）を起点として、次の項目を加算または減算する。

① 損益計算書に収益または費用として計上されている項目のうち、キャッシュの増加または減少を伴わない項目（例：減価償却費、減損損失、のれん償却額）

② 売上債権、棚卸資産、仕入債務その他営業活動により生じた資産および負債の増加額または減少額

③ 損益計算書に収益または費用としての計上されている項目のうち、投資活動によるキャッシュ・フローおよび財務活動によるキャッシュ・フロー区分に含まれる項目（例：有形固定資産売却損益）

　収益・費用の差額である当期純損益と収入・支出の差額（キャッシュ残高）は常に一致するとは限らない。間接法では、損益計算上の当期純損益額を出発点として、これに収支に無関係の収益または費用項目（上記①）を減算あるいは加算して、収支差額を算出するプロセスが示され

ている。トップ項目の税引前当期純損益に減価償却費が加算されている。減価償却費は非支出・費用項目の典型である。損益計算上は減価償却費を控除して当期純損益は計算されているが、これに相当する現金支出は発生していないため、当期純損益に足し戻すことで収支差額に還元しようとしている。

前記②は、以下の等式を見れば明らかである。負債とその他資産の変化（増減）がキャッシュに対してどのように影響するか確認されたい。負債の増加（減少）はキャッシュの増加（減少）に、その他資産の増加（減少）はキャッシュの減少（増加）につながる。

> 資産＝負債＋純資産
> キャッシュ＋その他資産＝負債＋純資産
> キャッシュ＝負債＋純資産－その他資産

前期末（当期首）の資産・負債と当期末の資産・負債を比較すれば加減調整額は容易に求められる。

7 注記事項

キャッシュ・フロー計算書に求められる注記事項は次のとおりである（「同基準」第四）。

○資金の範囲に含めた現金及び現金同等物の内容、ならびにその期末残高の貸借対照表科目別の内訳

○資金の範囲を変更した場合には、その旨、その理由および影響額

○営業の譲り受けまたは譲渡により増減した資産・負債に重要性がある場合には、当該資産・負債の主な内訳

○重要な非資金取引（例：転換社債の転換、ファイナンス・リースによる資産の取得、株式の発行による資産の取得または合併、現物出資による株式の取得または資産の交換）

○各表示区分の記載内容を変更した場合には、その内容

8 キャッシュ・フロー計算書の読み方

① 営業活動によるキャッシュ・フロー

本業でどれだけキャッシュを生み出したかを示す金額で、もちろん、大きければ大きいほどいいということになる。したがって、これがマイナスであると、経営状態はよくないと判断してよい。

② 投資活動によるキャッシュ・フロー

設備投資を中心に見る指標で、資産の取得（投下資金）や資産の売却（回収された金額）などがここに含まれる。したがって、積極的に設備投資を行っている会社はここがマイナスになるので、むしろマイナスのほうが普通であると考えてよい。製造業にとって投資活動は重要であるので、当該業種にとっては非常に重要な指標の1つである。

③ 財務活動によるキャッシュ・フロー

銀行からの借り入れや返済、あるいは株主からの資金調達などが示される。ここは、プラスがよいのかマイナスがよいのかは一概にはいえない。たとえば、借金はないほうがよいに決まっているが、借金の返済を進めている会社の場合にはマイナスになる。これは健全な動きと考えられる。

特にここでの③財務キャッシュ・フローの動きは、先の①と②のキャッシュ・フローの動きと関連づけて見る必要がある。

以上、上記①、②、③の関係を簡単に見ると図表1－5－6のようにまとめることができる。

設例

以下の〔資料〕に基づき、キャッシュ・フロー計算書の営業活動によるキャッシュ・フロー区分を（1）直接法、（2）間接法により、それぞれ完成させなさい。金額がマイナスの場合には、金額の前に△を付すこと。

〔資料〕（単位：千円）

1．当期売上高：1,530,000、前期末売上債権：96,000、当期末売上債

図表１－５－６　キャッシュ・フロー計算書の読み方のポイント

ⅰ．優良型キャッシュ・フロー・バランス例
　　営業ＣＦ（＋）ＯＫ
　　投資ＣＦ（－）営業ＣＦで積極的に設備投資を行っている。
　　財務ＣＦ（－）営業ＣＦによって着実に返済を進めている。
ⅱ．積極投資型キャッシュ・フロー・バランス例
　　営業ＣＦ（＋）ＯＫ
　　投資ＣＦ（－）営業ＣＦ・財務ＣＦによって積極的に設備投資を行っている。
　　財務ＣＦ（＋）投資ＣＦをまかなうために資金調達を活発化した。
ⅲ．リストラ型キャッシュ・フロー・バランス例
　　営業ＣＦ（－）よくない。ここでのマイナスを以下の２つで補っている。
　　投資ＣＦ（＋）資産売却
　　財務ＣＦ（＋）借り入れの増大

　　権：105,000
２．当期仕入高：990,000、前期末仕入債務：81,000、当期末仕入債務：66,000
３．前期末棚卸資産：54,000、当期末棚卸資産：63,000
４．当期人件費：147,000、前期末未払人件費：4,500、当期末未払人件費：7,500
５．当期貸倒引当金繰入：900、前期末貸倒引当金：1,800、当期末貸倒引当金：2,100
６．減価償却費：48,000
７．その他の当期の営業費（すべて支払済み）：111,000
８．当期受取利息：2,400、前期末未収利息：300、当期末未収利息：600
９．当期受取配当金（すべて入金済み）：1,500
10．当期支払利息：2,700、前期末未払利息：450、当期末未払利息：150
11．有形固定資産売却益：600
12．当期法人税等：120,000、前期末未払法人税等：13,500、当期末未払法人税等：16,500
13．税引前当期純利益：244,500

解答用紙

(1) 直接法

(単位：千円)

営業活動によるキャッシュ・フロー		
営業収入	(	)
商品の仕入支出	(	)
人件費支出	(	)
その他の営業支出	(	)
小計	(	)
利息及び配当金の受取額	(	)
利息の支払額	(	)
法人税等の支払額	(	)
営業活動によるキャッシュ・フロー	(	)

(2) 間接法

(単位：千円)

営業活動によるキャッシュ・フロー		
税引前当期純利益	(	)
減価償却費	(	)
貸倒引当金の増減額	(	)
受取利息及び受取配当金	(	)
支払利息	(	)
有形固定資産売却益	(	)
売上債権の増減額	(	)
たな卸資産の増減額	(	)
仕入債務の増減額	(	)
未払人件費の増減額	(	)
小計	(	)
利息及び配当金の受取額	(	)

利息の支払額	( )
法人税等の支払額	( )
営業活動によるキャッシュ・フロー	( )

解 答

(1) 直接法

(単位：千円)

営業活動によるキャッシュ・フロー	
営業収入	1,521,000
商品の仕入支出	△1,005,000
人件費支出	△144,000
その他の営業支出	△111,000
小計	261,000
利息及び配当金の受取額	3,600
利息の支払額	△3,000
法人税等の支払額	△117,000
営業活動によるキャッシュ・フロー	144,600

(2) 間接法

(単位：千円)

営業活動によるキャッシュ・フロー	
税引前当期純利益	244,500
減価償却費	48,000
貸倒引当金の増減額	300
受取利息及び受取配当金	△3,900
支払利息	2,700
有形固定資産売却益	△600
売上債権の増減額	△9,000
たな卸資産の増減額	△9,000

仕入債務の増減額	△15,000
未払人件費の増減額	3,000
小計	261,000
利息及び配当金の受取額	3,600
利息の支払額	△3,000
法人税等の支払額	△117,000
営業活動によるキャッシュ・フロー	144,600

解 説 （単位：千円）

(1) 直接法

① 営業収入（資料1より）：1,521,000

前期末債権	96,000	C/F	1,521,000
当期売上高	1,530,000	当期末債権	105,000

② 商品の仕入支出（資料2より）：1,005,000

C/F	1,005,000	前期末債務	81,000
当期末債務	66,000	当期仕入高	990,000

③ 人件費支出（資料4より）：144,000

C/F	144,000	前期末未払	4,500
当期末未払	7,500	当期人件費	147,000

④ その他の営業支出（資料7より）：111,000

⑤ 利息及び配当金の受取額（資料8・9より）：2,100＋1,500＝3,600

前期末未収	300	C/F	2,100
当期受取利息	2,400	当期末未収	600

⑥ 利息の支払額（資料10より）：3,000

C／F	3,000	前期末未払	450
当期末未払	150	当期支払利息	2,700

⑦ 法人税等の支払額（資料12より）：117,000

C／F	117,000	前期末未払	13,500
当期末未払	16,500	当期支払利息	120,000

(2) 間接法

① 貸倒引当金の増加額（資料5より）：300（2,100 − 1,800 ＝ 300）

② 減価償却費（資料6より）：48,000

③ 受取利息及び受取配当金（資料8・9より）：3,900（2,400 ＋ 1,500 ＝ 3,900）

④ 支払利息（資料10より）：2,700

⑤ 有形固定資産売却益（資料11より）：600

⑥ 未払人件費の増減額（資料4より）：3,000（7,500 − 4,500 ＝ 3,000）

⑦ 売上債権の増減額（資料1より）：9,000（105,000 − 96,000 ＝ 9,000）

⑧ 棚卸資産の増減額（資料3より）：9,000（63,000 − 54,000 ＝ 9,000）

⑨ 仕入債務の増減額（資料2より）：△15,000（66,000 − 81,000 ＝ △15,000）

⑩ 利息及び配当金の受取額（前記の直接法⑤と同じ）

⑪ 利息の支払額（前記の直接法⑥と同じ）

⑫ 法人税等の支払額（前記の直接法⑦と同じ）

第6節
外貨換算会計

学習のポイント

◆外貨換算の意義を知る。
◆換算の基本思考である流動・非流動法、貨幣・非貨幣法、テンポラル法、決算日レート法を理解する。
◆為替差損益の処理に関する考え方（一取引基準と二取引基準）について理解する。
◆外貨建取引について、取引発生時、決算時の処理方法を理解する。
◆在外子会社等の財務諸表項目の換算方法について理解する。

1 外貨換算

　外貨換算とは、外貨で測定された会計数値を自国の通貨に表示し直す会計処理のことをいう。特に、外貨換算会計という場合には、外国通貨による決済を前提に行われた外貨建取引等の会計処理と、外貨で表示されている在外支店および在外子会社等の財務諸表項目を円貨に換算する会計処理がその内容になる。

2 外貨換算の諸方法

　会計数値を換算するにあたり、どのような為替相場を適用すべきかについては次の4つの考え方がある。→図表1−6−1

図表１－６－１　外貨換算の方法

方　　　法	内　　　容
流動・非流動法	外貨表示項目のうち流動項目には決算時の為替相場（ＣＲ：current rate）、非流動項目には過去の取得時または発生時の為替相場（ＨＲ：historical rate）を適用する
貨幣・非貨幣法	外貨表示項目のうち貨幣および貨幣性項目（金銭債権債務）はＣＲ、非貨幣性項目にはＨＲを適用する
テンポラル法（属性法）	外貨表示項目のうち取得原価を表しているものにはＨＲ、時価を表しているものにはＣＲを適用する
決算日レート法	在外支店の本店勘定や在外子会社の資本勘定を除き、外貨表示項目すべてにＣＲを適用する

　流動・非流動法は、貸借対照表における表示区分すなわち債務弁済能力の表示に整合させた換算方法である。流動資産・負債をＣＲで換算するため、ここに換算差額が発生する場合がある。その意味では、流動資産に含まれる棚卸資産に換算差額（差益）が生じるとすれば、現行の収益認識基準である実現基準に照らして合理性を認めがたい。

　貨幣・非貨幣法は、収支計算を原型とした損益計算体系における資産・負債の測定原理に合致した方法である。すなわち、貨幣性項目にはＣＲを、非貨幣性項目にはＨＲを測定基礎として適用する。ただし、非貨幣性項目のうち低価法を適用する棚卸資産や減損処理を適用する固定資産については、当初の取得原価がその時々の時価に付け替えられる場合があるが、これを考慮せずにＨＲを適用するため問題があるとされる。

　この貨幣・非貨幣法の問題点を改良したものが**テンポラル法**である。すなわち、非貨幣性項目について、外貨による時価が付されているものについてはＣＲを適用することになる。

　決算日レート法では、在外支店財務諸表や在外子会社財務諸表を換算して本支店合併財務諸表や連結財務諸表を作成する際、相殺消去の対象となる在外支店の本店勘定や在外子会社の資本勘定には過去の相場（ＨＲ）を適用し、これ以外の資産・負債には決算日レートという単一の

相場を適用する。単一の相場を適用する点については、他の３つの方法と異なる思考が存在する。すなわち、在外支店や在外子会社が行った取引を日本国内の本店や親会社の延長線上にある取引とみるか否かである。延長線上にある取引とみれば、在外支店や在外子会社が行った取引についても、日本国内にある本店や親会社が独自に行った他の取引と整合する換算方法がとられなければならない。この考え方を**本国主義**と呼んでいる。他方、在外支店や在外子会社はそれぞれの国・地域において、日本国内にある本店や親会社とは独立して事業を営んでいるとみる**現地主義**という考え方がある。これによると、換算の前後で財務比率が変動しないように財務諸表項目全体を単一の相場で換算することになる。わが国においては、在外子会社財務諸表項目の換算にあたっては現地主義をとり、決算日レート法を採用している。

3 外貨建取引等の会計

（1）外貨建取引の範囲

外貨建取引とは、売買価額その他の取引価額が外貨で表示される取引をいう。外貨建取引の範囲には、次のものが挙げられる（「外貨建取引等会計処理基準」以下、「外貨基準」注１）。

① 取引価額が外国通貨で表示されている物品の売買または役務の授受
② 決済金額が外国通貨で表示されている資金の借り入れまたは貸し付け
③ 券面額が外国通貨で表示されている社債の発行
④ 外国通貨による前渡金、仮払金の支払または前受金、仮受金の受け入れ
⑤ 決済金額が外国通貨で表示されているデリバティブ取引等

なお、国内の製造業者等が商社等を通じて輸出入取引を行う場合であっても、当該輸出入取引によって商社等に生ずる為替差損益を製造業者

等が負担する等のため、実質的に取引価額が外国通貨で表示されている
取引と同等とみなされるものは、外貨建取引に該当する。

（2）取引発生時の処理

　外貨建取引は、原則として、当該取引発生時の為替相場（HR）によ
る円換算額をもって記録する。ただし、外貨建取引に係る外貨建金銭債
権債務と為替予約等との関係がヘッジ会計の要件を満たしている場合に
は、ヘッジ会計を適用することができる（「外貨基準」一1）。

　取引発生時の為替相場については、取引発生時における直物為替相場
または合理的な基礎に基づいて算定された平均相場（たとえば、取引が
行われた月または週の前月または前週の直物為替相場の平均等、直近の
一定期間の直物為替相場に基づいて算出されたもの）が用いられる。た
だし、取引発生日の直近の一定日における直物為替相場（たとえば、取引
の行われた月もしくは週の前月もしくは前週の末日または当月もしくは
当週の初日の直物為替相場）によることを妨げない（「外貨基準」注2）。

（3）決算時の処理

　外貨建取引から生じた外貨建の金銭債権債務が、決算時点において、
外貨のまま決済されずに保有されている場合には、原則として、決算時
の為替相場（CR）による円換算額をもって記録する（「外貨基準」一2
(1)）。これは、外貨建取引で生じた売掛金や買掛金などの金銭債権債務
は、外貨額では時価の変動リスクを負うことはないが、円貨額では為替
相場の変動リスクを負っていることになるため、決算時の為替相場によ
り換算することにより、当該リスクを財務諸表に反映させることを意図
した処理である。

（4）為替差損益の処理

　為替差損益には、為替換算差損益と為替決済差損益の2つがある。→
図表1－6－2

図表１－６－２　為替差損益の種類

為替差損益	為替換算差損益	取引時と決算日の為替レートの相違による換算差損益
	為替決済差損益	取引の決済に伴う決済差損益

　為替差損益の会計処理の考え方については、外貨建取引とその決済取引を連続した１つの取引とみなす**一取引基準**と、外貨建取引とその決済取引とは別個の独立した取引であるとみなす**二取引基準**がある。

　一取引基準では、外貨建取引によって生じた外貨建金銭債権債務の代金決済が終了するまで取引が確定しないとみなし、決済までの間に生じた為替相場の変動差異は外貨建取引の金額修正として取り扱われることになる。一方、二取引基準では、外貨建取引とそれによって生じた外貨建金銭債権債務の決済取引とは独立した別個の取引とみるため、決済までの間に生じた為替相場の変動差異は財務上の損益である為替差損益として取り扱われることになる。

　「外貨基準」では、為替相場の変動が会計に与えた影響について確定的な影響のみならず、暫定的な影響をも認識する立場から二取引基準を採用している。すなわち、外貨および外貨建金銭債権債務の決算時の為替相場での換算によって生じた換算差額は、原則として、当期の為替差損または為替差益として処理する。また、外貨建金銭債権債務の決済に伴って生じた損益も、原則として、当期の為替差損または為替差益として処理する（「外貨基準」一２(2)、３）。

（5）外貨建有価証券

　「外貨基準」では、外貨建有価証券について、「金融商品に係る会計基準」における有価証券の扱いに従って分類し、その換算方法を規定している（「外貨基準」一２(1)(2)）。外国通貨、外貨建金銭債権債務、外貨建有価証券の貸借対照表価額および換算差額の処理を整理すると、図表１－６－３のとおりである。

図表1－6－3　外貨建項目の換算方法と換算差額の処理

項　　目		貸借対照表価額	換算差額の処理
外国通貨		CRによる円換算額	為替差損益（P/L）として処理
外貨建金銭債権債務（外貨預金含む）		CRによる円換算額	為替差損益（P/L）として処理
有価証券	売買目的有価証券	外国通貨による時価をCRにより円換算した額	評価損益（P/L）として処理
	満期保有目的債券	CRによる円換算額	為替差損益（P/L）として処理
	子会社株式および関連会社株式	HRによる円換算額	－
	その他有価証券	外国通貨による時価をCRにより円換算した額	全部純資産直入法：評価差額を評価差額金として純資産の部（B/S）に計上 部分純資産直入法：評価減については、評価損（P/L）として処理 　ただし、債券については外国通貨による時価変動に係る換算差額を評価損（P/L）とし、それ以外の差額を為替差損益（P/L）として処理することを容認
デリバティブ等		CRによる円換算額	為替差損益（P/L）として処理

　有価証券の期末の時価評価により生じる評価差額の処理は、「金融商品に係る会計基準」に従うことになる。ただし、その他有価証券のうち債券については、外貨時価の変動に起因する部分を評価差額とし、為替変動に起因する部分を為替差損益として処理することができる。

（6）為替予約

　外貨建取引を行う企業にとって、為替相場の変動に伴う為替差損の発生は大きなリスク要因である。このリスクを最小化するための手段として為替予約がある。**為替予約**とは、将来の外貨での決済時点での為替相場を現時点であらかじめ契約しておくことをいう。

為替予約が付された外貨建取引の会計処理には、独立処理と振当処理の2つがある。独立処理は、外貨建取引と為替予約は独立した別個の取引であるとみなし、デリバティブの一種である為替予約には「金融商品に係る会計基準」を適用して処理する。一方、振当処理は、為替予約によって確定する決済時における円貨額により外貨建取引および外貨建金銭債権債務等を換算し、直物為替相場との差額を期間配分する方法である。「外貨基準」では、独立処理を原則とするが、振当処理の採用も認められている（「外貨基準」一1および2（1）、注6）。

4 在外支店と在外子会社の財務諸表項目の換算

（1）在外支店の財務諸表項目の換算

本店と在外支店を合わせて本支店合併財務諸表を作成するには、外貨表示されている在外支店の財務諸表をあらかじめ円換算しておかなければならない。在外支店外貨表示財務諸表の円換算は、原則として、本店と同様に処理する。ただし、本店の処理として換算基準が明示されていない項目については、テンポラル法を適用する。

なお、次の特例も認められている。まず、収益および費用（収益性負債の収益化額および費用性資産の費用化額を除く）の換算については、取引発生時の為替相場（HR）により換算することに代えて、期中平均相場によることが認められる（「外貨基準」二1）。このとき、期中平均相場には、当該収益および費用が帰属する月または半期等を算定期間とする平均相場を用いることができる（「外貨基準」注12）

次に、非貨幣性項目の額に重要性がない場合には、すべての貸借対照表項目（支店における本店勘定等を除く）について決算時の為替相場（CR）による円換算額を付す方法を適用することができる。この場合には、損益項目についても決算時の為替相場（CR）によることができる（「外貨基準」二2）。

なお、このように本店と異なる方法によって換算することによって生

じた換算差額は、当期の為替差損益として処理する（「外貨基準」二３）。

（２）在外子会社等の財務諸表項目の換算

　連結財務諸表の作成または持分法の適用（→本章第７節**7**）にあたり、在外の子会社または関連会社や非連結子会社の外国通貨で表示されている財務諸表項目を円換算する際には、**決算日レート法**が適用される。

　まず、貸借対照表項目のうち、資産および負債には決算時の為替相場（CR）による円換算額を付す。親会社による株式取得時における株主資本等に属する項目には、株式取得時の為替相場（HR）による円換算額を付す。また、親会社による株式取得後に生じた株主資本等に属する項目には、当該項目の発生時の為替相場（HR）による円換算額を付す（「外貨基準」三１・２）。

　次に、収益および費用については、原則として期中平均相場による円換算額を付す。ただし、決算時の為替相場（CR）による円換算額を付すこともできる。なお、親会社との取引による収益および費用の換算については、親会社が換算に用いる為替相場による。この場合に生じる差額は当期の為替差損益として処理する（「外貨基準」三３）。

　資産および負債項目を決算日の為替相場により換算し、株主資本等の項目を取得時または発生時の為替相場によって換算することによって、換算差額が生じる。この換算差額は、**為替換算調整勘定**（「外貨基準」三４）として連結貸借対照表の純資産の部「その他の包括利益累計額」の区分に計上する。

設 例

１．次の取引を、（イ）一取引基準と（ロ）二取引基準で仕訳しなさい。
　（1）12月10日：アメリカのＡ社に商品5,000ドルを掛売りした。このときの為替相場は１ドル105円であった。
　（2）12月31日：決算時の為替相場は１ドル110円であった。
　（3）１月10日：上記の売掛金をすべて回収した。このときの為替相場

　　　　　　　は107円であった。

2．保有する外貨建有価証券が次のとき、決算時の会計処理を行いなさ
　　い。決算時の為替相場は1ドル110円である。

3．当社の米国支店の外貨表示財務諸表は下記のとおりであった。次の
　　〔資料〕を用いて、円貨による財務諸表を作成しなさい。

〔資料〕

種　　　類	ドル建価額	帳簿価額	時　　　価
A社株式（売買目的）	$2,000	210,000円	$2,100
B社株式（子会社株式）	$3,000	360,000円	—
C社社債（満期保有目的）	$1,000	107,000円	$1,150

(1) 換算に用いる為替相場は次のとおりである。

　①　取引発生時または取得時の為替相場は1ドル＝105円である。

　②　決算時の為替相場は1ドル＝115円である。

　③　期中平均為替相場は1ドル＝108円である。

(2) 収益および費用については、減価償却費などの費用性資産の費用
　　化額を除き、期中平均為替相場を適用する。

(3) 棚卸資産に対しては、総平均法が適用されている。商品評価損は
　　生じていない。

(4) 本店勘定の換算を1ドル＝105円として計算する。

貸借対照表　　　　（単位：ドル）

現　　　　　金	250,000	買　　掛　　金	245,000
売　　掛　　金	350,000	借　　入　　金	205,000
棚　卸　資　産	225,000	本　　　　　店	500,000
有形固定資産	500,000	当 期 純 利 益	375,000
	1,325,000		1,325,000

	損益計算書		（単位：ドル）
売 上 原 価	950,000	売 上 高	1,595,000
営 業 費	220,000		
減 価 償 却 費	50,000		
当 期 純 利 益	375,000		
	1,595,000		1,595,000

解 答

1.

（イ）一取引基準

(1)（借）売 掛 金 525,000 （貸）売 上 525,000

(2)（借）売 掛 金 25,000 （貸）売 上 25,000

(3)（借）現 金 535,000 （貸）売 掛 金 550,000
　　　　　売 上 15,000

（ロ）二取引基準

(1)（借）売 掛 金 525,000 （貸）売 上 525,000

(2)（借）売 掛 金 25,000 （貸）為 替 差 益 25,000

(3)（借）現 金 535,000 （貸）売 掛 金 550,000
　　　　　為 替 差 損 15,000

2.

　A社株式：

　　（借）売買目的有価証券 21,000 （貸）有価証券運用損益 21,000

　B社株式：

　　仕訳なし

　C社株式

　　（借）投資有価証券 3,000 （貸）為 替 差 益 3,000

3.

貸借対照表			（単位：千円）
現　　　　　金	28,750	買　　掛　　金	28,175
売　　掛　　金	40,250	借　　入　　金	23,575
棚　卸　資　産	24,300	本　　　　　店	52,500
有形固定資産	52,500	当　期　純　利　益	41,550
	145,800		145,800

損益計算書			（単位：千円）
売　上　原　価	102,600	売　　上　　高	172,260
営　　業　　費	23,760	為　替　差　益	900
減　価　償　却　費	5,250		
当　期　純　利　益	41,550		
	173,160		173,160

解　説

1.

（イ）一取引基準では、為替相場の変動を取引金額の修正として処理する。したがって、決算日において取引時の相場と決算時の相場の差額〔（110円－105円）×5,000ドル＝25,000円〕を売上高に計上する。同様に、決算日に〔（110円－107円）×5,000ドル＝15,000円〕を売上高から控除する。

（ロ）二取引基準では、外貨建金銭債権債務の増減を別取引として処理するため、為替相場の変動額によるこの増減を為替差損益として処理する。したがって、決算日において取引時の相場と決算時の相場の差額〔（110円－105円）×5,000ドル＝25,000円〕を為替差益として計上する。同様に、決算日に〔（110円－107円）×5,000ドル＝15,000円〕を為替差損として計上する。

2.

① A社株式は売買目的有価証券であるため、時価で評価し、運用損益を計上する。外貨建有価証券の場合もこれに従う。換算基準には

決算時の為替相場を用いて、換算差益と評価差益を一体のものとみて運用損益として計上する。したがって、運用損益は〔（＄2,100×110円）−210,000円＝21,000円〕となる。

② B社株式は、子会社株式であるため、取得時の為替相場による円換算額を付する。したがって、決算時の処理は行われない。

③ C社債は、満期保有目的債券であるため、決算時の為替相場による円換算額を付する。〔（＄1,000×110円）−107,000円＝3,000円〕となり、これを為替差損益として計上する。

3.

(1) 貸借対照表項目

① 貨幣項目は決算時の為替相場で換算する。したがって、次のようになる。

現　　金：250,000ドル×115円＝28,750千円

売掛金：350,000ドル×115円＝40,250千円

買掛金：245,000ドル×115円＝28,175千円

借入金：205,000ドル×115円＝23,575千円

② 棚卸資産については、総平均法が適用されているため、期末商品は期中の平均仕入価額からなるものとみる。したがって、期中平均相場で換算する。〔225,000ドル×108円＝24,300千円〕となる。

③ 有形固定資産については、取得時の為替相場で換算する。また減価償却費もこの費用化額であるため、同じく取得時の為替相場で換算する。したがって、次のようになる。

有形固定資産：500,000ドル×105円＝52,500千円

減 価 償 却 費：50,000ドル×105円＝5,250千円

④ 本店勘定は、1ドル＝105円として換算する。

⑤ 貸借差額として当期純利益を計算する。

(2) 損益計算書項目

① 売上原価は期中平均相場で換算する。したがって、〔950,000ドル×108円＝102,600千円〕となる。

② 営業費は、期中平均為替相場で換算する。したがって、〔220,000
　　ドル×108円＝23,760千円〕となる。

③ 売上高は期中平均為替相場を適用する。したがって、〔1,595,000
　　ドル×108円＝172,260千円〕となる。

④ 貸借対照表の当期純利益を損益計算書に移記する。

⑤ 損益計算書の貸借差額を為替差損益とする。

連結財務諸表

学習のポイント

◆連結財務諸表とは、支配従属関係にある2つ以上の企業からなる企業集団を単一の組織体とみなして、親会社が当該企業集団の財政状態、経営成績およびキャッシュ・フローの状況を総合的に報告するために作成するものである。

◆他の企業の意思決定機関を支配している場合には、原則として当該他の会社を連結の範囲に含めなければならない。

◆連結貸借対照表の作成にあたっては、①子会社の資産および負債を時価評価し、②連結会社相互間の投資と資本を相殺消去し、かつ③債権と債務の相殺消去等の処理を行う。

◆連結損益計算書の作成にあたっては、連結会社相互間で生じた内部取引高と未実現損益を消去しなければならない。

◆非連結子会社および関連会社に対する投資については、原則として持分法を適用する。

◆連結キャッシュ・フロー計算書の作成にあたっては、連結会社相互間のキャッシュ・フローは相殺消去する。連結範囲の変動を伴う子会社株式の取得または売却に係るキャッシュ・フローは「投資活動によるキャッシュ・フロー」区分に独立して記載する。

1 連結決算の基礎

（1）連結財務諸表制度

　わが国の連結財務諸表制度は、1977（昭和52）年4月1日以降に開始する事業年度から金融商品取引法（旧証券取引法）上、有価証券報告書において連結財務諸表の開示を義務づけることから始まった。2000（平成12）年3月決算期からは連結財務諸表を主、個別財務諸表を従たる財務諸表と位置づけ、有価証券報告書における記載順も連結・個別の順となった。証券市場に参加する投資者の投資意思決定に役立つ情報提供の観点では、法的には個別の実体である企業が集団を形成して活動している場合、その企業集団を会計単位として作成された連結財務諸表が個別財務諸表にはない経済的実質を表現することになる。

　連結財務諸表は、企業会計基準第23号「連結財務諸表に関する会計基準」（以下、「連結基準」）、「連結財務諸表規則」（以下、「連結財規」）および「連結財務諸表規則ガイドライン」に従って作成される。「連結基準」では、連結財務諸表は支配従属関係にある2つ以上の企業（＝会社および会社に準ずる事業体）からなる集団（企業集団）を単一の組織体とみなして、親会社が当該企業集団の財政状態、経営成績およびキャッシュ・フローの状況を総合的に報告するために作成するものであると定義している（「連結基準」1・5項）。「連結財規」に示されている連結財務諸表は、以下のとおりである（第1条1項）。

①　連結貸借対照表
②　連結損益計算書
③　連結包括利益計算書
④　連結株主資本等変動計算書
⑤　連結キャッシュ・フロー計算書
⑥　連結附属明細表

　なお、現在、金融商品取引法会計のみならず会社法会計においても、連結財務諸表が連結計算書類として導入されている。→第2章第2節

（2） 連結財務諸表作成における一般原則

連結財務諸表作成における一般原則とは、次の4つである（「連結基準」9～12項）。

① 真実性の原則

連結財務諸表は、企業集団の財政状態、経営成績およびキャッシュ・フローの状況に関して真実な報告を提供するものでなければならない。

② 基準性の原則

連結財務諸表は、企業集団に属する親会社および子会社が一般に公正妥当と認められる企業会計の基準に準拠して作成した個別財務諸表を基礎として作成されなければならない。

③ 明瞭性の原則

連結財務諸表は、企業集団の状況に関する判断を誤らせないよう、利害関係者に対し必要な財務情報を明瞭に表示するものでなければならない。

④ 継続性の原則

連結財務諸表作成のために採用した基準および手続は、毎期継続して適用し、みだりにこれを変更してはならない。

なお、真実性の原則と明瞭性の原則に対しては、重要性の原則（「連結基準」注1）が適用される。すなわち、企業集団の財政状態、経営成績およびキャッシュ・フローの状況に関する利害関係者の判断を誤らせない限りにおいて、本来の厳密な処理によらないで簡便な処理および表示によることも認められている。

また、親会社および子会社の財務諸表が、減価償却の過不足、資産や負債の過大または過少計上等により当該企業の財政状態および経営成績を適正に示していない場合には、連結財務諸表の作成上これを適正に修正して連結決算を行わなければならないが、連結財務諸表に重要な影響を与えないと認められる場合には、これを修正しないことができる（「連結基準」注2）。

（3）連結財務諸表作成における一般基準

連結基準では連結財務諸表作成における一般基準として、連結の範囲、連結決算日、親子会社の会計方針を規定している。

① 連結の範囲

親会社は、原則としてすべての子会社を連結の範囲に含める（「連結基準」13項）。ここで、**親会社**とは、他の企業の意思決定機関を支配している企業をいい、**子会社**とは、当該他の企業をいう。親会社および子会社または子会社が、他の企業の意思決定機関を支配している場合における当該他の企業も、その親会社の子会社とみなす（「連結基準」6項、「財務諸表等規則」第8条3項）。

「意思決定機関を支配している」実態を何によって認定するかが問題となる。この点については、持株基準と支配力基準という2つの考え方がある。**持株基準**は、議決権付株式の過半数所有によって支配の存在を認定する。一方、**支配力基準**は、持株割合にかかわらず支配の実態の存在をもってこれを認定する。かつてわが国では持株基準のみを採用していたが、これが数値基準としての客観性を持つ反面、支配の実態がありながら持株割合を操作することで連結の範囲から外すという実務が社会問題となった経緯がある。そこで現在では、以下に示すとおり持株基準を内包した支配力基準を採用している。

すなわち、「他の企業の意思決定機関を支配している企業」とは、次の企業をいう。ただし、財務上または営業上もしくは事業上の関係から見て、他の企業の意思決定機関を支配していないことが明らかであると認められる企業はこの限りではない（「連結基準」7項、「財務諸表等規則」第8条4項）。

（1）他の企業の議決権の過半数を自己の計算において所有している企業

（2）他の企業の議決権の100分の40以上、100分の50以下を自己の計算において所有している企業であって、かつ、次のいずれかの要件に該当する企業

① 自己の計算において所有している議決権と、自己と出資、人事、資金、技術、取引等において緊密な関係があることにより、自己の意思と同一の内容の議決権を行使すると認められる者および自己の意思と同一の内容の議決権を行使することに同意している者が所有している議決権とを合わせて、他の企業の議決権の過半数を占めていること

② 役員もしくは使用人である者、またはこれらであったもので自己が他の企業の財務および営業または事業の方針の決定に関して影響を与えることができる者が、当該他の企業の取締役会その他これに準ずる機関の構成員の過半数を占めていること

③ 他の企業の重要な財務および営業または事業の方針の決定を支配する契約等が存在すること

④ 他の企業の資金調達額（貸借対照表の負債の部に計上されているもの）の総額の過半について融資を行っていること（自己と出資、人事、資金、技術、取引等において緊密な関係のある者が行う融資の額を合わせて資金調達額の総額の過半となる場合を含む）

⑤ その他他の企業の意思決定機関を支配していることが推測される事実が存在すること

(3) 自己の計算において所有している議決権（当該議決権を所有していない場合も含む）と、自己と出資、人事、資金、技術、取引等において緊密な関係があることにより、自己の意思と同一の内容の議決権を行使すると認められる者および自己の意思と同一の内容の議決権を行使することに同意している者が所有している議決権とを合わせて、他の企業の議決権の過半数を占めている企業であって、かつ、上記（2）の②から⑤までのいずれかの要件に該当する企業

なお、子会社であっても、次に該当するものは連結の範囲に含めない（「連結基準」14項）。

① 支配が一時的であると認められる企業

② 上記①以外の企業であって、連結することにより利害関係者の判

断を著しく誤らせるおそれのある企業

　また、その資産、売上高等を考慮して、連結の範囲から除外しても企業集団の財政状態、経営成績およびキャッシュ・フローの状況に関する合理的な判断を妨げない程度に重要性の乏しいもの（小規模子会社）は、連結の範囲に含めないことができる（「連結基準」注3）。親会社と連結される子会社を連結子会社と呼び、上述の連結の範囲に含められない、また含めないこととした子会社を非連結子会社と呼ぶ。非連結子会社に対する投資については、後述の関連会社の場合と同様に持分法を適用する。

② 連結決算日

　連結財務諸表の作成に関する期間は1年とし、親会社の会計期間に基づき、年1回一定の日をもって連結決算日とする。子会社の決算日が連結決算日と異なる場合には、子会社は、連結決算日に正規の決算に準ずる合理的な手続により決算を行う（「連結基準」15・16項）。ただし、その決算日の差異が3ヵ月を超えない場合には、決算日が異なることから生ずる連結会社間の取引に係る会計記録の重要な不一致について必要な整理を行ったうえで、子会社の正規の決算を基礎として連結決算を行うことができる（「連結基準」注4）。

③ 親会社および子会社の会計方針

　同一環境下で行われた同一の性質の取引等について、親会社および子会社が採用する会計方針は、原則として統一する（「連結基準」17項）。

2 連結貸借対照表の作成

（1）基本原則

　連結貸借対照表は、一定時点における企業集団全体の財政状態を表示する計算書である。これは親会社および子会社の個別貸借対照表における資産、負債および純資産の金額を基礎として、①子会社の資産および負債の評価、②連結会社相互間の投資と資本の相殺消去、③債権と債務の相殺消去等の処理を行って作成する（「連結基準」18項）。

（2） 支配獲得時の連結

① 子会社の資産および負債の評価

　連結貸借対照表の作成にあたっては、支配獲得日において、子会社の資産および負債のすべてを支配獲得日の時価により評価する方法（**全面時価評価法**）を採用する（「連結基準」20項）。全面時価評価法は、親会社が子会社を支配した結果、子会社が企業集団に含まれることになった事実を重視する考え方である。他方、かつては、子会社の資産および負債のうち親会社持分相当額のみを時価評価する部分時価評価法の採用が認められていた。これは親会社が投資を行った際の親会社の持分を重視する考え方である。現在、部分時価評価法は認められていない。

　子会社の資産および負債の時価による評価額と当該資産および負債の個別貸借対照表上の金額との差額（＝評価差額）は、子会社の資本に含められる（「連結基準」21項）。ただし、評価差額の重要性が乏しい子会社の資産および負債は、個別貸借対照表上の金額によることができる（「連結基準」22項）。

② 投資と資本の相殺消去

　子会社の資産および負債を時価評価した後、親会社の子会社に対する投資とこれに対応する子会社の資本を相殺消去する。このとき、親会社の子会社に対する投資勘定は支配獲得日の時価を表し、子会社の資本は子会社の個別貸借対照表上の株主資本および評価・換算差額等と評価差額からなる（「連結基準」23項）。当該相殺消去によって消去差額が生じた場合には、これを**のれん**（または**負ののれん**）とする（「連結基準」24項）。

　企業会計基準第21号「企業結合に関する会計基準」において、のれんは資産計上し、20年以内のその効果の及ぶ期間にわたり定額法その他合理的な方法で償却することが求められている。他方、負ののれんについては、負ののれんの発生が見込まれる段階ですべての識別可能資産および負債が把握され、それらに対する取得原価が適切に配分されているかを見直し、それでもなお負ののれんが生じる場合には、これが生じた事

業年度の利益として処理することが求められている。ただし、重要性が乏しい場合には、のれんは発生年度の費用として、負ののれんについても上記の見直しをせずに発生年度の利益として処理することができる（「同基準」32・33項）。

③ 非支配株主持分

子会社の資本のうち親会社の持分に属しない部分を非支配株主持分という（「連結基準」26項）。支配獲得日の子会社の資本は、親会社に帰属する部分と非支配株主に帰属する部分とに分け、前者は親会社の投資と相殺消去し、後者は非支配株主持分として処理する。また、支配獲得日後に生じた子会社の利益剰余金および評価・換算差額等のうち非支配株主に帰属する部分は、非支配株主持分として処理する（「連結基準」注7）。

④ 債権と債務の相殺消去

連結会社相互間の債権と債務は相殺消去する（「連結基準」31項）。連結会社相互間に存在する売掛金と買掛金、受取手形と支払手形、貸付金と借入金などが典型であるほか、以下の点も注意されたい（「連結基準」注10）。

○相殺消去の対象となる債権と債務には、前払費用、未収収益、前受収益および未払費用で連結会社相互間の取引に関するものも含む。

○連結会社が振り出した手形を他の連結会社が銀行割引した場合には、連結貸借対照表上、これを借入金に振り替える。

○引当金のうち、連結会社を対象として引き当てられたことが明らかなものは、これを調整する。

○連結会社が発行した社債で一時所有のものは、相殺消去の対象としないことができる。

3 連結貸借対照表の表示

連結貸借対照表の表示は、個別貸借対照表の科目分類を基礎とする。ただし、企業集団の財政状態について誤解を生じさせない限り、科目を

集約して表示することができる（「連結基準」注11）。たとえば、個別貸借対照表における資本準備金とその他資本剰余金は、合わせて資本剰余金、利益準備金とその他利益剰余金は、合わせて利益剰余金と一括表示される。

個別貸借対照表の純資産の部における「評価・換算差額等」は、連結貸借対照表では**その他の包括利益累計額**となる。**非支配株主持分**は持株比率100％未満の子会社を持つ親会社の連結貸借対照表に固有の科目である。→図表１－７－１

図表１－７－１　連結貸借対照表の表示

（資産の部）	（負債の部）
流動資産	流動負債
固定資産	固定負債
有形固定資産	（純資産の部）
無形固定資産	株主資本
投資その他の資産	その他の包括利益累計額
繰延資産	新株予約権
	非支配株主持分

設例1

1. P社（親会社）の売掛金残高のうち10,000千円は、S社（子会社）に対するものである。この売掛金に対しては、貸倒引当金が２％設定されている。この場合に、債権と債務の相殺消去および貸倒引当金の調整のための仕訳を示しなさい。

2. P社はX1年３月31日にS社の発行済株式の60％を6,000千円で取得した。取得日におけるP社とS社の貸借対照表は以下のとおりである。なお、S社の諸資産のうち600千円は土地であり、その時価は1,200千円である。連結に必要な修正仕訳を行い、支配獲得日における貸借対照表を作成しなさい。税効果は考慮しないものとする。

P社			貸借対照表			（単位：千円）
諸　資　産			50,000	諸　　負　　債		24,000
S　社　株　式			6,000	資　　本　　金		30,000
				利　益　剰　余　金		2,000
			56,000			56,000

S社			貸借対照表			（単位：千円）
諸　資　産			20,000	諸　　負　　債		11,000
				資　　本　　金		8,000
				利　益　剰　余　金		1,000
			20,000			20,000

解　答

1．（借）買　掛　金　10,000,000　　（貸）売　掛　金　10,000,000

　　（借）貸倒引当金　　200,000　　（借）貸倒引当金繰入　200,000

2．

子会社資産評価替仕訳（単位：千円）

　　（借）諸　資　産　　　600　　（借）評　価　差　額　　600

連結消去仕訳（単位：千円）

　　（借）資　本　金　　8,000　　（借）S　社　株　式　　6,000

　　　　利益剰余金　　1,000　　　　非支配株主持分　　3,840

　　　　評　価　差　額　　600

　　　　の　れ　ん　　　240

			連結貸借対照表			（単位：千円）
諸　資　産			70,600	諸　　負　　債		35,000
の　れ　ん			240	資　　本　　金		30,000
				利　益　剰　余　金		2,000
				非支配株主持分		3,840
			70,840			70,840

解　説

1．貸倒引当金の調整額：10,000千円×2％＝200千円

2．非支配株主持分：(8,000千円＋1,000千円＋600千円)×(1－0.6)
　　　　　　　　　　＝3,840千円

　のれん：(8,000千円＋1,000千円＋600千円)×0.6＝5,760千円
　　　　　6,000千円－5,760千円＝240千円

4 連結損益及び包括利益計算書（または連結損益計算書及び連結包括利益計算書）の作成

　連結損益及び包括利益計算書（または連結損益計算書及び連結包括利益計算書）は、親会社および子会社の個別損益計算書等における収益、費用等の金額を基礎として、連結会社相互間の取引高の相殺消去および未実現損益の消去等の処理を行って作成する（「連結基準」34項）。

（1）連結会社相互間の取引高の相殺消去

　連結会社相互間における商品の売買その他の取引に係る項目は、企業集団内で生じた内部取引にあたるため、相殺消去する（「連結基準」35項）。たとえば、連結会社相互間で行われる商品・製品の売買、固定資産の売買、配当金の受払、手数料の受払、地代・家賃の受払、利息の受払などが挙げられる。会社相互間取引が連結会社以外の企業を通じて行われている場合であっても、その取引が実質的に連結会社相互間取引であることが明確であるときは、連結会社相互間取引とみなして処理をする（「連結基準」注12）。

（2）未実現損益の相殺消去

　連結会社相互間取引によって取得した棚卸資産、固定資産その他の資産に含まれる未実現損益は、その全額を消去する。ただし、未実現損失については、売り手の帳簿価額のうち回収不能と認められる部分は消去しない（「連結基準」36項）。なお、未実現損益の金額に重要性が乏しい場合には、消去しないことができる（「連結基準」37項）。

親会社と子会社の間で資産が売買される形態には、ダウンストリームとアップストリームの2つがある。前者は親会社から子会社への販売（売却）、後者は子会社から親会社への販売（売却）を指す。いずれの場合にも、買い手側が購入した資産を保有したままの状態である場合、売り手側に未実現損益が計上され、その金額だけ買い手側の資産が過大（過小）に評価されている。

① 棚卸資産の未実現損益

1）親会社から子会社への販売（ダウンストリーム）

親会社から子会社へ商品などが販売された場合には、期末棚卸資産価額に含まれる未実現損益は親会社の側に計上されていることから、その全額を消去し、かつその全額を親会社の持分に負担させる。

2）子会社から親会社への販売（アップストリーム）

子会社から親会社へ商品が販売された場合には、期末棚卸資産価額に含まれる未実現損益は全額消去し、それを親会社と非支配株主が存在する場合には非支配株主の持分比率に応じて按分し、親会社の持分と非支配株主持分に負担させる（「連結基準」38項）。

② 固定資産の未実現損益

連結会社相互間取引によって固定資産を取得した場合には、棚卸資産と同様に、売り手側に生じている未実現損益を消去するとともに、同額を固定資産価額から控除する。ただし、減価償却資産については、未実現損益の消去手続に伴い取得原価が変更されることになるため、減価償却計算に修正を行うことが必要となる。この修正は、当該固定資産の売買価額に基づいて計算した減価償却費のうち、消去した未実現損益に対応する部分を控除することにより行う。

5 連結損益及び包括利益計算書（または連結損益計算書及び連結包括利益計算書）の表示

連結財務諸表においては、連結損益計算書のほかに連結包括利益計算

書が作成表示される。連結損益計算書と連結包括利益計算の表示方法には、これら2つを別々に表示する2計算書方式（連結損益計算書及び連結包括利益計算書）と、1つの計算書にまとめて表示する1計算書方式（連結損益及び包括利益計算書）がある。→図表1－7－2

　いずれの表示方法でも「当期純利益」と「包括利益」の額について、親会社持分相当額と非支配株主持分相当額が表示されている点に特徴が見られる。経済的単一体説に整合した表示方法である。2計算書方式における連結損益計算書では、「税金等調整前当期純利益」から「法人税

図表1－7－2　1計算書方式と2計算書方式の表示例

【2計算書方式】　　　　　　　　　　　　　　　　　　（単位：千円）

〈連結損益計算書〉

売上高	10,000
税金等調整前当期純利益	2,200
法人税等	900
当期純利益	1,300
非支配株主に帰属する当期純利益	300
親会社株主に帰属する当期純利益	1,000

〈連結包括利益計算書〉

当期純利益	1,300
その他の包括利益：	
その他有価証券評価差額金	530
繰延ヘッジ損益	300
為替換算調整勘定	△180
持分法適用会社に対する持分相当額	50
その他の包括利益合計	700
包括利益	2,000
（内訳）	
親会社株主に帰属する包括利益	1,600
非支配株主に帰属する包括利益	400

【1 計算書方式】　　　　　　　　　　　　　　　　　（単位：千円）

〈連結損益及び包括利益計算書〉

売上高	10,000
⋯⋯⋯⋯⋯⋯⋯	
税金等調整前当期純利益	2,200
法人税等	900
当期純利益	1,300
（内訳）	
親会社株主に帰属する当期純利益	1,000
非支配株主に帰属する当期純利益	300
その他の包括利益：	
その他有価証券評価差額金	530
繰延ヘッジ損益	300
為替換算調整勘定	△180
持分法適用会社に対する持分相当額	50
その他の包括利益合計	700
包括利益	2,000
（内訳）	
親会社株主に帰属する包括利益	1,600
非支配株主に帰属する包括利益	400

等」を控除した後の「当期純利益」から「非支配株主に帰属する当期純利益」を控除し「親会社株主に帰属する当期純利益」を算出する。「当期純利益」に対する親会社持分相当額と非支配株主持分相当額を表示する工夫であり、「親会社株主に帰属する当期純利益」を最終値としている点に特徴がある。

設例2

1. P社（親会社）からS社（子会社）への当期商品売上高は900,000円であった。P社はS社に売上利益率20％で販売している。S社の期首

商品棚卸高のうち120,000円および期末商品棚卸高のうち100,000円は
P社からの購入したものである。連結修正仕訳を示しなさい。税効果
は考慮しないものとする。

2. P社（親会社）のS社（子会社）からの商品仕入高は500,000円であ
る。P社の期首商品棚卸高のうち210,000円および期末商品棚卸高の
うち280,000円がS社から仕入れたものである。連結修正仕訳を示し
なさい。税効果は考慮しないものとする。S社のP社に対する売上利
益率は40％である。P社の持株比率は80％である。

3. S社（子会社）は、P社（親会社）から本年度の9月1日に機械装
置を3,000千円で取得した。この機械装置の売却によりP社は500千円
の売却益を計上している。S社は、当決算日に取得原価に基づき減価
償却（定額法：耐用年数10年、残存価額は取得原価の10％）を行った。
このとき、連結修正仕訳を示しなさい。P社の持株比率は80％である。
決算日は3月31日である。税効果は考慮しないものとする。

解 答

1.
　① 内部取引高の相殺消去
　　（借）売　　上　　高 900,000　（借）売　上　原　価 900,000
　② 期首商品棚卸高に含まれる未実現損益の消去
　　（借）利益剰余金期首残高 24,000　（借）売　上　原　価 24,000
　③ 期末商品棚卸高に含まれる未実現損益の消去
　　（借）売　上　原　価 20,000　（借）商　　　　　品 20,000
2.
　① 内部取引高の相殺消去
　　（借）売　　上　　高 500,000　（借）売　上　原　価 500,000
　② 期首商品棚卸高に含まれる未実現利益の消去
　　（借）利益剰余金期首残高 67,200　（借）売　上　原　価 84,000
　　　　非支配株主利益 16,800

③ 期末商品棚卸高に含まれる未実現損益の消去

(借)売 上 原 価 112,000　(借)商　　　　　品 112,000
　　非支配株主持分 22,400　　　非支配株主利益 22,400
3.(借)固定資産売却益 500,000　(借)機 械 装 置 500,000
　　減価償却累計額 26,250　　　減 価 償 却 費 26,250

6 連結株主資本等変動計算書の作成

連結株主資本等変動計算書は、親会社および子会社の個別計算書を基礎として、各項目の変動額や残高をそれぞれ合算し、連結会社相互間の資本取引や配当に係る取引を消去して作成する。子会社が行った配当については、親会社に対する部分は連結会社相互間取引にあたるので親会社の損益計算書に計上されている受取配当金と相殺消去し、非支配株主に対する部分は非支配株主持分を減額する。→図表1−7−3

個別の場合と比べて、連結株主資本等変動計算書に特有の事項は次のとおりである。

○個別ベースにおける「評価・換算差額等」は「その他の包括利益累計額」に名称変更され、その内訳が表示される。為替換算調整勘定（→本章第6節4）は連結ベースの計算書に固有の項目である。

○議決権の保有割合が100％未満の子会社を有する親会社の連結ベースの計算書には非支配株主持分が表示される。

7 持分法

（1）持分法の意義

連結財務諸表作成上、非連結子会社および関連会社に対する投資には、原則として持分法が採用される。持分法とは、投資会社が被投資会社の資本および損益のうち投資会社に帰属する部分の変動に応じて、その投資の額を連結決算日ごとに修正する方法である（企業会計基準第16号

図表1－7－3　連結株主資本等変動計算書－連結財務諸表規則 様式第六号

（自　平成　年　　月　　日 至 平成　年　　月　　日）

（単位：円）

	株主資本					その他の包括利益累計額							新株予約権	非支配株主持分	純資産合計
	資本金	資本剰余金	利益剰余金	自己株式	株主資本合計	その他有価証券評価差額金	繰延ヘッジ損益	土地再評価差額金	為替換算調整勘定	退職給付に係る調整累計額	その他の包括利益累計額合計				
当期首残高	××××	××××	××××	△××××	××××	××××	××××	××××	××××	××××	××××	××××	××××	××××
当期変動額															
新株の発行	××××	××××			××××									××××
剰余金の配当			△××××		△××××									△××××
親会社株式に帰属する当期純利益			××××		××××									××××
自己株式の処分				××××	××××									××××
・・・・・・・														××××
株主資本以外の項目の当期変動額（純額）						××××	××××	××××	××××	××××	××××	××××	××××	××××
当期変動額合計	××××	××××	××××	××××	××××									
当期末残高	××××	××××	××××	△××××	××××									

「持分法に関する会計基準」、以下、「持分法基準」4項）。関連会社に対しては重要な影響力を及ぼすことができるものの支配は及ばないため、連結の範囲に含められることはなく、これに代えて持分法により関連会社（および非連結子会社）の業績を連結財務諸表に反映する。

（2）関連会社

　関連会社とは、企業（当該企業が子会社を有する場合には、当該子会社を含む）が、出資、人事、資金、技術、取引等の関係を通じて、子会社以外の他の企業の財務および営業または事業の方針の決定に対して重要な影響を与えることができる場合における当該他の企業をいう（「持分法基準」5項、「財務諸表等規則」第8条5項）。

　ここにいう「子会社以外の他の企業の財務および営業または事業の方針の決定に対して重要な影響を与えることができる場合」とは次の場合をいう（「持分法基準」5－2項、「財務諸表等規則」第8条6項）。ただし、財務上または営業上もしくは事業上の関係から見て重要な影響を与えることができないことが明らかであると認められるときはこの限りではない。

(1) 子会社以外の他の企業の議決権の100分の20以上を自己の計算において所有している場合

(2) 子会社以外の他の企業の議決権の100分の15以上、100分の20未満を自己の計算において所有し、かつ、次のいずれかの要件に該当する場合

　① 役員もしくは使用人である者、またはこれらであった者で自己が子会社以外の他の企業の財務および営業または事業の方針の決定に関して影響を与えることができる者が、当該子会社以外の他の企業の代表取締役、取締役またはこれらに準ずる役職に就任していること

　② 子会社以外の他の企業に対して重要な融資（債務の保証および担保の提供を含む）を行っていること

　③ 子会社以外の他の企業に対して重要な技術を提供していること

　④ 子会社以外の他の企業との間に重要な販売、仕入、その他の営業上または事業上の取引があること

　⑤ その他子会社以外の他の企業の財務および営業または事業の方針の決定に対して重要な影響を与えることができることが推測される事実が存在すること

(3) 自己の計算において所有している議決権（当該議決権を所有していない場合も含む）と、自己と出資、人事、資金、技術、取引等において緊密な関係があることにより、自己の意思と同一の内容の議決権を行使すると認められる者および自己の意思と同一の内容の議決権を行使することに同意している者が所有している議決権とを合わせて、子会社以外の他の企業の議決権の100分の20以上を占めているときであって、かつ、上記（2）の①から⑤までのいずれかの要件に該当する場合

8 連結キャッシュ・フロー計算書の作成

　個別の場合（→本章第5節）に比べて、連結キャッシュ・フロー計算書に特有の事項は次のとおりである。

○連結範囲の変動を伴う子会社株式の取得または売却に係るキャッシュ・フローは、「投資活動によるキャッシュ・フロー」の区分に独立の項目として記載する。この場合、新たに連結子会社となった会社の現金及び現金同等物の額は株式の取得による支出額から控除し、連結子会社でなくなった会社の現金及び現金同等物の額は、株式の売却による収入額から控除して記載する（「連結キャッシュ・フロー計算書等の作成基準」第二、二4）。

○連結会社相互間のキャッシュ・フローは相殺消去する（同第二、三）。

○在外子会社における外貨によるキャッシュ・フローは、収益および費用の外貨換算基準に準じて換算する（同第二、四）。

9 連結財務諸表の注記事項

連結財務諸表には以下の事項を注記する（「連結基準」43項）。

（1）連結の範囲等

　連結の範囲に含めた子会社、非連結子会社に関する事項その他連結の方針に関する重要な事項およびこれらに重要な変更があったときは、その旨およびその理由

（2）決算期の異なる子会社

　子会社の決算日が連結決算日と異なるときは、当該決算日および連結のため当該子会社について特に行った決算手続の概要

（3）会計方針等

　①　重要な資産の評価基準および減価償却方法等ならびにこれらについて変更があったときは、企業会計基準第24号「会計上の変更及び誤謬の訂正に関する会計基準」に従った注記事項

② 子会社の採用する会計方針で親会社およびその他の子会社との間で特に異なるものがあるときは、その概要
(4) 企業集団の財政状態、経営成績およびキャッシュ・フローの状況を判断するために重要なその他の事項

10 連結附属明細表

連結附属明細表の種類は、以下のとおりである（「連結財規」第92条）。
○社債明細表
○借入金等明細表
○資産除去債務明細表

このうち、資産除去債務明細表については、期首および期末の資産除去債務額がその会計年度の期首および期末における負債および純資産合計の100分の１以下であるときは、注記を条件として当該明細表の作成を省略することができる（「連結財規」92条の２）。

▌▌▌▌▌▌ 第1章　理解度チェック ▌▌▌▌▌▌

次の設問に、○×で解答しなさい（解答・解説は後段参照）。

1. 会計公準とは、個別会計基準の総称で各国によってその内容は異なっている。

2. 会計主体論とは、企業の立場に立った会計の考え方を指し、今日の制度会計の基礎を形成している。

3. 計算構造論には大きく静態論と動態論の2つの考え方がある。静態論とは企業会計の目的として財産計算を第一義的に考え、そこから形成される理論体系であるのに対して、動態論は企業会計の目的として損益計算を第一義的に考え、そこから形成される理論体系をいう。歴史的には静態論から動態論へと発展している。

4. 国際会計基準審議会では、「財務諸表の作成表示に関する枠組」を公表したが、これは各種の会計基準（IAS）に対して全体的に理論的な整合性を持たせるための根本的な概念を整理したものである。

5. 財務諸表の役割に関して、外部報告会計と内部報告会計との観点からとらえた場合、基本的に前者は会計責任説に立つ会計であり、後者は投資家の意思決定に有用な情報提供のための会計であるといえる。

6. 損益計算書とは、一会計期間に生じた収益と費用とを対応させて、企業の経営成績を明らかにした会計報告書のことをいう。この場合に、損益計算書に記載される収益と費用の範囲は、当期の業績を正しく示すために当期業績主義によっている。

7. 一会計期間の収益と費用は、発生主義の原則を適用して認識され、発生した費用と発生した収益を対応させ、期間利益を計算しなければならない。

8. 割賦販売については、販売基準に基づいて収益を認識する。

9. 期間損益の計算上、収益・費用の大きさは収支額に基づいて測定するが、この場合の収支額とは、過去および現在までの収支額を意味し、将来の収入・支出はこれに含めてはならない。

10. 損益計算書に示す売上高の中に、関係会社に対する売上高が100分の20を超えて含まれている場合には、その金額を注記しなければならない。

11. 損益計算書に記載される１株当たり利益は、当期純利益をすべての発行済株式の期中平均株式数で除して算定する。

12. 貸借対照表とは、企業活動のある一定期間において、企業が保有するすべての資産、負債および資本の有高・変動額を記載して、当該期間における企業の財産状態を表示する計算書である。

13. 流動性配列法は、資産および負債項目について、流動性の低い項目から高い項目へと順次記載していく方法である。

14. 「金融商品会計基準」によれば、株式および債券などの保有する有価証券は、その保有目的と属性により、売買目的有価証券、満期保有目的株式、子会社株式および関連会社株式、その他有価証券、および市場性のない有価証券に分類される。

15. 固定資産の減価償却方法の１つである定率法は、毎期の期首未償却残高に一定の償却率を乗じて減価償却費を計上する方法であるため、毎期の減価償却費は年々低減する。

16. 評価性引当金は、負債ではないため、貸借対照表の資産の部において特定の資産から直接控除するか、あるいは控除形式で記載する。

17. 純資産の部には、株主からの出資額とその運用成果である当期未処分利益が記載され、それ以外の項目はここには記載されない。

18. １株当たり純資産額の計算にあたっては、純資産の部に記載されている新株予約権と非支配株主持分は純資産額から控除する。

19. 株主資本等変動計算書は、貸借対照表の純資産の部の一会計期間における変動額のうち、主として、株主に帰属する部分である株主資本の各項目の変動事由を報告するために作成する財務諸表であるため、株主資本以外の各項目については記載されない。

20. 株主資本等変動計算書において、貸借対照表の純資産の部における株主資本の各項目の当期変動額は変動事由ごとにその金額を表示するが、株主資本以外の各項目の当期変動額は純額で表示する。

21. 損益計算書における当期純利益の計上は、株主資本を増加させる。

22. 営業キャッシュ・フローは、本業でどれだけキャッシュを生み出したかを示す金額であり、大きければ大きいほどよい。

23. 投資キャッシュ・フローは、設備投資を中心に見る指標で、積極的に設備投資を行っている会社はここがマイナスになるので、この数

値はマイナスが大きいほど将来有望な会社といえる。

24. 財務キャッシュ・フローは、銀行からの借り入れや返済、あるいは株主からの資金調達などが示される。この数値は、プラスかマイナスかのどちらがよいのかは一概にはいえない。

25. 外貨建取引が発生した場合には、取引発生時の為替相場による円換算額をもって記録する。この場合の為替相場について、取引の直近の一定期間の直物為替相場に基づいて算出された平均等を適用することは認められない。

26. 在外支店および在外子会社については、ともに現地主義の考え方を採用し、決算日レート法を適用して財務諸表項目の換算を行う。

27. 外貨建有価証券のうち満期保有目的の債券については、償却原価法を適用するところから取得時の為替相場を適用して円に換算する。

28. 親会社が、出資、人事、資金、技術、取引等の関係を通じて、他の企業の財務および営業の方針決定に対して重要な影響を与えることができる場合には、当該他の企業を連結の範囲に含めて資本連結の手続を行う。

29. 連結貸借対照表の作成にあたっては、子会社の資産および負債のうち、親会社の持分に相当する部分についてのみ時価により評価替えする。

30. 連結貸借対照表の作成にあたっては、連結会社相互間の債権と債務は、総額主義の原則に従い、たとえ企業集団内で生じた内部取引であったとしても、相殺消去してはならない。

第1章　理解度チェック　解答・解説

1. ×

　会計公準（accounting postulates）とは、企業会計が成立するための基礎的な仮定、あるいは前提をいう。

2. ×

　会計主体（accounting entity）とは、会計を行う場合、いかなる立場から会計を行うのかという、基本的な立脚点を表した概念である。そうした会計主体論の中で、企業の立場に立って会計を考える考え方は企業主体論と呼ばれる。

3. ○

4. ○

5. ×

　財務諸表の役割に関して、外部報告会計は会社法会計と金融商品取引法会計という2つの領域に分けることができる。基本的に前者は会計責任説に立つ会計であり、後者は投資家のための意思決定に有用な情報提供のための会計であるといえる。

6. ×

　損益計算書に記載される収益と費用の範囲は、包括主義によるものとし、当期純利益の計算過程において経常利益の表示を要求することによって、当期業績主義の立場も達成することが意図されている。

7. ×

　一会計期間の収益と費用は、原則として発生主義の原則を適用して認識されるが、収益については処分可能利益の算定目的から実現主義の原則が適用される。

8. ○

9. ×

期間損益の計算上、収益・費用の大きさは収支額に基づいて測定するが、この場合の収支額とは、過去・現在および将来の収支額を意味する。

10. ○

11. ×

損益計算書に記載される1株当たり利益は、当期純利益を発行済普通株式の期中平均株式数で除して算定する。

12. ×

貸借対照表では、ある一定時点における財政状態が示される。

13. ×

流動性配列法は、資産および負債項目について、流動性の高い項目から低い項目へと順次記載していく方法である。

14. ×

満期保有目的株式ではなく満期保有目的債券である。

15. ○

16. ○

ただし、直接控除した場合には、当該控除金額は注記する。

17. ×

貸借対照表の純資産の部には、株主資本と株主資本以外の項目が示される。これには、評価・換算差額等（連結：その他の包括利益累計額）、新株予約権あるいは非支配株主持分（連結）がある。

18. ○

19. ×

株主資本等変動計算書は、貸借対照表の純資産の部の一会計期間における変動額のうち、主として、株主に帰属する部分である株主資本の各項目の変動事由を報告するために作成する財務諸表であるが、株主資本以外の項目についても貸借対照表の純資産の部の区分に従い記載される。

20. ○

純資産の部の株主資本以外の項目の当期変動額は純額で表示する。ただし、当期変動額について主な変動事由ごとにその金額を表示（注記による開示も含む）することもできる。

21. ○

22. ○

23. ×

投資キャッシュ・フローは、設備投資を中心に見る指標で、資産の取得（投下資金）や資産の売却（回収さされた金額）などがここに含まれることから、積極的に設備投資を行っている会社はここがマイナスになるが、過度な投資は危険である。

24. ○

財務キャッシュ・フローがマイナスの場合には、借入金を積極的に返済している状況が考えられるが、この数値からだけでは全体の経営状況の判断はできない。

25. ×

取引発生時の為替相場のみならず、たとえば、取引の行われた月または週の前月または前週の平均等といった、合理的な基礎に基づいて算定された平均相場を用いることもできる。

26. ×

在外支店については本国主義の考え方を採用しており、テンポラル法によって換算する。

27. ×

決算日の為替相場を適用して円換算する。

28. ×

関連会社に対しては、重要な影響力を及ぼすことができるものの支配には至らないため、連結の範囲には含められず、原則として持分法が適用される。

29. ×

親会社持分相当額のみならず、非支配株主持分相当額についても時価により評価替えを行う全面時価評価法のみが認められている。

30. ×

相殺消去しなければならない。

〈参考文献〉

伊藤邦雄『新・現代会計入門〔第3版〕』日本経済新聞出版社、2018年

岩崎勇『新会計制度の簿記』税務経理協会、2007年

岡村勝義『基礎から学ぶ財務会計』中央経済社、2007年

菊谷正人・石山宏『新会計基準の読み方〔第4版〕』税務経理協会、2008年

木村敏夫・向伊知郎編著『財務会計論』税務経理協会、2007年

小林秀行『詳解 企業会計基準』ダイヤモンド社、2007年

桜井久勝『財務会計講義〔第19版〕』中央経済社、2018年

佐藤信彦『財務諸表論の要点整理〔第13版〕』中央経済社、2018年

嶋和重・鈴木昭一・金子輝雄『基本財務会計論〔改訂版〕』同文舘出版、2011年

武田隆二『最新 財務諸表論〔第11版〕』中央経済社、2008年

田中建二『財務会計入門〔第5版〕』中央経済社、2018年

田中 弘『新財務諸表論〔第5版〕』税務経理協会、2015年

平松一夫『財務諸表論〔第2版〕』東京経済情報出版、2008年

広瀬義州『財務会計〔第13版〕』中央経済社、2015年

森川八洲男『体系 財務諸表論〔第2版〕』中央経済社、2008年

弥永真生『コメンタール 会社計算規則・商法施行規則〔第3版〕』商事法務、2017年

山地範明『会計制度〔五訂版〕』同文舘出版、2011年

ＩＦＲＳ財団編、企業会計基準委員会・公益財団法人財務会計基準機構監訳『ＩＦＲＳ基準2018』中央経済社、2018年

第2章

会社法会計

【この章のねらい】

　「会社法」は、すべての会社（株式会社）が準拠すべき法律である。会社法会計を理解するためには、「会社法」のみならず「会社法施行規則」や「会社計算規則」の理解が不可欠となる。また会社法会計は、従来の商法会計と比較して、金融商品取引法（以下、「金商法」）会計（従来の証券取引法会計）の考え方を積極的に導入している。したがって会社法会計を理解することで、金商法会計の理解も早まることが期待できる。

　会社法会計の信頼性を担保するために、会社法はさまざまな機関の設置を要求している。具体的には、監査役、監査役会、会計監査人、監査委員会、会計参与があるが、それぞれの特徴を理解することも株式会社会計では必要である。

　本章はこのような見地から、会計規定、計算書類の記載方法、計算書類の信頼性を担保する各機関の特徴について学んでいく。

第1節
会計規定

学習のポイント

◆「会社法」の体系と会社法の特徴について、その概要を見る。
◆株式会社会計には、会社法会計、金商法会計、税法会計規定があるが、金商法会計、税法会計の特色・関係について学習する。
◆会社法会計の特色について、金商法会計と比較しながら、その目的、構成内容を理解する。また、特に分配可能額の計算について学習する。

1 会計規定

(1)「会社法」の体系

　現行の「会社法」は2006（平成18）年5月から施行された。それ以前の法に対する改正により、従来の法体系が大きく変わり、「商法」の中から「会社法」が独立することになった。すなわち、改正前は、会社に関する規定が「商法」の第2編の「会社」（株式会社・合名会社・合資会社）や「有限会社法」（有限会社）で取り扱われ、会社に関する規定が各法典に分散していたが、この改正により、会社に関する規定を1つにまとめ「会社法」とされたのである。

(2)「会社法」の特徴

　「会社法」では、資本金規制の撤廃・会社設立手続の簡素化・機関設計の柔軟化・会計参与および合同会社の創設などにより、多様な機関か

らの選択や資本金ゼロ円、取締役1人でも起業が可能となった。

　会計に関して「会社法」は、会社に計算書類・事業報告および附属明細書の作成を義務づけている。それだけでなく、「会社法」は会計処理の前提となる財産の評価原則を定めており、会計処理を行うにあたっては、その規定の意味を理解することが不可欠である。「会社法」の規定はあくまでも「株式会社の会計は、一般に公正妥当と認められる企業会計の慣行に従うものとする」（「会社法」第431条）と原則を規定するにとどまっており、具体的な会計処理は、「会社計算規則」などの省令で定めている。

２ 会社法会計規定と関連諸法令

　わが国では、法律制度のもとに行われる広義の会計制度には、「会社法」が定める会計制度のほかに金融商品取引法（金商法）が定める会計制度と税法が定める会計制度の2つの会計制度がある。

（１）金融商品取引法（金商法）

　金商法が定める会計制度は、株式未公開企業では求められてはいないが、株式公開企業やこれから公開を目指す企業にとっては欠かすことのできない規制である。特に公開準備企業にとっては、今までの税法中心の会計を大きく変えることが必要となり、経理の負担が激増する。なお、従来の「証券取引法」は、「金商法」となった。

　具体的な「金商法」による会計規定には次のものがある。
① 　財務諸表等規則
② 　中間財務諸表等規則
③ 　四半期財務諸表等規則
④ 　連結財務諸表規則
⑤ 　中間連結財務諸表規則
⑥ 　四半期連結財務諸表規則

(2) 税法

　株式未公開企業では、税務会計は経営者や会計担当に最も身近な会計であるといえる。株式未公開企業が行う会計の目的は、1年に1ないし2回行う税務申告が中心であり、通常、会計処理において多くの企業が税法のみを意識しているのが実情である。

　法人税法の関連法規は次のとおりである。

○法人税法、法人税法施行令、法人税法施行規則、法人税基本通達、連結納税基本通達、法人税個別通達

○租税特別措置法、租税特別措置法施行令、租税特別措置法施行規則

③ 会社法会計の特色

(1) 決算書とは

　一般に、貸借対照表や損益計算書などを総称して「決算書」といわれることが多いが、「会社法」や「金商法」において正確に用語を使い分けるならば、「会社法」では「**計算書類**」であり、「金商法」では「**財務諸表**」である。→図表2-1-1

図表2-1-1　計算書類と財務諸表の比較

計算書類（会社法）	財務諸表（金商法）
貸借対照表 損益計算書 株主資本等変動計算書 個別注記表	貸借対照表 損益計算書 株主資本等変動計算書 キャッシュ・フロー計算書 附属明細表
連結貸借対照表 連結損益計算書 連結株主資本等変動計算書 連結注記表	連結貸借対照表 連結損益計算書 連結株主資本等変動計算書 連結キャッシュ・フロー計算書 連結附属明細表

（2） 会社法会計規定の目的

　株式会社の場合には、株主はできるだけ多くの利益の分配を求めるが、他方、会社債権者に対して自己の出資の額を限度とする有限責任しか負わない。そのため、会社財産は会社債権者にとっての唯一の担保となり、会社債権者を保護するために、厳格な計算規定をいくつか設け、会社の決算についての正しい情報を開示することを求めている。

〔会社計算規則の構成内容〕

　「会社計算規則」によれば、会社の計算に関して次の内容を主に規定している。

- ・総則
- ・資産および負債
  - 資産および負債の評価
  - のれん
  - 組織再編に関する事項の規定
- ・純資産
  - 株式会社の株主資本
  - 剰余金の配当
  - 自己株式
  - 評価・換算差額等
  - 新株予約権

また、計算関係書類の監査には次のものがある。

- ・会計監査人設置会社以外の株式会社における監査
- ・会計監査人設置会社における監査

さらに、計算書類の開示について規定している。

- ・計算書類の承認・報告
- ・計算書類の公告

4 剰余金の配当

　従来の「商法」では、配当については中間配当および期末配当の2回のみが認められていた。しかしながら「会社法」では、株主総会の決議により、期中いつでも剰余金の配当をすることができることになった（なお、取締役会の決議のみで配当が可能となる場合もある）。ただし、自己株式については剰余金の配当をすることはできない。

　このように「会社法」では剰余金の配当は期中のいつでも何度でも行うことができることとされているため、分配可能額の規定は、そのベースとなる剰余金の額も含めて、いつの時点においても計算できるように規定されている。また、臨時計算書類の作成や組織再編を行った場合の取り扱い、連結配当規制の適用がある場合の取り扱い等を含めて規定しているため、複雑な規定となってしまっている。

　剰余金の分配可能額の計算の基本的な考え方として、まず、①期末時点の貸借対照表を基礎として分配可能額を計算し、次に②最終事業年度の末日後、効力発生日までに生じた剰余金の変動の一部を調整して求める。連結配当規制がなく、臨時計算書類の作成や組織再編を行わない場合の計算は、次のとおりである。

① 　期末時点の分配可能額の算定

　「その他資本剰余金＋その他利益剰余金」－「自己株式の帳簿価額」－「のれん等調整額（のれん計上額の2分の1と繰延資産の額との合計額）－資本金・資本準備金の額」－「その他有価証券がある場合の差損額」－「土地の評価損がある場合の差損額」－「300万円－〔資本金・準備金の額の合計額＋新株予約権の額＋最終事業年度の末日のB／Sの評価・換算差額等に計上した金額〕」

② 　最終事業年度の末日後、効力発生日までに生じた剰余金の額の変動調整

〔加算項目〕

　・資本金・準備金を減少して剰余金に振り替えた場合のその増加額

〔減算項目〕

　　・剰余金を減少して資本金・準備金を増加された場合のその増加額

　　・剰余金の配当

　　・自己株式を取得した場合の自己株式の帳簿価額相当額

　このように従来よりも剰余金の配当に係る限度額計算は、複雑となっており、計算にあたっては、十分に注意が必要である。

設 例

　貸借対照表が次のとおりである場合、期末日の分配可能額を計算しなさい。

貸借対照表　　　　　　　　　　（単位：百万円）

Ⅰ　流動資産	310	負債合計	250
		純資産の部	
		Ⅰ　株主資本	
Ⅱ　固定資産	210	1 資本金	100
（うち「のれん」）	（ 20）	2 資本剰余金	
		資本準備金	60
		その他資本剰余金	40
		3 利益剰余金	
		利益準備金	30
		その他利益剰余金	70
		4 自己株式	△10
		Ⅱ　評価・換算差額等	
		その他有価証券評価差額金	△20
		純資産合計	270
資産合計	520	負債・純資産合計	520

解 答　　80百万円

解 説

・〔分配可能額＝剰余金－自己株式－のれん等調整額（のれん×1／2）
　－その他有価証券評価差額金（負の場合）〕である。ただし、「のれん

等調整額」が、資本金と準備金の合計額以下である場合は控除しない。

剰余金＝その他資本剰余金＋その他利益剰余金＝40百万円＋70百万円＝110百万円

のれん等調整額＝のれん×1／2＝10百万円＜資本金＋準備金

「のれん等調整額」が資本金と準備金の合計額以下であるため、控除しない

したがって、分配可能額は次のとおりである。

分配可能額＝剰余金－のれん等調整額－自己株式－その他有価証券
評価差額金
＝110百万円－0－10百万円－20百万円
＝80百万円

計算書類等の記載方法

学習のポイント

◆一般に公正妥当と認められる企業会計の慣行について、さまざまなものがあることを知る。また、会社法会計のしん酌規定の位置づけについて学習する。

◆「会社計算規則」における、資産および負債の評価、表示の原則、各計算書類（個別計算書類、臨時計算書類、連結計算書類）について学習する。

1 会社法会計の根拠法規

（1）一般に公正妥当と認められる企業会計の慣行への準拠

「会社法」は、「株式会社の会計は、一般に公正妥当と認められる企業会計の慣行に従うものとする」（第431条）と規定している。また、「会社計算規則」は、「この省令の用語の解釈及び規定の適用に関しては、一般に公正妥当と認められる企業会計の基準その他の企業会計の慣行をしん酌しなければならない」（第3条）と規定している。

「会社法」では、「一般に認められる企業会計の慣行」への準拠を包括的に求め、その会計規定の多くを委ねられた「会社計算規則」においてもその規定の解釈や適用にあたって、「一般に認められる企業会計の基準その他の企業会計の慣行をしん酌」すべきことが要請されている。「会社計算規則」の規定を形式的・機械的に適用するのではなく、「企業会計の基準その他の企業会計の慣行」をしん酌して適用すべきことが定め

られている。

　「企業会計の基準その他の企業会計の慣行」とは、たとえば、企業会計審議会から公表された「企業会計原則」や会計基準、会計基準委員会から公表される企業会計基準等の企業会計の慣行、日本公認会計士協会から公表される実務指針等が挙げられるが、中小企業を対象とした「中小企業の会計に関する指針」（日本税理士会連合会・日本公認会計士協会・日本商工会議所・企業会計基準委員会）も含まれていると解釈される。

2 資産および負債の評価

　「会社計算規則」は、会社が作成すべき会計帳簿（書面または電磁的記録）に付すべき資産、負債および純資産の価額その他会計帳簿の作成に関する事項を定めている（第4条）。以下、同規則の通則としての資産・負債の評価に関する規定（同規則第5・6条）を示す。

（1）資産の評価

① 資産については、原則として会計帳簿にその取得価額を付さなければならない。

② 償却すべき資産については、事業年度の末日において、相当の償却をしなければならない。

③ 次の資産については、事業年度の末日においてそれぞれに定める価格を付さなければならない。

　a．事業年度の末日における時価が、そのときの取得原価より著しく低い資産で、取得原価まで回復すると認められない場合には、時価とする。

　b．事業年度の末日において予測することができない減損が生じた資産または減損損失を認識すべき資産については、取得原価から相当の減額をした額とする。

　　c．取立不能のおそれのある債権については、取立不能見込額を控
　　　除した額とする。
　　d．債権について、その取得価額が債権金額と異なる場合やその他
　　　相当の理由がある場合には、適正な価格を付すことができる。
④　次に掲げる資産については、事業年度の末日においてそのときの
　　時価または適正な価格を付すことができる。
　　a．事業年度の末日における時価がそのときの取得原価より低い
　　　資産
　　b．市場価格のある資産（子会社および関連会社の株式ならびに満
　　　期保有目的の債券を除く）
　　c．aおよびbの資産のほか、事業年度の末日においてそのときの
　　　時価または適正な価格を付すことが適当な資産

（2）負債の評価

①　負債については、原則として、会計帳簿に債務額を付さなければ
　　ならない。
②　次に掲げる負債については、事業年度の末日においてそのときの
　　時価または適正な価格を付すことができる。
　　a．次に掲げるもののほか、将来の費用または損失（収益の控除を
　　　含む）の発生に備えて、その合理的な見積額のうち当該事業年度
　　　の負担に属する金額を費用または損失として繰り入れることによ
　　　り計上すべき引当金
　　　ア　退職給付引当金
　　　イ　返品調整引当金
　　b．払い込みを受けた金額が債務額と異なる社債
　　c．aおよびbの負債のほか、事業年度の末日においてそのときの
　　　時価または適正な価格を付すことが適当な負債

（3）のれん

　吸収型再編、新設型再編または事業の譲受けをする場合において、適正な額ののれんを資産または負債として計上することができる（同規則第11条）。

3 表示の原則

　計算関係書類に係る事項の金額は、1円単位、千円単位または百万円単位をもって表示する。また、計算関係書類は、日本語をもって表示するものとする。ただし、その他の言語をもって表示することが不当でない場合は、この限りでない（「会社計算規則」第57条1・2項）。

4 株式会社の計算書類

（1）個別計算書類

　株式会社は、その成立の日における貸借対照表を作成しなければならない（「会社法」第435条1項）。当該貸借対照表は、株式会社の成立の日における会計帳簿に基づき作成しなければならない（「会社計算規則」第58条）。

　また、各事業年度における計算書類（貸借対照表、損益計算書、株主資本等変動計算書および個別注記表）、事業報告ならびにこれらの附属明細書を、各事業年度に係る会計帳簿に基づき作成しなければならない（同法第435条2項、同規則第59条1・3項）。

（2）臨時計算書類

　株式会社は、最終事業年度の直後の事業年度に属する一定の日（臨時決算日）における貸借対照表および損益計算書を作成することができる（同法第441条1項）。これら臨時計算書類の作成に係る期間は、当該事業年度の前事業年度の末日の翌日から臨時決算日までの期間とし（同規

則第60条1項)、臨時会計年度に係る会計帳簿に基づき作成しなければならない(同条2項)。

(3) 連結計算書類

会計監査人設置会社は、各事業年度に係る連結計算書類を作成することができる(同法第444条1項)。また、大会社であって「金商法」の規定により有価証券報告書を内閣総理大臣に提出しなければならない会社は、連結計算書類を作成しなければならない(同条3項)。ここにいう連結計算書類とは、連結貸借対照表、連結損益計算書、連結株主資本等変動計算書および連結注記表である(同規則第61条)。

第**3**節

監査役監査

学習のポイント

◆監査役監査の意義について学習する。
◆監査役の権限について学習する。
◆監査役の監査報告書について、具体的なひな型を見る。

1 監査役監査

（1）監査役監査とは

　監査役は、取締役の職務執行を監査するために株式会社の必要な機関である。従来、資本金１億円以下かつ負債200億円未満の小会社の監査役の権限は、会計監査権限だけで、業務監査権限はなかったが、「会社法」施行後は、すべての監査役は、業務監査権限を有することとなり、会計監査権限だけでなく業務監査権限も有することになった。

　これは、**大会社**（資本金５億円以上または負債200億円以上の株式会社）以外でもガバナンス強化をねらったものであるといわれている。ただ、大会社でなく、かつ公開会社でない株式会社（以下、**株式譲渡制限会社**）では、業務監査を監査役にさせるよりも、株主が直接取締役を監視・監督したほうが会社のガバナンスが向上することもある。特に、取締役会設置会社では、取締役会を置くと株主総会における株主の権限が制限されてしまうので、直接株主が取締役を監視・監督するほうがよい場合もある。そこで、「会社法」では、株式譲渡制限会社（監査役会設置会社および会計監査人設置会社を除く）は、監査役の監査の範囲を会

計に関するものに限定する旨を定款で定めることができることとしている（同法第389条）。ただし、この場合にも大会社は会計監査人の設置義務があるので、この旨の規定を定款に定めることができる会社は、大会社でない株式譲渡制限会社のみとなる。

（2） 監査役の選任

監査役は、株主総会の決議によって選任する。役員の選任決議をする場合には、法務省令で定めるところにより、役員が欠けた場合、または「会社法」もしくは定款で定めた役員の員数を欠くこととなるときに備えて、補欠の役員を選任することができる。ここでいう役員とは、取締役、会計参与および監査役をいう。法令または定款で定める監査役の数が辞任等によって欠けることとなった場合に備えて、あらかじめ総会で補欠監査役を予選しておき、監査役の数が欠けた場合に補欠監査役が就任できるようにしておけば、欠員にスムーズに対応できることになる（同法第329条）。

（3） 監査役の資格等

次に掲げる者は、監査役となることができない（同法第335条）。

① 法人

② 成年被後見人もしくは被保佐人または外国の法令上これらと同様に取り扱われている者

③ 「会社法」等の法令の規定に違反して刑に処せられ、その執行を終わり、またはその執行を受けることがなくなった日から2年を経過しない者

④ 上記③の法令以外の法令に違反し、禁錮以上の刑に処せられ、その執行を終わるまでまたはその執行を受けることがなくなるまでの者

また、原則として、定款でその資格を株主に限定することができないが、株式譲渡制限会社についてのみ株主に限定することができる。

　また、監査役は、株式会社もしくはその子会社の取締役もしくは支配人その他の使用人、または当該子会社の会計参与（会計参与が法人であるときは、その職務を行うべき社員）もしくは執行役を兼ねることができない。

　なお、監査役会設置会社においては、監査役は3人以上で、そのうち半数以上は、社外監査役でなければならない。

（4）監査役の任期

　監査役の任期は、選任後4年以内に終了する事業年度のうち最終のものに関する定時株主総会の終結のときまでとする。ただし、株式譲渡制限会社において、定款によって、任期を選任後10年以内に終了する事業年度のうち最終のものに関する定時株主総会の終結のときまで（最長10年まで）伸長することができる。これは、役員の改選が少ない株式譲渡制限会社においては、定款で任期を伸長することが現実的であると考えられためである（同法第336条）。

（5）監査役の解任

　監査役は、いつでも、株主総会の決議によって解任することができる。決議要件は、特別決議である。解任された監査役は、その解任について正当な理由がある場合を除き、株式会社に対し、解任によって生じた損害の賠償を請求することができる（同法第339条）。

2 監査役の権限と義務

（1）権限

　監査役は、取締役（会計参与設置会社にあっては、取締役および会計参与）の職務の執行を監査する。この場合において、監査役は、法務省令で定めるところにより、監査報告を作成しなければならない。

　また、いつでも、取締役および会計参与ならびに支配人その他の使用

人に対して事業の報告を求め、または監査役設置会社の業務および財産
の状況の調査をすることができ、その職務を行うために必要があるとき
は、監査役設置会社の子会社に対して事業の報告を求め、またはその子
会社の業務および財産の状況の調査をすることができる。この場合に子
会社は、正当な理由があるときは、報告または調査を拒むことができる
（「会社法」第381条）。

（2） 取締役への報告義務

　監査役は、取締役が不正の行為をし、もしくは当該行為をするおそれ
がある場合、または法令もしくは定款に違反する事実や著しく不当な事
実があると認めるときは、遅滞なく、その旨を取締役（取締役会設置会
社にあっては、取締役会）に報告しなければならない（同法第382条）。

（3） 取締役会への出席義務等

　監査役は、取締役会に出席し、必要があると認めるときは、意見を述
べなければならない。ただし、監査役が2人以上ある場合において、「会
社法」第373条1項の規定による特別取締役による議決の定めがあると
きは、監査役の互選によって、監査役の中から特に同条2項の取締役会
に出席する監査役を定めることができる。

　また、監査役は、必要があると認めるときは、取締役に対し、取締役
会の招集を請求することができる。その場合、請求があった日から5日
以内に、その請求があった日から2週間以内の日を取締役会の日とする
取締役会の招集の通知が発せられない場合は、監査役が取締役会を招集
することができる（同法第383条）。

（4） 株主総会に対する報告義務

　監査役は、取締役が株主総会に提出しようとする議案、書類その他法
務省令で定めるものを調査しなければならない。この場合において、法
令もしくは定款に違反し、または著しく不当な事項があると認めるとき

は、その調査の結果を株主総会に報告しなければならない（同法第384条）。

（5） 監査役による取締役の行為の差止め

監査役は、取締役が監査役設置会社の目的の範囲外の行為その他法令もしくは定款に違反する行為をし、またはこれらの行為をするおそれがある場合において、その行為によって当該監査役設置会社に著しい損害が生ずるおそれがあるときは、当該取締役に対し、その行為をやめることを請求することができる（同法第385条）。

（6） 監査役設置会社と取締役との間の訴えにおける会社の代表

監査役設置会社が取締役（取締役であった者を含む。以下この項において同じ）に対し、または取締役が監査役設置会社に対して訴えを提起する場合には、当該訴えについては、監査役が監査役設置会社を代表する（同法第386条1項）。

（7） 監査役の報酬等

監査役の報酬等は、定款にその額を定めていないときは、株主総会の決議によって定める。また、監査役が2人以上ある場合において、各監査役の報酬等について定款の定めまたは株主総会の決議がないときは、その範囲内において、監査役の協議によって定める。なお、監査役は、株主総会において、監査役の報酬等について意見を述べることができる（同法第387条）。

（8） 定款の定めによる監査範囲の限定

株式譲渡制限会社（監査役会設置会社および会計監査人設置会社を除く）は、その監査役の監査の範囲を会計に関するものに限定する旨を定款で定めることができる（同法第389条）。

〔監査役の監査報告〕

　機関設計が「取締役会＋監査役」の会社の場合で会計監査人非設置会社の監査報告書を例示すれば、図表２－３－１のとおりである。なお、会計監査人設置会社の監査報告書については、監査役会監査（→本章第４節）を参照のこと。

図表２－３－１　監査報告書

監　査　報　告　書

　私たち監査役は、平成○年○月○日から平成○年○月○日までの第○○期事業年度の取締役の職務の執行を監査いたしました。その方法及び結果につき以下のとおり報告いたします。

１．監査の方法及びその内容

　各監査役は、取締役及び使用人等と意思疎通を図り、情報の収集及び監査の環境の整備に努めるとともに、取締役会その他重要な会議に出席し、取締役及び使用人等からその職務の執行状況について報告を受け、必要に応じて説明を求め、重要な決裁書類等を閲覧し、本社及び主要な事業所において業務及び財産の状況を調査いたしました。子会社については、子会社の取締役及び監査役等と意思疎通及び情報の交換を図り、必要に応じて子会社から事業の報告を受けました。以上の方法に基づき、当該事業年度に係る事業報告及びその附属明細書について検討いたしました。

　さらに、会計帳簿及びこれに関する資料の調査を行い、当該事業年度に係る計算書類（貸借対照表、損益計算書、株主資本等変動計算書及び個別注記表）及びその附属明細書について検討いたしました。

２．監査の結果

　(1) 事業報告等の監査結果

　　① 事業報告及びその附属明細書は、法令及び定款に従い、会社の状況を正しく示しているものと認めます。

　　② 取締役の職務の執行に関する不正の行為又は法令若しくは定款に違反する重大な事実は認められません。

　(2) 計算書類及びその附属明細書の監査結果

　　計算書類及びその附属明細書は、会社の財産及び損益の状況をすべての

重要な点において適正に表示しているものと認めます。

平成○年○月○日

　　　　　　　　　　　　　　　　　○○○○株式会社
　　　　　　　　　　　　　　　　　常勤監査役 ○ ○ ○ ○ 印
　　　　　　　　　　　　　　　　　監査役　　　○ ○ ○ ○ 印

出所：「監査報告のひな型について」公益社団法人日本監査役協会、2015年9月、
　　　17－18頁

第4節
監査役会監査

学習のポイント

◆監査役会監査の意義について学習する。
◆監査役会の権限について学習する。
◆監査役会の監査報告書について、具体的なひな型を見る。

1 監査役会の意義

監査役会は、「会社法」上の監査役3人以上で構成し、そのうち半数以上は社外監査役でなければならない（「会社法」第335条3項）。

社外監査役の資格要件は、株式会社の監査役であって、過去10年間にその株式会社またはその子会社の取締役、会計参与（会計参与が法人であるときは、その職務を行うべき社員）もしくは執行役または支配人その他の使用人となったことがないものをいう（同法第2条16号）。また、監査役会設置会社であるときは、その旨および監査役のうち社外監査役であるものについて社外監査役である旨を登記する必要がある。

2 監査役会の権限と義務

監査役会は、すべての監査役で組織し、次に掲げる職務を行う（ただし、③の決定は、監査役の権限の行使を妨げることはできない）（「会社法」第390条）。

① 監査報告の作成

② 常勤の監査役の選定および解職
③ 監査の方針、監査役会設置会社の業務および財産の状況の調査方法、その他の監査役の職務の執行に関する事項の決定

　また、監査役会は、監査役の中から常勤の監査役を選定しなければならず、各監査役は、監査役会の求めがあるときは、いつでもその職務の執行の状況を監査役会に報告しなければならない。

3 監査役会の運営

（1）招集手続

　監査役会は、各監査役が招集する（「会社法」第391条）。監査役会を招集するには、監査役は、監査役会の日の1週間（これを下回る期間を定款で定めた場合にあっては、その期間）前までに、各監査役に対してその通知を発しなければならない。ただし、監査役会は、監査役の全員の同意があるときは、招集の手続を経ることなく開催することができることになっている（同法第392条）。

（2）監査役会の決議

　監査役会の決議は、監査役の過半数をもって行う。監査役会の議事については、議事録を作成し、議事録が書面をもって作成されているときは、出席した監査役は、これに署名し、または記名押印しなければならない。なお、監査役会の決議に参加した監査役であって議事録に異議をとどめないものは、その決議に賛成したものと推定される（同法第393条）。

（3）監査役会への報告の省略

　取締役、会計参与、監査役または会計監査人が監査役の全員に対して監査役会に報告すべき事項を通知したときは、当該事項を監査役会へ報告することを要しない（同法第395条）。

4 監査役会の監査報告書

機関設計が「取締役会＋監査役会＋会計監査人」の会社の場合の監査役会監査報告書を例示すれば、図表２－４－１のとおりである。

図表２－４－１　監査役会監査報告書

監　査　報　告　書

　当監査役会は、平成○年○月○日から平成○年○月○日までの第○○期事業年度の取締役の職務の執行に関して、各監査役が作成した監査報告書に基づき、審議の上、本監査報告書を作成し、以下のとおり報告いたします。

１．監査役及び監査役会の監査の方法及びその内容
　(1)　監査役会は、監査の方針、職務の分担等を定め、各監査役から監査の実施状況及び結果について報告を受けるほか、取締役等及び会計監査人からその職務の執行状況について報告を受け、必要に応じて説明を求めました。
　(2)　各監査役は、監査役会が定めた監査役監査の基準に準拠し、監査の方針、職務の分担等に従い、取締役、内部監査部門その他の使用人等と意思疎通を図り、情報の収集及び監査の環境の整備に努めるとともに、以下の方法で監査を実施しました。
　　①取締役会その他重要な会議に出席し、取締役及び使用人等からその職務の執行状況について報告を受け、必要に応じて説明を求め、重要な決裁書類等を閲覧し、本社及び主要な事業所において業務及び財産の状況を調査いたしました。また、子会社については、子会社の取締役及び監査役等と意思疎通及び情報の交換を図り、必要に応じて子会社から事業の報告を受けました。
　　②事業報告に記載されている取締役の職務の執行が法令及び定款に適合することを確保するための体制その他株式会社及びその子会社から成る企業集団の業務の適正を確保するために必要なものとして会社法施行規第100条第１項及び第３項に定める体制の整備に関する取締役会決議の内容及び当該決議に基づき整備されている体制（内部統制システム）について、取締役及び使用人等からその構築及び運用の状況について定期的に報告を受け、必要に応じて説明を求め、意見を表明いたしました。
　　③事業報告に記載されている会社法施行規則第118条第３号イの基本方針

及び同号ロの各取組み並びに会社法施行規則第118条第5号イの留意した事項及び同号ロの判断及び理由については、取締役会その他における審議の状況等を踏まえ、その内容について検討を加えました。

④会計監査人が独立の立場を保持し、かつ、適正な監査を実施しているかを監視及び検証するとともに、会計監査人からその職務の執行状況について報告を受け、必要に応じて説明を求めました。また、会計監査人から「職務の遂行が適正に行われることを確保するための体制」（会社計算規則第131条各号に掲げる事項）を「監査に関する品質管理基準」（平成17年10月28日企業会計審議会）等に従って整備している旨の通知を受け、必要に応じて説明を求めました。

　以上の方法に基づき、当該事業年度に係る事業報告及びその附属明細書、計算書類（貸借対照表、損益計算書、株主資本等変動計算書及び個別注記表）及びその附属明細書並びに連結計算書類（連結貸借対照表、連結損益計算書、連結株主資本等変動計算書及び連結注記表）について検討いたしました。

２．監査の結果
（1）事業報告等の監査結果
　①　事業報告及びその附属明細書は、法定及び定款に従い、会社の状況を正しく示しているものと認めます。
　②　取締役の職務の執行に関する不正の行為又は法令若しくは定款に違反する重大な事実は認められません。
　③　内部統制システムに関する取締役会決議の内容は相当であると認めます。また、当該内部統制システムに関する事業報告の記載内容及び取締役の職務の執行についても、指摘すべき事項は認められません。
　④　事業報告に記載されている会社の財務及び事業の方針の決定を支配する者の在り方に関する基本方針については、指摘すべき事項は認められません。事業報告に記載されている会社法施行規則第118条第3号ロの各取組みは、当該基本方針に沿ったものであり、当社の株主共同の利益を損なうものではなく、かつ、当社の会社役員の地位の維持を目的とするものではないと認めます。
　⑤　事業報告に記載されている親会社等との取引について、当該取引をするに当たり当社の利益を害さないように留意した事項及び当該取引が当社の利益を害さないかどうかについての取締役会の判断及びその理由について、指摘すべき事項は認められません。
（2）計算書類及びその附属明細書の監査結果

会計監査人○○○○の監査の方法及び結果は相当であると認めます。
(3) 連結計算書類の監査結果
会計監査人○○○○の監査の方法及び結果は相当であると認めます。

　　　平成○年○月○日

　　　　　　　　　　　○○○○株式会社　監査役会
　　　　　　　　　　　　常勤監査役　　　　　　　○○○○印
　　　　　　　　　　　　常勤監査役（社外監査役）○○○○印
　　　　　　　　　　　　社外監査役　　　　　　　○○○○印
　　　　　　　　　　　　監査役　　　　　　　　　○○○○印

出所：「監査報告のひな型について」公益社団法人日本監査役協会、2015年9月、5
　　　－7頁

会計監査人監査

学習のポイント

◆会計監査人監査の意義、会計監査人の資格、選任・任期、報酬、権限・義務、解任および責任について学習する。
◆会計監査人の監査報告書について学習する。

1 会計監査人監査の意義

わが国における会計監査人制度は1974（昭和49）年商法改正における商法特例法（株式会社の監査等に関する商法の特例に関する法律）によって導入された。商法特例法の趣旨は、会社の規模別の規制を導入することであった。監査についても大会社およびみなし大会社に対して特別の規制を導入すべく、従来の監査役による会計監査に加え、職業的専門家たる**会計監査人**による監査を義務づけた。

現行の「会社法」では、大会社（公開会社でないものおよび監査等委員会設置会社および指名等委員会設置会社を除く）は、監査役会および会計監査人を置き（第328条１項）、公開会社でない大会社は、会計監査人を置かなければならない（同条２項）と規定している。大会社には、公開・非公開を問わず会計監査人の設置が義務づけられている。

大会社以外の会社についても、監査等委員会設置会社または指名委員会等設置会社を選択している場合には、会計監査人を設置しなければならないと定めている（同法第327条５項）。

② 会計監査人の資格

　会計監査人は、公認会計士または監査法人でなければならない。また、会計監査人に選任された監査法人は、その社員の中から会計監査人の職務を行うべき者を選定し、これを株式会社に通知しなければならない。この場合においては、次に掲げる者を選定することはできない（「会社法」第337条 1 ～ 3 項）。

① 　公認会計士法の規定により、計算書類について監査をすることができない者

② 　株式会社の子会社もしくはその取締役、会計参与、監査役もしくは執行役から公認会計士もしくは監査法人の業務以外の業務により継続的な報酬を受けている者またはその配偶者

③ 　監査法人でその社員の半数以上が②に掲げる者であるもの

③ 会計監査人の選任および任期

　会計監査人は、株主総会の決議によって選任される。会計監査人の任期は、選任後 1 年以内に終了する事業年度のうち最終のものに関する定時株主総会の終結のときまでとする（「会社法」第338条 1 項）。定時株主総会において別段の決議がされなかったときは、当該定時株主総会において再任されたものとみなす（同条 2 項）。

　以上にかかわらず、会計監査人設置会社が会計監査人を置く旨の定款の定めを廃止する定款の変更をした場合には、会計監査人の任期は、当該定款の変更の効力が生じたときに満了する（同条 3 項）。

④ 会計監査人の報酬

　取締役が、会計監査人の報酬等を定める場合には、監査役、監査役会、監査等委員会または監査委員会の同意を得なければならない（「会社法」

第399条）。これは、業務執行機関からの会計監査人の独立性を強化するためである。

5 会計監査人の権限と義務

会計監査人は、株式会社の計算書類およびその附属明細書、臨時計算書類ならびに連結計算書類を監査し、会計監査報告を作成しなければならない（「会社法」第396条1項）。

会計監査人は、書面または電磁的記録による会計帳簿および資料の閲覧・謄写権、取締役・会計参与・支配人その他の使用人に対する会計に関する報告請求権（同条2項）、子会社に対する報告請求権および業務・財産状況の調査権（同条3項）があり、また、監査意見が会計監査人と監査役とで異なる場合には、定時株主総会に出席して意見を述べることができる（同法第398条1項）。

他方、会計監査人は、取締役（または執行役）の職務執行に関し不正行為または法令・定款に違反する重大な事実を発見した場合には、遅滞なく、監査役、監査役会、監査等委員会または監査委員会に報告する義務がある（同法第397条）。また、定時株主総会において会計監査人の出席を求める決議があった場合には、定時株主総会に出席して意見を述べる義務がある（同法第398条2項）。

6 会計監査人の解任

会計監査人は、いつでも、株主総会の決議によって解任することができる（「会社法」第339条1項）。また、監査役、監査役会、監査等委員会または監査委員会は、会計監査人が次のいずれかに該当するときは、その会計監査人を解任することができる（同法第340条1項）。

① 職務上の義務に違反し、または職務を怠ったとき
② 会計監査人としてふさわしくない非行があったとき

③ 心身の故障のため、職務の執行に支障があり、またはこれに堪えないとき

この場合の解任には、監査役、監査等委員または監査委員の全員の同意によって行わなければならない（同条2項）。また、会計監査人を解任したときは、その旨および解任の理由を解任後最初に招集される株主総会に報告しなければならないことになっている（同条3項）。

なお、会計監査人は、その解任について正当な理由がある場合を除き、株式会社に対し、解任によって生じた損害の賠償を請求することができる（同法第339条2項）。

7 会計監査人の監査報告書

会計監査人は、**計算関係書類**を受領したときは、次に掲げる事項を内容とする**会計監査報告**を作成しなければならない（「会社計算規則」第126条）。→図表2－5－1、2－5－2

1. 会計監査人の監査の方法及びその内容
2. 計算関係書類が当該株式会社の財産および損益の状況をすべての重要な点において適正に表示しているかどうかについての意見があるときは、その意見（次のアからウ）

ア **無限定適正意見**

一般に公正妥当と認められる企業会計の慣行に準拠して、財産および損益の状況をすべての重要な点において適正に表示していると認められる旨

イ 除外事項を付した**限定付適正意見**

除外事項を除き一般に公正妥当と認められる企業会計の慣行に準拠して、財産および損益の状況をすべての重要な点において適正に表示していると認められる旨ならびに除外事項

ウ **不適正意見**

不適正である旨およびその理由

3．意見がないときは、その旨および理由

4．追記事項

　　次に掲げる事項その他の事項のうち、会計監査人の判断に関して説明を要する事項または計算関係書類の内容のうち強調する必要がある事項

　・継続企業の前提に関する注記に係る事項

　・会計方針の変更

　・重要な偶発事象

　・重要な後発事象

5．会計監査報告を作成した日

図表２－５－１　監査報告書（計算書類）

独立監査人の監査報告書

平成×年×月×日

○○株式会社
　取締役会　御中

　　　　　　　　　　　　○ ○ 監査法人
　　　　　　　　　　　　　指定社員
　　　　　　　　　　　　　業務執行社員　公認会計士○○○○ 印
　　　　　　　　　　　　　指定社員
　　　　　　　　　　　　　業務執行社員　公認会計士○○○○ 印

　当監査法人は、会社法第436条第2項第1号の規定に基づき、○○株式会社の平成×年×月×日から平成×年×月×日までの第×期事業年度の計算書類、すなわち、貸借対照表、損益計算書、株主資本等変動計算書及び個別注記表並びにその附属明細書について監査を行った。

計算書類等に対する経営者の責任

　経営者の責任は、我が国において一般に公正妥当と認められる企業会計の基準に準拠して計算書類及びその附属明細書を作成し適正に表示することにある。これには、不正又は誤謬による重要な虚偽表示のない計算書類及びその附属明

細書を作成し適正に表示するために経営者が必要と判断した内部統制を整備及び運用することが含まれる。

監査人の責任

当監査法人の責任は、当監査法人が実施した監査に基づいて、独立の立場から計算書類及びその附属明細書に対する意見を表明することにある。当監査法人は、我が国において一般に公正妥当と認められる監査の基準に準拠して監査を行った。監査の基準は、当監査法人に計算書類及びその附属明細書に重要な虚偽表示がないかどうかについて合理的な保証を得るために、監査計画を策定し、これに基づき監査を実施することを求めている。

監査においては、計算書類及びその附属明細書の金額及び開示について監査証拠を入手するための手続が実施される。監査手続は、当監査法人の判断により、不正又は誤謬による計算書類及びその附属明細書の重要な虚偽表示のリスクの評価に基づいて選択及び適用される。監査の目的は、内部統制の有効性について意見表明するためのものではないが、当監査法人は、リスク評価の実施に際して、状況に応じた適切な監査手続を立案するために、計算書類及びその附属明細書の作成と適正な表示に関連する内部統制を検討する。また、監査には、経営者が採用した会計方針及びその適用方法並びに経営者によって行われた見積りの評価も含め全体としての計算書類及びその附属明細書の表示を検討することが含まれる。

当監査法人は、意見表明の基礎となる十分かつ適切な監査証拠を入手したと判断している。

監査意見

当監査法人は、上記の計算書類及びその附属明細書が、我が国において一般に公正妥当と認められる企業会計の基準に準拠して、当該計算書類及びその附属明細書に係る期間の資産及び損益の状況をすべての重要な点において適正に表示しているものと認める。

利害関係

会社と当監査法人又は業務執行社員との間には、公認会計士法の規定により記載すべき利害関係はない。

以　上

図表２－５－２　監査報告書（連結計算書類）

<u>独立監査人の監査報告書</u>

平成×年×月×日

○○株式会社
　取締役会　御中

○○監査法人
指定社員
業務執行社員　　公認会計士○○○○　印
指定社員
業務執行社員　　公認会計士○○○○　印

　当監査法人は、会社法第444条第４項の規定に基づき、○○株式会社の平成×年×月×日から平成×年×月×日までの連結会計年度の連結計算書類、すなわち、連結貸借対照表、連結損益計算書、連結株主資本等変動計算書及び連結注記表について監査を行った。

連結計算書類に対する経営者の責任
　経営者の責任は、我が国において一般に公正妥当と認められる企業会計の基準に準拠して連結計算書類を作成し適正に表示することにある。これには、不正又は誤謬による重要な虚偽表示のない連結計算書類を作成し適正に表示するために経営者が必要と判断した内部統制を整備及び運用することが含まれる。

監査人の責任
　当該監査法人の責任は、当監査法人が実施した監査に基づいて、独立の立場から連結計算書類に対する意見を表明することにある。当監査法人は、我が国において一般に公正妥当と認められる監査の基準に準拠して監査を行った。監査の基準は、当監査法人に連結計算書類に重要な虚偽表示がないかどうかについて合理的な保証を得るために、監査計画を策定し、これに基づき監査を実施することを求めている。
　監査においては、連結計算書類の金額及び開示について監査証拠を入手するための手続が実施される。監査手続は、当監査法人の判断により、不正又は誤謬による連結計算書類の重要な虚偽表示のリスクの評価に基づいて選択及び適用される。監査の目的は、内部統制の有効性について意見表明するためのものではないが、当監査法人は、リスク評価の実施に際して、状況に応じた適切な

監査手続を立案するために、連結計算書類の作成と適正な表示に関連する内部統制を検討する。また、監査には、経営者が採用した会計方針及びその適用方法並びに経営者によって行われた見積りの評価も含め全体としての連結計算書類の表示を検討することが含まれる。

　当監査法人は、意見表明の基礎となる十分かつ適切な監査証拠を入手したと判断している。

監査意見

　当監査法人は、上記の連結計算書類が、我が国において一般に公正妥当と認められる企業会計の基準に準拠して、○○株式会社及び連結子会社からなる企業集団の当該連結計算書類に係る期間の財産及び損益の状況をすべての重要な点において適正に表示しているものと認める。

利害関係

　会社と当監査法人又は業務執行社員との間には、公認会計士法の規定により記載すべき利害関係はない。

以　上

出所：日本公認会計士協会、監査・保証実務委員会実務指針第85号「監査報告書の
　　　文例」文例7・8（最終改正平成28年2月26日）

8 会計監査人の責任

（1）損害賠償責任

　会計監査人は、株式会社に対して、取締役と同様に任務懈怠による損害賠償責任を負う（「会社法」第423条1項）。また、会計監査人は、その職務を行うにあたり悪意または重要な過失があったときは、第三者に対する損害賠償責任を負う（同法第429条1項）。さらに、会計監査報告に記載または記録すべき重要な事項に虚偽の記載または記録をした場合には、当該行為について注意を怠らなかったことを証明したときを除き、第三者に対する損害賠償責任を負う（同条2項）。

（2） 責任の免除・限度

① 損害賠償責任の免除および一部免除

　会計監査人の株式会社に対する損害賠償責任は、総株主の同意がなければ免除することができない（同法第424条）。ただし、会計監査人の職務遂行に善意でかつ重大な過失がないときは、株主総会の決議によって「最低責任限度額」（同法第427条1項）を限度としてその責任の一部を免除することができる（同法第425条1項）。

② 免除に関する定款の定め

　監査役設置会社（取締役が2人以上の場合に限る）、監査等委員会設置会社または指名委員会等設置会社は、会計監査人の株式会社に対する損害賠償責任について、その職務遂行に善意でかつ重大な過失がないときは、責任の原因事実の内容、職務執行状況その他の事情を勘案して特に必要と認めるときは、取締役（当該責任を負う取締役を除く）の過半数の同意（取締役会設置会社にあっては、取締役会の決議）によって、その責任を「最低責任限度額」を限度として免除することができる旨を定款に定めることができる（同法第426条1項）。ただし、総株主の議決権の100分の3以上の議決権を有する株主が異議を申し立てた場合には、こうした定款の定めに基づく免除は認められない（同条7項）。

③ 責任限定契約

　株式会社は、会計監査人の任務懈怠による損害賠償責任を、定款で定めた範囲内で株式会社があらかじめ定めた額と最低責任限度額のいずれか高い額を限度とする旨を定款で定めることができる（同法第427条1項）。

機関設計

1 指名委員会等設置会社の意義

（1）指名委員会等設置会社の概要

　指名委員会等設置会社とは、監査役制度に代わり、社外取締役を中心とした指名委員会、監査委員会、報酬委員会の３つの委員会を設置するとともに、業務執行を担当する役員として執行役が置かれ、経営の監督機能と業務執行機能とを分離した会社である。

　指名委員会等設置会社においては、取締役会の決議によって選任された執行役が業務執行を行う。取締役会の権限は、基本的な経営事項の決定と執行役およびその職務執行の監督となる。なお執行役は取締役を兼ねることができる。

　各委員会はそれぞれ取締役３名以上で組織され、その過半数は社外取締役で構成される。各委員会は次のとおりである（「会社法」第400条）。

　① 指名委員会

　　株主総会に提出する取締役（会計参与設置会社については会計参与も含む）の選任や解任に関する議案の内容を決定する（同法第404条

1項)。

② **監査委員会**

執行役・取締役（会計参与設置会社については会計参与も含む）の職務に関してその適否を監査する（同条2項）。

③ **報酬委員会**

個人別の役員報酬を決定する（同条3項）。

各委員会は、株主の利益を擁護する見地にたって、厳正な監督を行うことが期待される。

なお、指名委員会等設置会社では、監査役（監査役会）を設置することはできない。その代わりに会計監査人の設置が必要となっている。

○委員の選定

各委員会は、委員3人以上で組織する。そして、各委員会の委員は、取締役の中から、取締役会の決議によって選定する。また、各委員会の委員の過半数は、社外取締役でなければならない（同法第400条）。

○委員の解職

各委員会の委員は、いつでも、取締役会の決議によって解職することができる（同法第401条）。

（2）監査委員会

① 監査委員会の権限

監査委員会は、次に掲げる職務を行う（同法第404条2項）。

① 執行役等（執行役および取締役をいい、会計参与設置会社にあっては、執行役、取締役および会計参与をいう）の職務の執行の監査および監査報告の作成

② 株主総会に提出する会計監査人の選任および解任ならびに会計監査人を再任しないことに関する議案の内容の決定

② 監査委員会による調査

監査委員会が選定する監査委員は、いつでも、執行役等および支配人その他の使用人に対し、その職務の執行に関する事項の報告を求め、ま

たは指名委員会等設置会社の業務および財産の状況の調査をすることができる。また、監査委員会が選定する監査委員は、監査委員会の職務を執行するため必要があるときは、指名委員会等設置会社の子会社に対して事業の報告を求め、またはその子会社の業務および財産の状況の調査をすることができる。ただし、その子会社は、正当な理由があるときは、同項の報告または調査を拒むことができる（同法第405条）。

③ 取締役会への報告義務

監査委員は、執行役または取締役が不正の行為をし、もしくは当該行為をするおそれがあると認めるとき、または法令もしくは定款に違反する事実もしくは著しく不当な事実があると認めるときは、遅滞なく、その旨を取締役会に報告しなければならない（同法第406条）。

④ 監査委員による執行役等の行為の差止め

監査委員は、執行役または取締役が指名委員会等設置会社の目的の範囲外の行為その他法令もしくは定款に違反する行為をし、またはこれらの行為をするおそれがある場合において、当該行為によって当該指名委員会等設置会社に著しい損害が生ずるおそれがあるときは、当該執行役または取締役に対し、当該行為をやめることを請求することができる（同法第407条）。

2 監査等委員会設置会社

（1）監査等委員会の構成

監査等委員会設置会社では監査等委員会のみが設置され、指名委員会等設置会社のように、指名委員会、報酬委員会は設置されず、執行役も置かれない。

監査等委員会は、すべての監査等委員で構成され、監査等委員は取締役でなければならない（「会社法」第399条の2　1・2項）。監査等委員会の構成員数は3人以上でなければならず、しかもその過半数は社外取締役でなければならない（同法第331条6項）。監査等委員である取締

役の任期は2年であり、それ以外の取締役の任期は1年である（同法第
332条3項）。

（2）監査等委員会の権限等

　監査等委員会は、取締役（会計参与設置会社にあっては、取締役およ
び会計参与）の職務の執行の監査および監査報告の作成、株主総会に提
出する会計監査人の選任および解任ならびに会計監査人を再任しないこ
とに関する議案の内容の決定等の職務を行う（同法第399条の2　3項）。

（3）監査等委員会による調査

　監査等委員会が選定する監査等委員は、取締役および支配人その他の
使用人に対し、職務の執行に関する事項の報告を求め、または監査等委
員会設置会社の業務および財産の状況を調査することができる。監査等
委員は、必要があるときは監査等委員会設置会社の子会社に対して事業
の報告を求め、またはその子会社の業務および財産の状況の調査をする
ことができる。ただし、正当な理由があるときは、子会社はこれを拒む
ことができる。監査等委員は、これら報告の徴収または調査に関する事
項について監査等委員会の決議があるときは、これに従わなければなら
ない（同法第399条の3）。

（4）取締役会への報告義務

　監査等委員は、取締役が不正の行為をし、もしくは当該行為をするお
それがあると認めるとき、または法令もしくは定款に違反する事実もし
くは著しく不当な事実があると認めるときは、遅滞なく、その旨を取締
役会に報告しなければならない（同法第399条の4）。

（5）株主総会への報告義務

　監査等委員は、取締役が株主総会に提出しようとする議案、書類、電
磁的記録、その他の資料について法令もしくは定款に違反し、または著

しく不当な事項があると認めるときは、その旨を株主総会に報告しなければならない（同法第399条の5）。

（6）取締役の行為の差止め

監査等委員は、取締役が目的外の行為その他法令もしくは定款に違反する行為をし、またはこれらの行為をするおそれがある場合において、当該行為によって会社に著しい損害が生じるおそれがあるときは、当該取締役にその行為の差止めを求めることができる（同法第399条の6 1項）。この場合、裁判所が仮処分をもって当該取締役に対して行為の差止めを命ずるときは、担保を立てないものとする（同条2項）。

（7）監査等委員会の決議

監査等委員会の決議は、過半数の出席に対してその過半数をもって行うが、特別の利害関係を有する監査等委員は、この議決に加わることはできない（同法399条の10 1・2項）。

第7節
会計参与

学習のポイント

◆会計参与の意義について学習する。
◆会計参与報告について、具体的なひな型を見る。

1 会計参与の意義

　会計参与は、会社法において新設された株式会社の機関である。会計参与は、中小企業において関係の深い顧問会計士・税理士に計算書類作成という業務執行に関与させることにより計算の適正化を図るために創設されたものであるといえる。

（1）会計参与の意義

　会計参与とは、取締役と共同して計算書類等の決算書を作成する、「会社法」上の機関をいう。会計参与を設置するかどうかは、会社が任意に決定することができる（「会社法」第374条1項）。

（2）会計参与の資格

　会計参与になることができるのは、公認会計士もしくは税理士（監査法人および税理士法人を含む）である（同法第333条）。会計参与を設置することにより、会計参与の持つ会計の専門的知識を生かし、直接、決算書の作成にかかわるため、決算書の信頼性が増すと考えられる。

（3）会計参与の任期

　会計参与の任期は、原則として2年であり、取締役と同様に、定款で最長10年まで伸長することができる（同法第334条）。

（4）選任・解任

　会計参与の選任・解任は、株主総会で決議する。会計参与は、選任・解任・辞任時に、株主総会で意見を述べることができる。取締役と意見が合わずに、決算書の作成ができない場合などは、作成できない理由などを述べることになる（同法第329条・345条）。

（5）権限と義務

① 計算書類等の作成権限

　会計参与は、取締役と共同して、計算書類およびその附属明細書、臨時計算書類、ならびに連結計算書類を作成する。この場合に会計参与は、会計参与報告を作成する（同法第374条）。作成した計算書類等および会計参与報告は、会計参与の事務所に5年間保管し、債権者や株主から、閲覧請求があった場合には、開示しなければならない（同法第378条）。

② 会計参与の義務

　会計参与が負う義務は、善管注意義務である。計算書類等の作成に対する専門的能力を買われて選任されたと考えられるため、要求される善管注意義務の程度は高い。また、取締役・執行役が不正行為や法令違反を行っているのを発見した場合には、株主に報告しなければならない義務を負っている（同法第375条1項）。

2 会計参与報告

　会計参与報告の内容は、次のとおりである。

（1）会計参与が職務を行うにつき会計参与設置会社と合意した事項のうち主なもの

(2) 計算関係書類のうち、取締役と会計参与が共同して作成したものの種類

(3) 計算関係書類の作成のために採用している会計処理の原則および手続ならびに表示方法その他計算関係書類の作成のための基本となる事項であって、次に掲げる事項（重要性の乏しいものを除く）

① 資産の評価基準および評価方法

② 固定資産の減価償却の方法

③ 引当金の計上基準

④ 収益および費用の計上基準

⑤ その他計算関係書類の作成のための基本となる重要な事項

(4) 計算関係書類の作成に用いた資料の種類その他計算関係書類の作成の過程および方法

(5) (4) の資料が次に掲げる事由に該当するときは、その旨およびその理由

ⅰ. 当該資料が著しく遅滞して作成されたとき

ⅱ. 当該資料の重要な事項について虚偽の記載がされていたとき

(6) 計算関係書類の作成に必要な資料が作成されていなかったときまたは適切に保存されていなかったときは、その旨およびその理由

(7) 会計参与が計算関係書類の作成のために行った報告の徴収および調査の結果

(8) 会計参与が計算関係書類の作成に際して取締役と協議した主な事項

なお、会計参与報告の一例を示すと図表2−7−1のとおりである。

図表２－７－１　会計参与報告

平成×年×月×日

会計参与報告

○○株式会社　会計参与　○○○○ 印

1．私と○○株式会社は、会計参与の職務の実施に関して下記の合意をした。
　(1)　会社は私に対し計算書類及びその附属明細書（以下「計算関係書類」という。）作成のための情報を適時に提供し、私は会社の業務、現況を十分理解して取締役と共同して計算関係書類を作成すること
　(2)　会社は申述書（取締役が法規を遵守し、会社の組織体制を維持確立する責任を有していること、取締役が採用した会計方針、計算関係書類の作成に必要な資料を遅滞なくすべて提示したこと、それらはすべて真実であり資料に不正はないことを明記した書面）を私に提出すること
　(3)　私が業務上知り得た会社及びその関係者の秘密を他に漏らし、又は盗用してはならないこと
　(4)　計算関係書類及び会計参与報告の閲覧・交付の請求に当たっては、株主及び債権者に対し、あらかじめ会社に閲覧・交付の請求をすることが必要である旨を明らかにする適切な方法を会社が講ずること
2．私が○○株式会社の経理担当の取締役の○○○○氏と共同して作成した書類
　　○○株式会社の平成×年×月×日から平成×年×月×日までの第×期事業年度の計算関係書類
3．重要な会計方針に関する事項
　(1)　資産の評価基準及び評価方法
　　　棚卸資産：総平均法による原価法
　　　有価証券：時価があるものは時価法、時価のないものは総平均法による原価法
　(2)　固定資産の減価償却の方法
　　　建　　物：定額法
　　　その他の有形固定資産：定率法
　　　無形固定資産：定額法
　(3)　引当金の計上基準
　　　賞与引当金：支給見込額に基づき計上
　　　貸倒引当金：債権の回収可能性に基づき計上
　　　退職給付引当金：期末における自己都合退職時の要支給額を計上

(4) 収益及び費用の計上基準
　　収益は実現主義により、費用は発生主義により計上
(5) その他計算関係書類の作成のための基本となる重要な事項
　　什器備品のリースは賃貸借として扱っている。

4．計算関係書類の作成のために用いた資料の種類その他計算関係書類の作成の過程及び方法は次のとおりである。
　　総勘定元帳、各種補助簿（得意先元帳、減価償却明細表等）、棚卸表等
　　総勘定元帳等は取締役の責任で作成し、私は「会計参与の行動指針」に従って取締役と共同して計算関係書類を作成した。

5．計算関係書類の作成のために用いる資料が著しく遅滞して作成された事実、上記資料の重要な事項について虚偽の記載がなされていた事実及びその理由
　（該当事項がない場合は記載を要しない）

6．計算関係書類の作成のために必要な資料が作成されていなかった事実又は適切に保存されていなかった事実及びその理由
　（該当事項がない場合は記載を要しない）

7．計算関係書類の作成のために行った報告の徴収及び調査の結果
　　不良債権、陳腐化棚卸資産についての報告を徴収した結果、これらについては適切な処理が行われており、また簿外債務はない旨の回答を得た。
　　また、調査を実施すべき事態は生じなかった。

8．私が計算関係書類の作成に際して取締役○○○○氏及びその補助者である経理部門担当者と協議した主な事項は次のとおりである。
　　研究開発費の会計処理
　　有価証券の時価評価の方法

以　　上

出所：「会計参与の行動指針」日本公認会計士協会・日本税理士会連合会、2017年、
　　　12-13頁（最終改正2017年3月24日）

‖‖‖‖‖ 第2章　理解度チェック ‖‖‖‖‖

次の設問に、○×で解答しなさい（解答・解説は後段参照）。

1. 会社法の具体的な会計処理は、「会社計算規則」などの省令で定めている。

2. 会社法会計の規定によれば、事業年度の末日において予測することができない減損が生じた資産について、取得原価から減損額を控除することになっている。

3. 資本金5億円未満かつ負債200億円未満の大会社ではない株式会社の監査役の権限は、会計監査権限だけである。

4. 監査役会は、会社法監査役は2人以上で構成し、そのうち1人は社外監査役でなければならない。

5. 会計監査人は、監査役会の決議によって選任され、会計監査人の任期は、選任後1年以内に終了する事業年度のうち最終のものに関する定時株主総会の終結のときまでとする。

6. 指名委員会等設置会社とは、監査役制度に代わり、社外取締役を中心とした指名委員会、監査委員会、報酬委員会の3つの委員会を設置した、経営の監督機能と業務執行機能とを分離した会社である。

7. 会計参与になることができるのは、会計に関して知見のあるものである。会計参与を設置することにより、会計参与の持つ会計の専門的知識を生かし、直接、決算書の作成にかかわるため、決算書の信頼性が増すと考えられる。

1. ○

会社法の規定はあくまでも「会社の会計は、一般に公正妥当と認められる企業会計の慣行従う」と原則規定するにとどまっており、具体的な会計処理は、「会社計算規則」などの省令で定めている。

2. ○

事業年度の末日において予測することができない減損が生じた資産または減損損失を認識すべき資産については、取得原価から減損額を控除する。

3. ×

従来、資本金１億円以下かつ負債200億円未満の小会社の監査役の権限は、会計監査権限だけで、業務監査権限はなかったが、会社法施行後は、すべての監査役は、業務監査権限を有することとなり、会計監査権限だけでなく業務監査権限も有することになった。
ただし、大会社ではない株式譲渡制限会社は、定款の定めにより会計監査権限に限定することができる。

4. ×

監査役会は、会社法監査役は３人以上で構成し、そのうち半数以上は社外監査役でなければならない。

5. ×

会計監査人は、株主総会の決議によって選任される。

6. ○

指名委員会等設置会社とは、監査役制度に代わり、社外取締役を中心とした指名委員会、監査委員会、報酬委員会の３つの委員会を設置するとともに、業務執行を担当する役員として執行役が置かれ、

経営の監督機能と業務執行機能とを分離した会社である。

7. ×

会計参与になることができるのは、単に会計に関して知見のあるものではなく、公認会計士もしくは税理士（税理士法人および監査法人を含む）の資格を有しているものである。

〈参考文献〉

会社法関連

相澤哲『一問一答 新・会社法〔改訂版〕』商事法務、2009年

明石一秀・根田正樹・須山伸一『詳説 新会社法の実務』財経詳報社、2005年

あずさ監査法人編『会社法決算の実務〔第13版〕』中央経済社、2019年

今井宏監修『新会社法・法務省令と実務対応』商事法務、2006年

太田達也『新会社法の完全解説〔改訂増補版〕』税務研究会出版局、2006年

奥見正浩・杉本佳彦『新旧対照表でわかる会社法決算』中央経済社、2007年

神田秀樹『会社法入門〔新版〕』岩波書店、2015年

郡谷大輔・和久友子・小松岳志『会社計算規則 逐条解説』税務研究出版局、2007年

田中亘・秋坂朝則監修『会社法関係法務省令 逐条実務詳解』清文社、2016年

中央経済社編『会社法法令集〔第十一版〕』中央経済社、2015年

蓮見正純・六川浩明『超図解ビジネス 会社法 図解付き条文集−法務省令対応完全版〔第2版〕』エクスメディア、2006年

弥永真生『コンメンタール 会社計算規則・商法施行規則〔第3版〕』商事法務、2017年

弥永真生『会計基準・財規等対照式 会社計算規則集』中央経済社、2006年

監査関連

あずさ監査法人編『Q&A 税効果会計の実務ガイド〔第6版〕』中央経済社、2016年

(公社) 日本監査役協会「監査報告のひな型について」2015年

日本公認会計士協会、監査・保証実務委員会実務指針第85号「監査報告書の文例」2016年

日本公認会計士協会・企業会計基準委員会編『会計監査六法−平成29年版』日本公認会計士協会、2017年

日本公認会計士協会・日本税理士連合会「会計参与の行動指針」2017年

盛田良久・蟹江章・長吉眞一編『スタンダードテキスト 監査論〔第4版〕』中央経済社、2016年

金融商品取引法会計

【この章のねらい】

「金融商品取引法」は、その第1条に「この法律は、企業内容等の開示の制度を整備するとともに、金融商品取引業を行う者に関し必要な事項を定め、金融商品取引所の適切な運営を確保すること等により、有価証券の発行及び金融商品等の取引等を公正にし、有価証券の流通を円滑にするほか、資本市場の機能の十全な発揮による金融商品等の公正な価格形成等を図り、もって国民経済の健全な発展及び投資者の保護に資することを目的とする」と示すように、「国民経済の健全な発展」と「投資者保護」に資することを法目的とする。そのために、企業内容等の開示規制、金融商品取引業者への規制、金融商品取引所への規制等を挙げ、これにより、有価証券取引の公正確保と流通の円滑化、公正な金融商品の価格形成を図ることに努めるものである。

このうち企業内容開示制度が最も重視される制度であり、その中心となるのが財務諸表による開示である。財務諸表にはさまざまなものがあるが、今日の中心は連結財務諸表となっている。

これら財務諸表の信頼性を確保するために、公認会計士等の監査が要請されている。

本章では、開示制度、さまざまな財務諸表、公認会計士等の監査を学び、IR（Investor Relations）に関する知識についても学んでいく。

学習のポイント

◆企業内容開示制度の意義について学習する。
◆発行市場における開示制度について学習する。特に有価証券届出書、目論見書などについて見る。
◆流通市場における開示制度について学習する。特に有価証券報告書、半期報告書、四半期報告書などについて見る。

1 企業内容開示制度の意義

「金融商品取引法」（以下、「金商法」）の目的は、先に見た第１条にあるように「国民経済の健全な発展」と「投資者保護」に資することである。ただ、この目的は抽象的であるため、企業内容等の開示規制、金融商品取引業者への規制、金融商品取引所への規制等を挙げ、これにより、有価証券取引の公正確保と流通の円滑化、公正な金融商品の価格形成を図るという具体的な目的を示しているのである。

このうち企業内容等の開示規制、すなわち企業内容開示制度は、最も重視される制度である。具体的には発行市場における開示制度と流通市場における開示制度に分かれて規制されている（なお、上述の投資者保護とは、有価証券の価値自体を保証するものではないことに注意されたい）。

238

2 発行市場における開示制度

　発行市場における開示制度は、有価証券届出書等により、有価証券の内容や発行者の財務内容・事業内容等を開示し、投資者が自己の責任において有価証券の価値およびその他投資に必要な判断を行うことを可能とする制度である。開示書類には、有価証券届出書のほか、発行登録書、発行登録追補書類および目論見書、さらにこれらとは別に有価証券通知書がある。

（1）有価証券届出書

　有価証券届出書とは、企業内容等に係る情報として証券情報（当該募集または売り出しに関する事項）および企業情報（発行者である会社の属する企業集団および当該会社の経理の状況、事業の内容等に関する事項）等を記載した書類である。発行価額もしくは売り出し価額が1億円以上の有価証券の募集（新規発行）もしくは売り出し（既発行の売り付け）または適格機関投資家向け証券の投資者向け勧誘を行う場合、当該有価証券の発行者は有価証券届出書を提出しなければならない（「金商法」第5条）。

　また、組織再編成（合併、分割、株式交換等）において、吸収合併により消滅する会社や株式交換により完全子会社となる会社が、金商法による開示を行っていた場合に、合併会社や完全親会社は別法人であることから開示義務が継続しない場合がある。このような場合には、実質的に企業内容の情報開示が切断されることとなってしまう。そこで、消滅会社や完全子会社に50名以上の多数の株主がいる場合には、株主が適格機関投資家のみで譲渡制限がある場合を除き、新たな有価証券の発行（特定組織再編成発行手続）、または、既発の有価証券の交付（特定組織再編交付手続）は、募集または売り出しとして届出の提出が義務づけられている。

（2） 発行登録書および発行登録追補書類

　発行登録制度とは、有価証券の発行者の企業情報等が継続開示を通じて提供され、周知性が十分に認められる者が、機動的な資金調達を行うことができるようにするための、有価証券届出書に代わる発行開示制度である。

　将来、有価証券の発行を予定している者は、当該発行予定有価証券の種類、発行予定期間および発行予定額を記載した「**発行登録書**」をあらかじめ提出（登録）しておくことにより、当該期間中において、発行しようとする有価証券の勧誘を行うことができるようになる（同法第23条の3）。

　また、発行登録者、売出人、引受人等は当該発行登録に効力が生じており、かつ、その有価証券の募集または売り出しごとに、当該有価証券の発行条件等の証券情報等を記載した「**発行登録追補書類**」を提出した場合には、直ちに当該有価証券を募集または売り出しにより取得させ、または売り付けることができる（同法第23条の8）。

（3） 目論見書

　目論見書とは、有価証券の募集もしくは売り出しまたは適格機関投資家向け証券の投資者向け勧誘のために、その相手方に提供する当該有価証券の発行者の企業内容等に関する事項等を説明した勧誘文書である（同法第13条）。

　発行者、売出人、引受人等は、有価証券を募集もしくは売り出し、または適格機関投資家向け証券の投資者向け勧誘により、当該有価証券を取得させ、または売り付ける場合には、原則として有価証券届出書や発行登録追補書類に記載すべき事項等を記載した目論見書を作成し、あらかじめまたは同時に投資者へ交付しなければならない。

③ 流通市場における開示制度

流通市場における開示制度とは、すでに発行された有価証券への投資者に対する継続的な開示制度をいう。継続開示制度では、事業年度を単位として、通期の企業情報が有価証券報告書として開示される。また、期中の定期的な開示として、四半期報告書や半期報告書が開示される。これに加え、投資情報として特に重要な事象や事態が生じた場合には、臨時報告書により適時に情報の開示を行うことが義務づけられている。これらの継続開示書類は、公衆の縦覧に供されるとともに、上場有価証券および店頭売買有価証券の発行者は、これらの書類の写しを上場している金融商品取引所または日本証券業協会に遅滞なく提出しなければならないことになっている。

（1）有価証券報告書

次の要件に該当する有価証券の発行者は、事業年度終了後3ヵ月以内に、**有価証券報告書**（添付書類を含む）を内閣総理大臣（実際は財務局長となる）に提出しなければならない（「金商法」第24条）。

有価証券報告書の記載事項は、開示府令の様式に定められており、その事業年度に係る企業情報が連結ベースで記載される。

① **上場有価証券の発行者**（同法第24条1項1号）

金融商品取引所（証券取引所）に上場されている有価証券の発行者

② **店頭売買有価証券の発行者**（同2号）

流通状況が上場有価証券に準ずるものとして政令で定めるもので、証券業協会が開設する取引市場で、一般に店頭登録銘柄といわれる株式の発行会社である。

③ **募集または売り出しを行った有価証券の発行者**（同3号）

上場や店頭登録をしていない場合でも、一度、募集または売り出しを行った有価証券の発行者は、募集や売り出しに関して有価証券届出書を提出しており、その後は有価証券報告書を提出する義務が生じる。ただ

し、上場や店頭登録をしていない会社で、社債発行に関する募集により有価証券届出書を提出した会社は、その社債が償還などにより消滅したときは、有価証券の発行者ではなくなるので継続開示義務も消滅する。なお、社債の発行登録を行っている場合には、継続開示情報が消滅すると発行登録制度の利用適格要件を失うため、継続開示義務が課されなくとも、任意で有価証券報告書を提出できるようになっている（同法第23条の3　4項）。

④　株主500人以上の会社（同4号）

　上記①から③以外の会社で、当該事業年度末または前4事業年度末のいずれかにおいて、株主が500人以上の会社には継続開示義務が課されている。これは、上場会社や公募等をしていない会社であっても、相当数の株主が存在する場合には株券が流通する可能性があり、投資者保護の観点から企業情報の開示が必要であるとの趣旨から設けられた規定である。

⑤　新規上場等の場合の特則（同法第24条3項）

　有価証券報告書を提出していない会社が、新規上場などにより、上記①から③に該当することとなったときは、遅滞なく、その該当日の属する事業年度の直前事業年度に係る有価証券報告書を内閣総理大臣に提出しなければならない。第1項の規定は、有価証券報告書を提出することを規定しているが、この規定だけでは、上場によりすでに株式等が市場で流通しているにもかかわらず、決算期が来るまで投資者に企業情報が提供されないこととなりかねない。このため、新規上場企業等には、上場後速やかに直前期の有価証券報告書を提出させ、投資者に情報が提供されるようになっている。

（2）四半期報告書

　従来の証券取引法においては、期中における定時開示は主として半期報告書であった。しかしながら、近年の業績情報に対する速報性に関して重要性が高まっていること、諸外国特に米国などでは四半期ごとに企

業業績を開示することが制度化されていること、わが国の会社法において
ても事業年度の途中で何回も剰余金の分配ができるように制度化された
ことなどから、上場会社に対しては、下記 **(3)** の半期報告書に代えて、
四半期報告書の提出が義務づけられている。なお、四半期報告書は、当
該期間経過後45日以内に内閣総理大臣に提出しなければならない（同法
第24条の 4 の 7 ）。

（3） 半期報告書

　有価証券報告書を提出しなければならない会社で、四半期報告書の提
出義務のない会社については、事業年度が 1 年の場合には、事業年度開
始後 6 ヵ月間の企業情報について**半期報告書**を、当該期間経過後 3 ヵ月
以内に内閣総理大臣に提出しなければならない。この半期報告書は、事
業年度が 1 年決算の会社について、事業年度の中間までの企業情報を投
資者に提供することを目的として導入されたものである（同法第24条の
5 　 1 ～ 3 項）。

（4） 臨時報告書

　有価証券報告書の提出義務がある会社は、有価証券の募集または売り
出しが外国で行われるとき、その他公益または投資者保護のため、必要
かつ適当なものとして内閣府令に定める場合に該当することとなったと
きは、その内容を記載した**臨時報告書**を、遅滞なく、内閣総理大臣に提
出しなければならない（同法第24条の 5 　 4 項）。

（5） 訂正報告書

　有価証券報告書等の記載内容に訂正する必要がある場合には、自発的
に**訂正報告書**を内閣総理大臣に提出しなければならない。また、次のよ
うな不備がある場合には、内閣総理大臣は訂正報告書の提出を命じるこ
とができる。（同法第24条の 2 ）
　①　形式上の不備がある場合

　② 記載すべき重要な事項の記載が不十分である場合

　③ 重要な事項について虚偽の記載がある場合

　④ 記載すべき重要な事項もしくは誤解を生じさせないために必要な
重要な事実の記載が欠けている場合

（6）　確認書制度

　有価証券報告書等の記載内容の適正性を確保するため、上場会社およ
び政令で定める会社等に対して、有価証券報告書等の記載内容が「金商
法」に基づき適正であることを確認した旨を記載した確認書を提出する
ことが義務づけられている（同法第24条の4の2）。

（7）　親会社等状況報告書

　有価証券報告書提出会社に親会社があるときは、親会社は子会社に対
して支配力を行使することができるため、その親会社情報は、子会社の
他の株主にとっても投資情報として非常に重要である。しかしながら、
親会社が非上場会社などである場合には、有価証券報告書の提出がなく、
親会社の財務情報が開示されないおそれがある。このため、このような
親会社に情報開示義務を課すこととし、事業年度終了後3ヵ月以内に
親会社等状況報告書を内閣総理大臣に提出することを義務づけている
（同法第24条の7）。

（8）　継続開示書類の虚偽記載

　有価証券報告書、四半期報告書、半期報告書および臨時報告書（これ
らの訂正報告書を含む）について形式不備や虚偽記載があった場合に
は、発行開示と同様、内閣総理大臣は訂正命令の行政処分を行うことが
できる。

　これらの書類に重要な虚偽記載等がある場合は、その提出者は、有価
証券を取得した者に対して損害賠償の責めに任ずるとされており、開示
書類の提出者に無過失責任を課している（同法第18条）。また、提出会

社の役員や監査証明を行った公認会計士または監査法人は連帯的に賠償
責任を負う（同法第21条）。

（9） 内部統制報告制度

　財務諸表の適正性を確保するためには、その作成過程における会社の
内部統制が適切に構築・運営されていることが必要であることから、内
部統制報告制度が適用される。

　内部統制報告制度とは、上場会社および政令で定められた会社に対し
て、経営者が、財務報告に係る内部統制について、毎事業年度末時点で、
その有効性を評価して内部統制報告書を作成し、有価証券報告書ととも
に内閣総理大臣に提出することとされた。なお、内部統制報告書は、公
認会計士または監査法人による監査証明（内部統制監査）を受けなけれ
ばならないことになっている（同法第24条の4の4）。

金融商品取引法に基づく 各種財務諸表の作成規定

学習のポイント

◆「金商法」では、子会社を有する親会社には当該企業グループ全体の業績を示す連結財務諸表を事業年度ごとに有価証券報告書に記載することが要求されている。

◆有価証券提出会社のうち上場会社には、四半期報告書の作成・提出が義務づけられ、四半期財務諸表を開示することになっている。

◆個別財務諸表と連結財務諸表について、財務諸表等規則および同ガイドライン、連結財務諸表規則および同ガイドラインの内容を学習する。

◆四半期財務諸表・四半期連結財務諸表について、四半期財務諸表等規則および同ガイドライン、四半期連結財務諸表規則および同ガイドラインの内容を学習する。

1 個別財務諸表と連結財務諸表

「金商法」では、個別財務諸表のほかに主たる財務諸表として連結財務諸表の作成が義務づけられている。子会社がある場合には、親会社は子会社の財務諸表（個別財務諸表）を親会社の財務諸表（個別財務諸表）とひとまとめにして、企業グループ全体の財務諸表すなわち連結財務諸

表を作成する。

（1）個別財務諸表

① 財務諸表の体系

「金商法」が規定する財務諸表は、貸借対照表、損益計算書、株主資本等変動計算書、キャッシュ・フロー計算書および附属明細表である。これらの作成は、「財務諸表等規則」（以下、「財規」）および「財務諸表等規則ガイドライン」に従って作成されなければならず、これらに規定されていないものについては、「一般に公正妥当と認められる企業会計の基準」に従って作成される（「財規」第1条1項）。

② 作成基準および表示方法

財務諸表の作成基準について、「財規」では、真実性の原則、明瞭性の原則、継続性の原則を規定している。また、「財規」第5条2項においては表示方法の継続適用を規定している。

③ 重要な会計方針およびその変更に関する注記

次に掲げる会計方針については注記が要求されている。ただし、重要性が乏しい場合にはこの限りではない（「財規」第8条の2）。

 ⅰ．有価証券の評価基準および評価方法
 ⅱ．たな卸資産の評価基準および評価方法
 ⅲ．固定資産の減価償却の方法
 ⅳ．繰延資産の処理方法
 ⅴ．外貨建ての資産および負債の本邦通貨への換算基準
 ⅵ．引当金の計上基準
 ⅶ．収益および費用の計上基準
 ⅷ．ヘッジ会計の方法
 ⅸ．キャッシュ・フロー計算書における資金の範囲
 ⅹ．その他財務諸表作成のための基本となる重要な事項

なお、会計方針の変更を行った場合には、重要性が乏しい場合を除き、次の事項を注記しなければならない。

○会計基準等の改正等に伴う会計方針の変更の場合（「財規」第8条の3）

　当該会計基準等の名称、当該会計方針の変更の内容、財務諸表の主な科目に対する前事業年度における影響額、前事業年度に係る1株当たり情報に対する影響額、前事業年度期首における純資産額に対する累積的影響額。

○自発的な会計方針の変更の場合（「財規」第8条の3の2）

　上記の変更の場合における「当該会計基準等の名称」に替えて「当該会計方針の変更を行った正当な理由」を注記する（以下、同じ）。

④　注記事項の記載

　会社の財政状態、経営成績およびキャッシュ・フローの状況を十分に開示するため、重要な後発事象、追加情報、リース取引、金融商品、有価証券関係、デリバティブ取引、関連当事者との取引、税効果会計、退職給付、事業分離・事業結合等の組織再編、継続企業の前提などについて、注記による内容開示が必要とされている（「規則」第8条の4～8条の32）。

（2）連結財務諸表

①　連結財務諸表の体系

　「金商法」の規定する連結財務諸表は、連結貸借対照表、連結損益計算書、連結包括利益計算書、連結株主資本等変動計算書、連結キャッシュ・フロー計算書及び連結附属明細表である。これらの作成は、「連結財務諸表規則」（以下、「連結財規」）および「同ガイドライン」に従って作成されなければならず、またこれに規定されていないものについては、企業会計基準第22号「連結財務諸表に関する会計基準」に代表される一般に公正妥当と認められる企業会計の基準に従って作成されることになる（「連結財規」第1条1項）。

②　連結財務諸表作成の一般原則

　「連結財規」は第4条において、真実性の原則、基準性の原則、明瞭

性の原則、継続性の原則を規定している。

③ 連結財務諸表作成のための基本となる重要な事項

連結財務諸表作成のための基本となる重要な事項は、次に掲げる事項
に区分して注記する（「連結財規」第13条）。

ⅰ．連結の範囲に関する事項

ⅱ．持分法の適用に関する事項

ⅲ．連結子会社の事業年度等に関する事項

ⅳ．会計方針に関する事項

・重要な資産の評価基準および評価方法

・重要な減価償却資産の減価償却の方法

・重要な引当金の計上基準

・退職給付に係る会計処理の方法

・重要な収益および費用の計上基準

・連結会社の財務諸表作成にあたり採用した重要な外貨建ての資産
　または負債の本邦通貨への換算基準

・重要なヘッジ会計の方法

・のれんの償却方法および償却期間

・連結キャッシュ・フロー計算書における資金の範囲

・その他連結財務諸表作成のための重要な事項

④ 注記事項の記載

連結財務諸表については、個別財務諸表と同様に、重要な後発事象、
追加情報、リース取引、金融商品、有価証券関係、デリバティブ取引、
関連当事者との取引、税効果会計、退職給付、事業分離・事業結合等の
組織再編、継続企業の前提などの注記が求められている。また、連結財
務諸表特有のセグメント情報の注記も必要となっている（「連結財規」
第14条の9～15条の26）。

2 四半期財務諸表と四半期連結財務諸表

（1）四半期財務諸表の範囲

　有価証券報告書を提出しなければならない会社のうち上場会社等には、その事業年度を3ヵ月ごとに区分した四半期報告書の作成・提出が義務づけられている（「金商法」24条の4の7）。四半期報告書には、経理の状況として四半期財務諸表が含められる。「金商法」が求めているのは四半期連結財務諸表であり、これには四半期連結貸借対照表、四半期連結損益及び包括利益計算書（1計算書方式）あるいは四半期連結損益計算書および四半期連結包括利益計算書（2計算書方式）、ならびに四半期連結キャッシュ・フロー計算書が該当する。個別ベースの情報である四半期個別財務諸表は、四半期連結財務諸表を開示している場合には要求されない（企業会計基準第12号「四半期財務諸表に関する会計基準」（以下、「四半期会計基準」）5・6項）。

（2）四半期財務諸表の開示対象期間

　開示対象となる期間は、図表3－2－1のとおり財務諸表の種類により異なる（「四半期会計基準」7項）。

図表3－2－1　四半期財務諸表の種類と開示対象期間等

四半期財務諸表の種類	開示対象期間等
貸借対照表（B/S）	・四半期会計期間末日のB/S ・前年度末日の要約B/S
損益計算書・包括利益計算書（P/L・C/I）	・四半期累計期間のP/L・C/I ・任意：四半期会計期間を対象としたP/L・C/I
キャッシュ・フロー計算書（C/F）	・四半期累計期間のC/F （第1・第3四半期の開示は省略可）

※四半期会計期間：会計年度の期間を3ヵ月ごとに区分した期間
※四半期累計期間：事業年度の開始の日から四半期会計期間の末日までの期間
※四半期財務諸表は、第4四半期は対象となっていない。
※現段階では、個別ベースにおいては損益計算書のみの作成・開示が求められており、包括利益計算書は要求されていない。

（3）会計方針

　四半期連結財務諸表（四半期個別財務諸表）の作成のために採用する会計方針は、四半期特有の会計処理を除き、原則として年度の連結財務諸表（個別財務諸表）の作成にあたって採用する会計方針に準拠しなければならないが、情報利用者の判断を誤らせない限り、簡便な会計処理によることができる（「四半期会計基準」9・20項）。

（4）四半期特有の会計処理

　四半期財務諸表作成のための特有の会計処理は、原価差異の繰延処理および税金費用の計算である（「四半期会計基準」11項）。

① 原価差異の繰延処理

　標準原価計算等を採用している場合において、原価差異が操業度等の季節的な変動に起因して発生したものであり、かつ、原価計算期間末までにほぼ解消が見込まれるときには、継続適用を条件として、当該原価差異を流動資産または流動負債として繰り延べることができる（「四半期会計基準」12項）。

② 税金費用の計算

　法人税等については、四半期会計期間を含む年度の法人税等の計算に適用される税率に基づき、原則として年度決算と同様の方法により計算し、繰延税金資産および繰延税金負債については、回収可能性等を検討したうえで、四半期貸借対照表に計上する。

　ただし、税金費用については、四半期会計期間を含む年度の税引前当期純利益に対する税効果会計適用後の実効税率を合理的に見積もり、税引前四半期純利益に当該見積実効税率を乗じて計算することができる。この場合には、四半期貸借対照表計上額は未払法人税等その他適当な科目により、流動負債または流動資産として表示し、前年度末の繰延税金資産および繰延税金負債については、回収可能性等を検討したうえで、四半期貸借対照表に計上する（「四半期会計基準」14項）。

第3節 公認会計士監査

学習のポイント

◆一般に公正妥当と認められた監査の基準について、特に「監査基準」を中心に学習する。

◆「金商法」第193条の２の規定に基づく公認会計士等の監査に関する事項について学習する。また、具体的な独立監査人の監査報告書および内部統制監査報告書のひな型を知る。

1 監査基準

（1）一般に公正妥当と認められる監査の基準

　一般に公正妥当と認められる監査の基準は、企業会計審議会により定められた「監査基準」「監査における不正リスク対応基準」「中間監査基準」「監査に関する品質管理基準」および日本公認会計士協会が公表している各種指針などから構成されている。

　「監査基準」には、監査の目的、一般基準、実施基準、報告基準について統一的な基準が定められている。「監査における不正リスク対応基準」は、職業的懐疑心の強調、不正リスクに対応した監査の実施、不正リスクに対応した監査事務所の品質管理などについて定め、不正による重要な虚偽表示のリスクに対応した監査手続を明確化するとともに、一定の場合には監査手続をより慎重に実施することを求めている。「監査に関する品質管理基準」には、品質管理システムの整備および運用、品質管理システムの構成、品質管理に関する責任、職業倫理および独立性、

監査契約の新規の締結および更新、業務の実施などについて定められている。当基準は、公認会計士による監査業務の質を合理的に確保するため、監査の品質管理を監査事務所が遵守すべき品質管理と監査実施者が遵守すべき品質管理に分け、項目ごとにそれぞれに適用される基準を定めたものである。

（2）「監査基準」の内容

「監査基準」は、監査の目的、一般基準、実施基準、報告基準からなる。その内容は次のとおりである。

① 監査の目的

財務諸表の監査の基本目的は、一般目的財務諸表を対象とした適正性に関する意見表明である。すなわち、経営者の作成した財務諸表が、一般に公正妥当と認められる企業会計の基準に準拠して、企業の財政状態、経営成績およびキャッシュ・フローの状況をすべての重要な点において適正に表示しているかどうかについて、監査人がみずから入手した監査証拠に基づいて判断した結果を意見として表明することにある。財務諸表の表示が適正である旨の監査人の意見は、財務諸表には、全体として重要な虚偽の表示がないということについて、合理的な保証を得たとの監査人の判断を含んでいる。

また、財務諸表が特別の利用目的に適合した会計の基準により作成される場合等には、当該財務諸表が会計の基準に準拠して作成されているかどうかについて、意見として表明することがある（「監査基準」第一）。

② 一般基準

監査人に監査を行うために求められる全般的な基準である。具体的には、「専門能力の向上と知識の蓄積」「公正不偏の態度と独立性の保持」「職業的懐疑心」「不正等に起因する虚偽の表示への対応」「監査調書」「監査の質の管理」「守秘義務」について定められている（同基準第二）。

③ 実施基準

監査人が監査を実施するうえで求められる基準である。監査人は、意

見表明するために必要な範囲で、内部統制を含む企業および企業環境を理解し、これらに内在する事業上のリスク等が重要な虚偽表示をもたらす可能性を考慮しなければならない。すなわち、リスク・アプローチに基づく監査の実施が求められている（同基準第三）。

④ **報告基準**

監査人が意見表明するうえで求められる基準である。監査人が表明する監査意見には、「無限定適正意見」「限定付適正意見」「不適正意見」「意見不表明」がある（同基準第四）。

1）「無限定適正意見」

無限定適正意見とは、経営者の作成した財務諸表が、一般に公正妥当と認められる企業会計の基準に準拠して、企業の財政状態、経営成績およびキャッシュ・フローの状況をすべての重要な点において適正に表示していると監査人が判断したときに表明する意見である。この場合には、監査報告書に次の記載をする。

① 監査の対象

監査対象とした財務諸表の範囲

② 経営者の責任

経営者には、財務諸表の作成責任、重要な虚偽表示がないよう内部統制を整備・運用する責任がある。

③ 監査人の責任

・監査人の責任は、独立の立場から意見表明すること

・一般に公正妥当と認められる監査の基準に準拠して監査を実施したこと

・監査の基準は監査人に財務諸表に重要な虚偽表示がないかどうかの合理的な保証を得ることを求めていること

・監査は、財務諸表項目に関する監査証拠を得るための手続を含むこと

・監査は、経営者が採用した会計方針およびその適用方法ならびに経営者によって行われた見積もりの評価も含め全体としての財務

諸表の表示を検討していること
・監査手続の選択および適用は監査人の判断によること
・財務諸表監査の目的は、内部統制の有効性について意見表明するためのものではないこと
・監査の結果として入手した監査証拠が、意見表明の基礎を与えるのに十分かつ適切なものであること
④ 監査人の意見
　経営者の作成した財務諸表が、一般に公正妥当と認められる企業会計の基準に準拠して、企業の財政状態、経営成績およびキャッシュ・フローの状況をすべての重要な点において適正に表示していると認められること

2）「限定付適正意見」

　経営者が採用した会計方針の選択およびその適用方法、財務諸表の表示に関して不適切なものがあって、その影響は無限定適正意見を表明することができないほどに重要であるが、財務諸表全体としての虚偽表示にあたるほどではないと判断した場合には、除外事項を付した限定付適正意見を表明しなければならない。この場合には、除外した不適切事項および財務諸表に与えている影響を別区分を設けて記載する。

3）「不適正意見」

　不適切な事項が存在し、その影響が財務諸表全体として虚偽表示にあたるほど重要であると判断した場合には、財務諸表が不適切である旨の意見を表明し、別区分を設けてその理由を記載しなければならない。

4）「意見不表明」

　意見不表明（意見差控）とは、監査人が、監査報告にあたって、自己の意見を形成するに足る合理的な基礎を得ることができなかったことにより意見を表明しないことをいう。

2 金融商品取引法に基づく公認会計士監査

（1）財務諸表監査

　財務諸表は、企業の財政状態、経営成績およびキャッシュ・フローの状況などを表示するものであり、投資者にとって企業情報の中で最も重要な情報と位置づけられている。したがって、財務諸表の信頼性を確保することは投資者保護には不可欠である。そこで「金商法」では、財務諸表について、特別の利害関係のない公認会計士または監査法人（公認会計士等）による監査証明を受けなければないないと規定している（「金商法」第193条の2）。すなわち、企業が作成する財務諸表の適否に関して、独立した第三者たる公認会計士等が、公正不偏の立場から専門家としての意見を表明し、もって財務諸表に対する社会の信頼を高める必要がある。そしてこれらの意見は、監査報告書にまとめられることになる。

　なお、「金商法」第24条の4の4に規定する内部統制報告書についても同様に監査証明を受けなければならないと定めている（同法第193条の2　2項）。

（2）監査証明の手続

　監査証明の手続については、「財務諸表等の監査証明に関する内閣府令」（以下、「監査証明府令」）に定められている。

　「監査証明府令」では、監査証明は監査報告書（中間監査報告書または四半期レビュー報告書）により行うこととし、どのような手続や判断を経て監査報告書を作成するかについては、一般に公正妥当と認められる監査に関する基準および慣行に従って実施された監査（中間監査または四半期レビュー）の結果に基づいて作成するとしている（第3条2項）。

　そのうえで、企業会計審議会により公表された監査に関する基準は、一般に公正妥当と認められる監査の基準に該当するとし（同府令第3条3項）、具体的なルールは企業会計審議会に委ねている。企業会計審議

会が制定した「監査基準」の前文においては、「監査基準」とこれを具体化した日本公認会計士協会の各種指針が、一般に公正妥当と認められる監査の基準の体系とされているため、監査の基準には日本公認会計士協会の各種指針も当然に含まれる。

　なお、内部統制報告書に対する監査証明の手続については、「内部統制府令」に同様の規定が置かれている。

（3）独立性の確保

　財務諸表監査を担う公認会計士等は、基本的には監査を受ける企業から報酬を受けることになるため、公正に監査業務が遂行されないのではないかとの疑念を投資者等から抱かれることのないように、独立性が強く要請される。

　従来から独立性に疑念を抱かれないように、特別の利害関係がある場合には監査証明業務が制限されていたが、昨今の監査の不祥事問題から、「金商法」に基づく財務諸表監査では、公認会計士の単独監査の禁止（「公認会計士法」第24条の4）、同一の監査法人が一定の非監査証明業務を同時に提供することを禁止し（同法第24条の2、第34条の11の2）、さらに同一の業務執行社員が連続して7年（主任会計士については5年）以上関与することを禁止した（同法第24条の3、第34条の11の4）。

（4）監査報告書

　公認会計士等による監査報告書の例は図表3-3-1のとおりである。なお、2008（平成20）年4月開始事業年度から、「金商法」に基づく監査報告書は、財務諸表監査と内部統制監査の監査意見を原則として1つにまとめて提出することになっている。

図表３－３－１　独立監査人の監査報告書及び内部統制監査報告書

独立監査人の監査報告書及び内部統制監査報告書

平成×年×月×日

○○株式会社
　取締役会　御中

　　　　　　　　　○　○　監 査 法 人
　　　　　　　　　　指定社員　　　　　公認会計士　○○○○　　　　印
　　　　　　　　　　業務執行社員
　　　　　　　　　　指定社員　　　　　公認会計士　○○○○　　　　印
　　　　　　　　　　業務執行社員

〈財務諸表監査〉

　当監査法人は、金融商品取引法第193条の２第１項の規定に基づく監査証明を行うため、「経理の状況」に掲げられている○○株式会社の平成×年×月×日から平成×年×月×日までの連結会計年度の連結財務諸表、すなわち、連結貸借対照表、連結損益計算書、連結株主資本等変動計算書、連結キャッシュ・フロー計算書及び連結附属明細表について監査を行った。この連結財務諸表の作成責任は経営者にあり、当監査法人の責任は独立の立場から連結財務諸表に対する意見を表明することにある。

　当監査法人は、我が国において一般に公正妥当と認められる監査の基準に準拠して監査を行った。監査の基準は、当監査法人に連結財務諸表に重要な虚偽の表示がないかどうかの合理的な保証を得ることを求めている。監査は、試査を基礎として行われ、経営者が採用した会計方針及びその適用方法並びに経営者によって行われた見積りの評価も含め全体としての連結財務諸表の表示を検討することを含んでいる。当監査法人は、監査の結果として意見表明のための合理的な基礎を得たと判断している。

　当監査法人は、上記の連結財務諸表が、我が国において一般に公正妥当と認められる企業会計の基準に準拠して、○○株式会社及び連結子会社の平成×年×月×日現在の財政状態並びに同日をもって終了する連結会計年度の経営成績及びキャッシュ・フローの状況をすべての重要な点において適正に表示しているものと認める。

〈内部統制監査〉

　当監査法人は、金融商品取引法第193条の２第２項の規定に基づく監査証明

を行うため、○○株式会社の平成×年×月×日現在の内部統制報告書について監査を行った。財務報告に係る内部統制を整備及び運用並びに内部統制報告書を作成する責任は、経営者にあり、当監査法人の責任は、独立の立場から内部統制報告書に対する意見を表明することにある。また、財務報告に係る内部統制により財務報告の虚偽の記載を完全には防止又は発見することができない可能性がある。

　当監査法人は、我が国において一般に公正妥当と認められる財務報告に係る内部統制の監査の基準に準拠して内部統制監査を行った。財務報告に係る内部統制の監査の基準は、当監査法人に内部統制報告書に重要な虚偽の表示がないかどうかの合理的な保証を得ることを求めている。内部統制監査は、試査を基礎として行われ、財務報告に係る内部統制の評価範囲、評価手続及び評価結果についての、経営者が行った記載を含め全体としての内部統制報告書の表示を検討することを含んでいる。当監査法人は、内部統制監査の結果として意見表明のための合理的な基礎を得たと判断している。

　当監査法人は、○○株式会社が平成×年×月×日現在の財務報告に係る内部統制は有効であると表示した上記の内部統制報告書が、我が国において一般に公正妥当と認められる財務報告に係る内部統制の評価の基準に準拠して、財務報告に係る内部統制の評価について、すべての重要な点において適正に表示しているものと認める。

　会社と当監査法人又は業務執行社員との間には、公認会計士法の規定により記載すべき利害関係はない。

以　　上

出所：日本公認会計士協会「財務報告に係る内部統制の監査に関する実務上の取扱い」2007年、61－62頁

コラム 知っておきたい

《「継続企業の前提」についての記述の重要性》

継続企業の前提は、投資者にとってきわめて重要な情報である。したがって、監査報告書にも、継続企業の前提に関して記載しなければならない。

継続企業の前提に重要な疑義が認められるときに、その重要な疑義にかかわる事項が財務諸表に適切に記載されていると判断して無限定適正意見を表明する場合には、当該重要な疑義に関する事項について監査報告書に追記しなければならない。

また、継続企業の前提に重要な疑義が認められるときに、その重要な疑義にかかわる事項が財務諸表に適切に記載されていないと判断した場合は、当該不適切な記載についての除外事項を付した限定付適正意見を表明するか、または、財務諸表が不適正である旨の意見を表明し、その理由を記載しなければならない。

継続企業の前提に重要な疑義を抱かせる事象または状況が存在している場合において、経営者がその疑義を解消させるための合理的な経営計画等を提示しないときには、合理的基礎を得ることができなかった場合に準じて、意見の表明の適否を判断しなければならない。

継続企業を前提として財務諸表を作成することが適切でない場合には、継続企業を前提とした財務諸表については不適正である旨の意見を表明し、その理由を記載しなければならない。

第4節
IRに関する知識

学習のポイント

◆IRに関する基本的知識について、その意義、目的、効果などを学習する。
◆その場合に、特にディスクロージャー制度と比較しながら学習する。
◆IR活動の具体例の説明を見て、IR活動が実際にどのようになされているかを学習する。

1 IRの意義

インベスター・リレーションズ（Investor Relations：以下IR）とは、企業が株主などの投資者に対し、投資判断に必要な情報を適時、公平、継続して提供する活動全般をいう。

IRに類似した概念として広報（PR：Public Relations）やディスクロージャーなどがある。ここに広報とは、社会各層（パブリック）に対し、自社製品、サービス、事業活動、社会貢献等を広く知らせ、企業のイメージアップを図ることで社会各層と良好な関係を保つ活動をいう。一方、ディスクロージャー（企業内容開示）は、投資者保護を目的に主として財務情報を開示することをいい、IRの中心的役割を担っている。

IRの具体的活動としては、ディスクロージャーとしての有価証券報告書（電子開示システム：EDINETやTDnet）や決算短信などの法律や上場規則上の制度に基づく開示のほか、決算発表後の説明会や工

場や施設の見学会、投資関係者（アナリスト等）への説明会、アニュアル・レポートや株主通信など文書類やインターネットを活用した活動などがある。

2 IRの目的と効果

IRの重要な目的としては、投資者の企業・事業内容への理解の促進と適正な株価の形成が挙げられる。

（1）企業・事業内容の理解促進

近年、企業価値経営といわれる概念が注目されている。これは、企業の価値を構成する要素を実態価値、期待価値、イメージプレミアムとしてとらえるもので、企業価値は次の算式によって算出される。

企業価値＝（業績から見た実態価値＋期待価値）×イメージプレミアム

ここに「業績から見た実態価値」とは、現在までの業績や現在の資産・技術・商品開発力等現在の企業の状況から評価した価値である。また期待価値とは、将来の収益力から見込まれる価値であり、その源泉は企業戦略、ビジネスモデルによってもたらされる。イメージプレミアムとはいわゆるブランドを構成する主要素であり、他社および他社製品等と差別化するイメージである。

（2）適正な株価の形成

企業にとって株価が割高でも割安でも経営戦略上は好ましいことではない。企業が長期的に維持発展するためには適正な株価を形成すること必要である。

3 IR活動の実施手続

IRの活動も、(1) 現状の分析および目標の設定（PLAN）、(2) 実行（DO）、(3) 効果の測定（CHECK）、(4) 処置（ACTION）により実施される。

（1） 現状の分析および目標の設定
① 現状の分析
IRの対象は、株主などの投資者であることから自社の株主構成の把握を行う必要がある。浮動株や外国人株主の状況等を把握したうえで安定株主の必要性の検討を行う必要がある。
② 目標の設定
限られた経営資源を有効に活用するために、目標を明確に設定したうえでどのような活動を行うか決定する。

（2） 実行
① 計画の作成
現状の分析、目標の明確化を踏まえたうえで、活動計画書を作成する必要がある。
② IR活動の実施
実行計画に従ったIR活動を実施するため、実行する過程で外部環境の変化や関係諸法令の改正に注意し、必要があれば計画を変更する。

（3） 効果の測定
IR活動について実行結果の評価を行う。

（4） 処置
IR活動について、改善する事項があれば、次の計画に反映させる。

4 IR活動の具体例

IR活動の具体例としては次のようなものが挙げられる。

（1）株主総会、株主説明会（株主懇親会）

株主総会は、会社法の規定により開催が定められており、開催時期、場所、招集手続等のほか、総会での報告事項、決議事項も法律で定められている。そのため、株主とのコミュニケーションという点では必ずしも十分とはいえない。これを補充するために株主説明会（株主懇親会）が開催されることが多い。

（2）決算発表、決算説明会

上場企業等の場合、決算発表を行うことが義務づけられている。決算発表は決算短信としての様式が定められており、決算日後45日以内の開催が望まれている。

（3）投資家向け説明会

ここでいう投資家とは、証券アナリスト、ファンド・マネージャー等個人株主以外で当該企業への投資または投資助言を行うものをいう。投資家向け説明会の種類としては、①ラージ・ミーティング、②スモール・ミーティング、③機関投資家への個別訪問、④現地（施設）見学会などがある。

（4）計算書類、事業報告、株主通信の公表

「会社法」により、株主総会招集通知の添付書類として株主に送付されるほか、附属明細書とともに株主総会の期日前2週間前から会社に備え置かれ、株主等が閲覧することができる。

（5）会社案内、アニュアル・レポート（年次報告書）、CSR報告書

　会社案内は、通常、企業PRや営業活動のため作成されるもので、会社の業務内容や製品、サービスの説明が中心になる。

　アニュアル・レポートは、企業業績やトピック事項などの経営情報を利害関係者に報告することを目的とした刊行物である。

　CSR報告書は、Corporate Social Responsibilityすなわち企業の社会的責任を主たる報告対象としてとらえ、企業を取り巻く諸環境の問題、社会的問題について倫理的責任をいかに果たしているかを広くとらえて報告するものである。視点は区々であり、法令遵守、倫理的行動、労働環境、安全衛生など、企業が積極的に取り組んでいる分野を中心として示されている。

（6）インターネットを利用したIR

　インターネットの特徴は、情報の即時性・双方向・ボーダレス・低コスト等である。この特徴を生かしてIRでは、ホームページにアクセスすれば、企業のIR情報が即時に入手することができる。

5　統合報告書（Integrated Reporting：IR）

　近年、財務情報と非財務情報を統合的に取り上げて企業に関する総体的な情報発信手段として、統合報告書を作成・公表する企業が増大している。

　2013年に国際統合報告評議会（International Integrated Reporting Council：IIRC）が統合報告書に関するフレームワークを公表して以降、その動きは非常に活発なものとなっている。

　このIIRCという組織は、さまざまな国際的組織（証券監督者国際機構、国際会計基準審議会、国際会計士連盟など）や各国の会計士協会、証券取引所およびグローバル企業によって構成される組織であり、統合報告書の情報開示のあり方やその普及に努めている。

　このフレームワークはおいて、IIRC 長期的ビジョンは「IIRC の長期的なビジョンは、統合報告（IR）が企業報告の規範となり、統合思考が公的セクター及び民間セクターの主活動に組み込まれた世界が実現されることにある」とされている（以下、訳出は「国際統合報告フレームワーク　日本語訳」(http://integratedreporting.org/wp-content/uploads/2015/03/International_IR_Framework_JP.pdf) に基づく）。統合報告書のねらいとしては以下の 4 点が示されている。

① 　より効率的で生産的な資本の配分を可能とするために、財務資本の提供者が利用可能な情報の質を改善する。

② 　複数の異なる報告を基礎に、組織の長期にわたる価値創造能力に強く影響するあらゆる要因を伝達する企業報告に関して、よりまとまりのある効率的なアプローチを促す。

③ 　広範な資本（財務、製造、知的、人的、社会・関係および自然資本）に関する説明責任およびスチュワードシップを向上させるとともに、資本間の相互関係について理解を深める。

④ 　短、中、長期の価値創造に焦点を当てた統合思考、意思決定および行動に資する。

　このフレームワークは大きく 2 部構成となっており、パート 1 の「イントロダクション」では、フレームワークに利用に関して「統合報告書の定義」「フレームワークの目的」「統合報告書の目的と利用者」「原則主義アプローチ」「報告書の形式及び他の情報との関係性」「フレームワークの適用」「統合書に対する責任」が、続く「基礎概念」では「組織に対する価値創造と他者に対する価値創造」「資本」「価値創造プロセス」が示されている。続くパート 2 の「統合報告書」では、「指導原則」として「戦略的焦点と将来志向」「情報の結合性」「ステークホルダーとの関係性」「重要性」「簡潔性」「信頼性と完全性」「首尾一貫性と比較可能性」が、「内容要素」として「組織概要と外部環境」「ガバナンス」「ビジネスモデル」「リスクと機会」「戦略と資源配分」「実績」「見通し」「作成と表示の基礎」「一般報告ガイダンス」が示されている。

　このフレームワークは、先に触れたIFRSの概念フレームワークと同様に、統合報告書作成のためのルールないしはガイドラインではなく、基礎概念を原則的、演繹的に描き出したものであり、現在、各企業が作成・公表している統合報告書の形式はさまざまである。

||||||| 第3章　理解度チェック |||||||

次の設問に、○×で解答しなさい（解答・解説は後段参照）。

1. 金融商品取引法の最終の目的は、「国民経済の健全な発展」と「投資者保護」に資することである。

2. 発行市場における開示制度は、有価証券報告書により、有価証券の内容や発行者の財務内容・事業内容等を開示し、投資者が自己の責任において有価証券の価値およびその他投資に必要な判断を行うことを可能とする制度である。

3. 継続開示制度では、期中の定期的な開示として、四半期報告書や半期報告書が開示される。

4. すべての会社は、2008年4月1日以降開始する事業年度より四半期報告書が義務づけられている。

5. 継続企業の前提は、投資者にとってきわめて重要な情報であるため、監査報告書にも、継続企業の前提に関して記載しなければならない。

6. インベスター・リレーションズ（IR）とは、企業が国家に対して、必要な情報を適時に提供する活動をいう。

•••••••••• **第3章　理解度チェック　解答・解説** ••••••••••

1. ○

金融商品取引法の最終の目的は、第１条の最後の部分にあたる「国民経済の健全な発展」と「投資者保護」に資することであるといえる。

2. ×

発行市場における開示制度は、有価証券届出書等により、有価証券の内容や発行者の財務内容・事業内容等を開示し、投資者が自己の責任において有価証券の価値およびその他投資に必要な判断を行うことを可能とする制度であり、有価証券報告書は、流通市場における開示制度である。

3. ○

継続開示制度では、事業年度を単位として、通期の企業情報が有価証券報告書として開示され、期中の定期的な開示として、四半期報告書や半期報告書が開示される。

4. ×

上場している会社の場合にのみ、2008年４月１日以降開始する事業年度より半期報告書に代えて、四半期報告書が義務づけられ、「四半期財務諸表」を作成・開示することになっている。

5. ○

継続企業の前提は、投資者にとってきわめて重要な情報である。したがって、監査報告書にも、継続企業の前提に関して記載しなければならない。
継続企業の前提に重要な疑義が認められるときに、その重要な疑義にかかわる事項が財務諸表に適切に記載されていると判断して無限定適正意見を表明する場合には、当該重要な疑義に関する事項について監査報告書に追記しなければならない。

6. ×
インベスター・リレーションズ（IR）とは、企業が株主などの投資者に対し、投資判断に必要な情報を適時、公平、継続して提供する活動の全般をいう。

〈参考文献〉

金商法関連

川東憲治『図説 金融商品取引法〔第1次改訂版〕』学陽書房、2007年

黒沼悦郎『金融商品取引法入門〔第7版〕』日本経済新聞出版社、2018年

多賀谷充『金融商品取引法』同文舘出版、2007年

あずさ監査法人・KPMG『内部統制ガイドブック〔第2版〕』東洋経済新報社、2009年

石島隆監修、石綿勇・藤田芳夫編著『完全図解 内部統制の評価と監査 実施基準』同友館、2007年

町田祥弘『内部統制の知識〔第3版〕』日本経済新聞出版社、2015年

日本公認会計士協会、監査・保証実務委員会報告第75号「監査報告書作成に関する実務指針」2007年

日本公認会計士協会、監査・保証実務委員会報告第82号「財務報告に係る内部統制の監査に関する実務上の取扱い」2007年

IR関連

ジェイ・ユーラス・アイアール編、香田温子・斎藤誠・松田千恵子『機関投資家対応 IR・株主総会マニュアル』中央経済社、2007年

佐藤淑子『IR戦略の実際〔第2版〕』日本経済新聞社、2008年

日本公認会計士協会東京会編『知っておきたい会社実務の最新知識』霞出版社、2003年

法人税（税務会計）

【この章のねらい】

「法人税法」は、法人税について、納税義務者、課税所得等の範囲、税額の計算の方法、申告、納付および還付の手続ならびにその納税義務の適正な履行を確保するために必要な事項を定めるものである。

また、「法人税法」が規定する法人税は、「課税物件」を所得に求め、株式会社などの「法人」の所得金額を「課税標準」にして課される「国税」である。

わが国の税制は、納税者の1人ひとりが法律に定められた制度に従って、申告・納税を自主的に行う「申告納税制度」を基本としている。

簿記会計の実践面に影響力がある税法「法人税」については、条文をできるだけ体系的に整理し、基本的な事項、重要な事項を中心に学ぶことが本章のねらいである。

第1節
法人税の根拠

学習のポイント

◆法人税の性格（法人擬制説・法人実在説）について理解する。
◆法人の種類と納税義務者（内国法人：公共法人、公益法人等、協同組合等、人格のない社団等および普通法人、外国法人：内国法人以外の法人）について理解する。
◆法人税の申告（届出・事業年度・納税地・青色申告の承認）について理解する。

1 法人税の意義

　法人税は、株式会社などの法人の所得を基準にして課される国税である。法人税は、法人の所得を課税対象としており、広い意味における所得税の一種であり、また、法人税は、納税者と担税者が同一である直接税である。

　法人税の性格については、「法人擬制説」と「法人実在説」があり、**法人擬制説**とは、法人の稼得した利益は、株主に配当の形で分配されることになるため、法人税は株主が負担する所得税の前払いであると性格づける考え方である。また、**法人実在説**とは、法人は個人（株主）の集合ではなく、個人とは独立した実体であるとして、法人の所得に独自の担税力が認めてられて法人税を課税する考え方である。わが国の「法人税法」は、法人擬制説に近い考え方がとられている。

　法人税が課税される所得には、①各事業年度の所得、②清算所得、③

退職年金等積立金（2020年3月31日まで停止、「租税特別措置法」（以下、「措置法」）第68条の4）がある。

2 法人の種類と納税義務

「法人税法」上の法人は、「内国法人」と「外国法人」に分類される。**内国法人**とは、公共法人、公益法人等、協同組合等、人格のない社団等および普通法人に区分される。内国法人とは日本国内に本店または主たる事務所を有する法人である（「法人税法」第2条3号）。**外国法人**とは、内国法人以外の法人をいい、国内に本店または主たる事務所を有しない法人である（同条4号）。→図表4－1－1

図表4－1－1　内国法人と外国法人

区分	内国法人の区分	課税所得等
公共法人	地方公共団体、独立行政法人、国立大学法人、日本中央競馬会、日本放送協会等（法2条5号）	非課税（法4条2項）
公益法人等	学校法人、宗教法人、公益財団法人、公益社団法人、日本赤十字社等（法2条6号）	収益事業課税（低税率）（法4条1項・66条3項、令5条）
協同組合等	農業協同組合、漁業協同組合、商工組合等（法2条7号）	課税（低税率）（法4条1項・66条3項）
普通法人	株式会社、合名会社、合資会社、合同会社、医療法人、企業組合（法2条9号）	課税（普通税率）（法4条1項・66条1項）
人格のない社団等	同窓会、PTA、協会等法人格のない社団または財団で代表者または管理人の定めがあるもの（法2条8号）	収益事業課税（普通税率）（法3条・4条1項・66条1項）

区分	外国法人の区分	課税所得等
人格のない社団等	内国法人と同じ	国内源泉所得のうち収益事業課税（法9条）
普通法人	人格のない社団等および協同組合等以外の法人	国内源泉所得課税（普通税率）（法9条）

※法：法人税法、令：法人税法施行令

3 届出・事業年度・納税地・青色申告の承認

　内国普通法人は、会社設立の日以後2ヵ月以内に、法人設立届出書を納税地の所轄税務署長に提出しなければならない（「法人税法」第148条）。事業年度とは、営業年度その他これに準ずる期間であり、定款等で定めるものをいう。法人税の課税は、事業年度を半年としている会社には年2回行われ、事業年度を1年としている会社には年1回行われる（同法第13条1項）。

　また、納税地の異動の届出は、遅滞なく、移動前の納税地の所轄税務署長に届け出なければならない（同法第20条、同法施行令第18条）。法人税には、申告納税制度（みずから課税所得の金額を計算し、税額を算出して申告・納付する方法）が採用されている（同法第74・77条）。

　青色申告制度とは、法人が所定の帳簿書類（注文書、契約書、送り状、領収書、財務諸表等）を備え付け、税務署長の承認を受けたときは、青色申告書を提出できる（同法第121・122条）。青色申告の特典として、法人税法上（1）欠損金の繰越控除、（2）欠損金の繰戻し還付、（3）租税特別措置法（①法人税額の特別控除、②減価償却資産の特別償却、③各種準備金の積立額の損金算入）等がある。また、青色申告の承認申請書の提出期限は、内国普通法人においては、設立の日以後3ヵ月を経過した日と当該事業年度終了日のいずれか早い日の前日である（同法第122条1・2項）。

設例1

下記の法人等のうち、法人税の納税義務者とならないものは、次のうちどれか。

    ア   内国協同組合（商工組合、農業協同組合等）

    イ   内国公益法人（学校法人、公益財団法人等）

    ウ   外国人格のない社団（PTA、同窓会等）

    エ   内国公共法人（国立大学法人、日本放送協会等）

解答・解説

    エ

公共法人は、納税義務はない。

設例2

新たにX1年5月2日に設立した会社が青色申告の承認申告をする場合の提出期限として適切なものは、次のうちどれか（事業年度：4月1日～3月31日の1年間）。

    ア X1年7月2日   イ X1年7月1日

    ウ X1年8月2日   エ X1年8月1日

    オ X2年3月31日

解答・解説

    エ

青色申告の承認申請の提出期限は、設立の日以後3ヵ月を経過した日と当該事業年度終了日のいずれか早い日の前日である。

設例3

新たにX1年7月10日に設立登記した会社が法人設立届出書を提出する際の提出期限として正しいものは、次のうちどれか（事業年度：4月1日～3月31日の1年間）。

　　ア　X1年 9 月 9 日　　イ　X1年 9 月10日
　　ウ　X1年10月 9 日　　エ　X1年10月10日
　　オ　X2年 3 月31日

　　ア
法人設立届出書の提出期限は、設立の日以後 2 ヵ月以内である。

法人所得の計算

学習のポイント

◆法人税の課税標準（各事業年度の所得の金額）について理解する。

◆法人税法上における「所得金額」と企業会計上における「利益額」の相違について理解する。

◆「益金」の額と「損金」の額について理解する。

◆法人税の計算（決算調整事項と申告調整事項）について理解する。

1 法人税の課税標準

　法人税の課税標準は、各事業年度の所得の金額であり、当該所得の金額に税率を乗じて法人税額を計算する（「法人税法」第21条）。各事業年度の所得金額は、当該事業年度の益金の額からその事業年度の損金の額を控除した金額である（同法第22条1項）。益金の額および損金の額は、「別段の定め」があるものを除き、一般に公正妥当と認められる会計処理の基準に従って計算される（同条4項）。

2 所得の金額と企業会計上の利益

　「法人税法」における「所得金額」と、企業会計における「利益額」は、必ずしも一致しない。これは、「法人税法」上の所得金額は、税負担の

公平などを図る見地から計算されるからである。したがって、「法人税法」における「所得金額」は、企業会計における利益額を申告調整（加算・減算）して計算が行われる。

　この所得金額を計算する制度は「確定決算主義」と呼ばれ、申告調整における差額は、法人税申告書「別表四（所得の金額の計算に関する明細書）」で加減調整される。→図表4−2−1

図表4−2−1　所得金額の計算

区　分			金　額
企業会計上の利益額			×××
申告調整	加算	益金算入	（＋）×××
		損金不算入	（＋）×××
	減算	益金不算入	（−）×××
		損金算入	（−）×××
法人税法上の所得金額			×××

3 益金の額

　「法人税法」では、「別段の定め」に規定される「長期割賦販売等に係る収益」「長期請負工事にかかわる収益」等を除き、「益金の額」に算入すべき金額は、次に掲げる5つの収益である（「法人税法」第22条2項）。

　①　資産の販売に係る収益の額

　　　商品・製品等の棚卸資産の販売による収入である。

　②　有償または無償による資産の譲渡に係る収益の額

　　　土地・建物等の固定資産や有価証券等の売却による収入である。また、一般の売買のほか、収用、贈与、代物弁済等による譲渡も含まれる。

　③　有償または無償による役務の提供に係る収益の額

　　　上記②と同様に、役務の提供時の「公正な価額」をもって益金に算入される。

④ 無償による資産の譲り受けに係る収益の額

無償による譲受けにより取得した棚卸資産、有価証券等について
は、時価で記帳し、同額の収益を受贈益として益金の額に算入される。

⑤ その他の取引で資本等取引以外のものに係る収益の額

企業会計上の資本剰余金（国庫補助金、工事負担金、保険差益、
債務免除益）、法人税法上認められる評価益、引当金の戻入益等が
ある。

「**資本等取引**」とは資本金等の額の増加・減少を生じる取引、利
益または剰余金の分配、残余財産の分配または引き渡しをいう（同
条5項）。

4 損金の額

「法人税法」では、「別段の定め」があるものを除き、「**損金の額**」に
算入すべき金額は、次に掲げる額である（「法人税法」第22条3項）。

① 売上原価、定成工事原価その他これに準ずる原価の額

商品・製品等の売上高に対応する売上原価、譲渡した資産の原価
である。

② 販売費、一般管理費その他の費用

当該事業年度の売上高と期間的に対応する費用である。ただし償
却費以外の費用で、債務が確定していないものは除かれる。

③ 損失の額で資本等取引以外の取引に係るもの

災害・盗難等が該当する。

5 法人税の計算

「**法人税の計算**」は、企業会計における利益額に申告調整を行った結
果の所得金額から所得控除を行い、各事業年度の所得金額を算出する。
算出された所得金額に法人税率を適用して、算出税額が算出され、各種

の税額控除を差し引いて法人税額となる。

6 決算調整事項と申告調整事項

「決算調整事項」とは、法人が確定した決算で経理処理をしなかった場合には、「法人税法」上、所得金額の計算に影響させないこととなる事項である。

(1) 損金経理（費用または損失として処理する）をしなければ損金の額に算入されないもの

　① 減価償却費（特別償却費を含む）の損金算入

　② 繰延資産の償却費の損金算入

　③ 特定の事実が生じた場合の資産評価損の損金算入

　④ 未払使用人賞与（使用人兼務役員の使用人分賞与を含む）の損金算入

　⑤ 各種引当金の損金算入

　⑥ 特定の場合の貸倒損失の損金算入

　⑦ 少額減価償却資産および少額繰延資産の一時損金算入

　⑧ 一括償却資産の損金算入

　⑨ 圧縮記帳による圧縮損

「申告調整事項」とは、法人の経理処理に関係なく、申告書により所得計算に含める事項である。申告調整事項には、(1) 当初の申告書に記載がないと認められないもの、(2) 当初の申告書に記載がなくとも、修正申告や更正の請求によって認められるもの、(3) 必ず申告調整を行われなければならないものがある。

(1) 当初の申告書に記載がないと認められないもの

　① 剰余金の処分により圧縮積立金の積立額の損金算入

　② 剰余金の処分により積み立てた特別勘定、各種準備金等の損金算入

　③ 収用換地等の場合の所得の特別控除

④　法人税額の特別控除（試験研究費、投資税額等の控除）

(2)　当初の申告書に記載がなくとも、修正申告や更正の請求によって認められるもの（任意調整事項）

①　受取配当等の益金不算入

②　外国子会社から受ける配当等の益金不算入

③　所得税額および外国税額の控除

(3)　必ず申告調整を行われなければならないもの

①　法人税、地方法人税、道府県民税および市町村民税等の損金不算入

②　各種引当金、準備金の繰入（積立）限度超過額の損金不算入

③　還付金等の益金不算入、資産の評価益の益金不算入

④　資産の評価額の損金不算入、役員給与の損金不算入

⑤　過大な使用人給与の損金不算入

⑥　各種加算税、延滞税、罰科金等の損金不算入

⑦　各種圧縮記帳の圧縮限度超過額の損金不算入

⑧　交際費等や寄付金の損金算入限度超過額の損金不算入

⑨　減価償却資産や繰延資産の償却超過額の損金不算入

設 例

法人税の申告調整事項として不適切なものは、次のうちのどれか。

ア　使用人兼務役員の使用人分賞与の損金算入

イ　交際費等の損金不算入

ウ　受取配当等の益金不算入

エ　法人税還付金等の益金不算入

オ　青色申告事業年度の欠損金の損金不算入

解答・解説

ア

使用人兼務役員の使用人分賞与の損金算入は、決算調整事項である。

課税所得の計算構造

◆損益の計上時期（期間帰属）について理解する。
◆課税所得の計算構造における各テーマ（受取配当等、有価証券、棚卸資産、減価償却資産、欠損金の損金算入、特定同族会社の留保金課税、税額控除等）について理解する。

1 収益費用の計上時期

　商品・製品等の棚卸資産の販売による収益は、その引き渡しがあった日の属する事業年度の益金の額に算入する（「法人税法基本通達」2－1－1）。

　引き渡し日については、次のいずれかの基準が採用されている（同通達2－1－2）。

① 出荷基準

　　相手方の注文に応じて商品等を出荷したときに引き渡しとする。

② 検収基準

　　相手方が商品等を検収して、引き取りの意思表示をしたときに引き渡しがあったとする。

③ 使用収益可能日基準

　　機械・設備等の販売の場合に、相手方に管理権を移転し、取引相手が使用して収益を得ることができるようになった日に引き渡しがあったとする。

④ 検針日基準

電気・ガス・水道等の販売の場合、使用量（販売数量）を検針等により確認したときに、引き渡しがあったとする。

2 受取配当等

（1） 益金不算入の根拠

株主に対する配当金や分配金は、配当等を支払う法人は、すでに法人税を納付しており、これを受け取った法人でも利益に入れると二重課税になるので、法人の配当金に対する二重課税の調整が株主の段階で行われる。個人の場合は、税額控除（配当控除）、法人である場合は、受取配当等の益金不算入として所得から減額することになる。これが二重課税控除の考え方である。

（2） 受取配当等の益金不算入額

内国法人から受け取った、利益の配当または剰余金の分配については、原則として、その一定額は益金の額に算入しない。また、公益法人等または人格のない社団等から受け取ったものは除く（「法人税法」第23条1項）。→図表４－３－１

① 完全子法人株式等

内国法人との間に完全支配関係があった内国法人の株式等に係る配当金の金額が益金不算入となる（同条5項）。

② 関連法人株式等

内国法人の発行済株式等（当該他の内国法人が保有する自己株式等を除く）の3分の1超を、配当等の計算期間の末日まで6ヵ月以上継続して保有している場合におけるその株式に係る配当等には、配当等の元本を取得するために借り入れた負債の利子（支払利息、手形売却損等）の額を配当等の額から控除した金額が益金不算入となる（同条6項）。

③ 非支配目的株式等

内国法人の発行株式等（当該他の内国法人が保有する自己株式を除く）100分の5以下に相当する数または金額の当該他の内国法人の株式等に係る配当等については、配当等の額の100分の20相当額が益金不算入となる（同条7項）。

④ その他の株式等

上記①、②、③以外の内国法人の発行済株式等（当該他の内国法人が保有する自己株式を除く）の100分の5超、3分の1以下の株式等に係る配当等には、配当等の額の100分の50相当額が益金不算入となる（同条1項）。

図表4－3－1　受取配当等の益金不算入額

受取配当等の益金不算入額		
株式等の区分	株式等保有割合	益金不算入額
①完全子法人株式等	100%	受取配当等全額（100%）
②関連法人株式等	3分の1超～100%未満	受取配当等－負債利子
③非支配目的株式等	100分の5以下	受取配当等（20%）
④その他の株式等	100分の5超～3分の1以下	受取配当等半額（50%）

（3）短期保有株式等と証券投資信託

「短期保有株式等」とは、配当等の計算基礎となった期間の末日以前1ヵ月以内に取得し、かつ、その末日後2ヵ月以内に譲渡した株式・証券投資信託であり、これに対応する配当等は、この規定の適用を受けることはできない（同法第23条2項）。

証券投資信託（公社債投資信託および外国の信託を除く）の収益の分配金は、全額益金不算入となる。ただし、特定株式投資信託（外国株価指数連動型特定株式投資信託を除く）に係る配当等については、配当等の額の100分の20相当額が益金不算入となる（「措置法」第67条の6　1項）。

（4）関連法人株式等に対応する負債利子控除額

受取配当等の額から控除する負債利子の額は、下記（a）または（b）

の方法で計算する（「法人税法施行令」第21・22条）。

（ a ） 総資産按分法（原則法）

$$当期支払負債利子総額 \times \frac{前期末および当期末の関連法人株式等の帳簿価額の合計額}{前期末および当期末の帳簿価額の合計額}$$

（ b ） 実績割合による簡便法

$$当期支払負債利子総額 \times \frac{(a)総資産按分法で計算した負債利子の額}{前期末および当期末の支払負債利子総額}$$

※上記の基準年度は2015年4月1日から2017年3月31日までの間に開始した各事業年度とされる（同法施行令第22条4項）。

設例1

以下に示す資料に基づいた場合、当社の当事業年度（X1年5月1日〜X2年4月30日）の受取配当等の益金不算入額として正しいものは、ア〜オのうちどれか。

〔資料〕

1．配当金の内訳

　　甲社からの配当金800,000円（関連法人株式等）

2．控除負債利子

　①　当期の支払利息等は次のとおりである。

　　　金融機関の借入金利息　　　　　　　　500,000円

　　　売上代金に係る手形の売却損（割引料）　200,000円

　②　控除負債利子の計算は総資産按分法（原則法）による。

　③　負債利子控除額の控除負債利子の割合は0.2である。

ア　160,000円　イ　660,000円　ウ　700,000円　エ　760,000円

オ　800,000円

解答・解説

イ

① 配当等の額：800,000円

② 負債利子の控除額：(500,000円＋200,000円) × 0.2 ＝ 140,000円

③ 受取配当等の益金不算入額：800,000円 － 140,000円 ＝ 660,000円

3 有価証券

（1）有価証券の範囲と区分

「法人税法」における「有価証券」とは、①国債証券、②地方債証券、③社債券、④株券、⑤証券投資信託、⑥貸付信託の受益証券、⑦その他のものをいう（「法人税法」第2条21号）。

有価証券は、期末評価法の相違等に基づいて下記のように区分される（同法第61条の3 1項1号、「同法施行規則」第27条の5 1項、「同法施行令」第119条の2 2項）。

① 売買目的有価証券

① 専担者売買有価証券

短期売買目的で行う取引にもっぱら従事する者が短期売買目的で取得したものである。

② その他の売買目的有価証券

上記①以外の有価証券であり、取得日に短期売買目的で取得した旨を帳簿書類に記載したものである。

② 満期保有目的等有価証券

① 満期保有目的有価証券

償還期限の定めのある有価証券のうち、その償還期限まで保有する目的で取得し、かつ、取得日にその旨を帳簿書類に記載したものである。

② 企業支配株式等

法人の特殊関係株主等が発行済み株式数の総数または出資金額の

保有割合が20％以上のものである。

③　その他有価証券

売買目的有価証券、満期保有目的等有価証券以外の有価証券である。

（2）有価証券の取得価額 （「同法施行令」第119条）

①　有価証券を購入により取得した場合は、購入代価に付随費用を加えた金額を取得価額とする。

②　株主としての権利に基づいて平等に割り当てを受け、金銭の払い込みにより取得した場合は、払込金額を取得価額とする。

（3）有価証券の譲渡原価・期末評価・届出

譲渡原価の額は、会社が選定した移動平均法または総平均法により同じ銘柄ごとに算定する（同法61条の2　1項2号）。

期末評価は、①売買目的有価証券は「時価法」、②償還有価証券は「償却原価法」、①・②以外の有価証券は「原価法」が適用される（同法61条の3　1項1・2号）。

帳簿価額の算出方法はそれぞれの有価証券に区分し、銘柄または種類ごとに選定した算出方法を所轄税務署長に届け出なければならない（「同法施行令」第119条の5）。有価証券の法定算出法は、移動平均法である（「同法施行令」第119条の7）。

4 棚卸資産

（1）売上原価の計算

期末棚卸資産の評価は、「売上原価」の計算において重要であり、下記の算式により示される。

売上原価＝期首棚卸高＋当期仕入高－期末棚卸高

（2） 棚卸資産の範囲

　法人税法における棚卸資産は、下記に示すものをいう（「法人税法」第2条20号、「同法施行令」第10条）。

① 　商品または製品（副産物・作業くずを含む）
② 　半製品
③ 　仕掛品（半成工事を含む）
④ 　主要原材料
⑤ 　補助原材料
⑥ 　消耗品で貯蔵中のもの（油、釘、帳票、文具など）
⑦ 　その他

（3） 棚卸資産の取得価額

① 　購入による取得価額は、購入代価に付随費用（引取運賃、荷役費、関税など）、その他消費または販売するために直接要した費用が含まれる。また、間接付随費用でその合計額が少額（購入代価のおおむね3％以内の金額）である場合には、取得価額に算入しないことができる（「同法施行令」第32条1項1号、「同法基本通達」5－1－1）。

② 　自己製造等したものの取得価額は、製造等のための原料費、労務費、経費の額に付随費用を加えた金額である。また、付随費用が製造原価の3％以内の金額の場合は、取得価額に算入しないことができる（「同法施行令」第32条1項2号、「同法基本通達」5－1－3）。

（4） 棚卸資産の評価方法

　棚卸資産の評価方法には、「原価法」と「低価法」がある。原価法には、個別法、先入先出法、総平均法、移動平均法、最終仕入原価法、売価還元法が認められる（「同法施行令」第28条1項1号）。また、低価法とは、棚卸資産の種類等（売価還元法の場合には種類等または差益率）の異なるごとに区別し、その種類等の同じものについて、原価法のうちどれか

1つの方法により評価した価額と期末時価（正味売却価額）とのうちいずれか低い価額をもって評価額とする方法である（同条同項2号）。

　取得価額と時価との差額は、損金算入できる。翌期首において評価損に相当する金額の戻入益を計上する（洗替方式）。

（5）棚卸資産の評価損処理

　棚卸資産は評価損を計上しても、損金の額に算入されない（同法第33条1項）。ただし、棚卸資産について物損等の事実が生じたこと等により評価換えの必要が生じ評価損を計上した場合は、その金額を損金の額に算入することができる（同条2項）。

① 評価損の計上が認められる場合（「同法施行令」第68条1項1号、「同法基本通達」9－1－5）

　ア　災害で著しく損傷したこと

　イ　著しく陳腐化したこと（季節商品の売り残り、新製品の発売により売れにくくなった）

　ウ　破損、型崩れ、棚ざらし、品質変化などで通常の販売価格では売れないこと

② 評価損の計上が認められない場合（「同法基本通達」9－1－6）

　棚卸資産の時価が、単に物価変動、過剰生産、建値の変更等の事情によって低下しただけでは、評価損を計上できない。

（6）届出

　棚卸資産の評価方法を選び、設立事業年度の確定申告書の提出期限までに納税地の所轄税務署長に届け出る必要がある（「同法施行令」第29条2項）。

設例2

　以下に示す〔資料〕に基づいた場合、棚卸資産の期末評価にあたって、法人税法上の評価損が計上できる金額（低価法の適用を除く）として正

しいものは、ア〜オのうちどれか。

〔資料〕

区分	期末簿価	期末時価	備考
A商品	2,100,000円	1,900,000円	建値の変更等により時価が低下
B商品	900,000円	650,000円	過剰生産により時価が低下
C商品	3,500,000円	1,900,000円	災害により著しく損傷
D商品	1,400,000円	1,350,000円	物価変動等による時価の低下
E商品	850,000円	630,000円	型崩れ、棚ざらし等による著しく陳腐化

ア 1,600,000円　イ 1,820,000円　ウ 2,120,000円　エ 2,270,000円
オ 3,000,000円

解答・解説

イ

計算：（3,500,000円－1,900,000円）＋（850,000円－630,000円）＝1,820,000円

設例3

以下に示す〔資料〕に基づき、先入先出法を適用した場合の期末棚卸資産の評価額として正しいものは、ア〜オのうちどれか。

〔資料〕

① 期首商品 150個 @113円
② 仕入高 160個 @115円
③ 売上高 200個 @150円
④ 仕入高 100個 @120円
⑤ 売上高 70個 @150円
⑥ 仕入高 90個 @110円
⑦ 期末商品 230個

ア 26,300円　イ 28,250円　ウ 30,000円　エ 26,500円　オ 27,500円

解答・解説

エ

計算：(40個×@115円)+(100個×@120円)+(90個×@110円)=26,500円

5 減価償却資産

（1）固定資産の範囲

① 減価償却資産の範囲

　減価償却資産は、棚卸資産以外の資産のうち図表4－3－2に示すものである（「法人税法」第2条23号、「同法施行令」第13条）。

図表4－3－2　減価償却資産

資産の種類	内　　容
有形固定資産	建物および建物附属設備、構築物、機械および装置、船舶、航空機、車両および運搬具、工具・器具および備品
無形固定資産	鉱業権、漁業権、特許権、営業権等
生物	牛、馬、豚、かんきつ樹、りんご樹等

② 少額減価償却資産の損金算入

　取得価額が10万円未満、または使用可能期間が1年未満であるものは、固定資産に計上しないで、全額損金に算入できる（「同法施行令」第133条）。ただし、取得価額が20万円未満である有形固定資産については、その資産を一括して3年間で定額償却できる（「同法施行令」第133条の2）。

　青色申告法人である中小企業者等（中小企業者、農業協同組合等）が2006（平成18）年4月1日から2020年3月31日までに30万円未満の減価償却資産を取得した場合には、300万円を限度として全額損金に算入が認められる（「措置法」第67条の5）。

　「中小企業者」とは、下記のいずれかに該当する法人をいう（「措置法」

第42条の4 8項6号、「措置法施行令」第27条の4 12項）。

　ア　資本金または出資金の額が1億円以下である法人で常時使用する従業員の数が1,000人以下の法人。ただし、資本金または出資金の額が1億円を超える大規模法人（資本または出資を有しない法人のうち常時使用する従業員の数が1,000人を超える法人）に発行済み株式または出資の総額または総数の2分の1以上を所有されている法人および複数の大規模法人に発行済み株式または出資の総額または総数の3分の1以上を所有されている法人を除く

　イ　資本または出資を有しない法人のうち常時使用する従業員数が1,000人以下の法人

③ 非減価償却資産

　固定資産のうち非減価償却資産（①時の経過により減価しない資産または②事業に使用されていない資産）は、減価償却をする必要がない（「法人税法施行令」第13条）。

　ア　土地、借地権、電話加入権、書画骨董等

　イ　建設中の資産、遊休資産、貯蔵中の資産等

（2）減価償却資産の取得価額

　① 購入に要した費用一切を取得価額とする（「同法施行令」第54条1項）。→図表4－3－3

　② 付随費用等の処理

　　ア　借入金利子：使用開始前の期間に係るものは、算入しないことができる（「同法基本通達」7－3－1の2）

　　イ　税金等：不動産取得税、自動車取得税、登録免許税等は算入しないことができる（同通達7－3－3の2）

　　ウ　立退料：土地建物等を購入したときの立退料は、取得価額に算入する（同通達7－3－5）

　　エ　取壊費：土地の取得価額に算入する（同通達7－3－6）

図表４－３－３　減価償却資産の取得価額

取得の方法	取得価額
購入による取得価額	購入代価（引取運賃、荷役費、購入手数料）
自己製作による取得価額	材料費、人件費、その他の経費
自己成育牛馬等の取得価額	購入代価（種付費、出産費等）
自己成熟果樹等の取得価額	購入代価（種苗費等）

（３）リース資産

① リース資産の取得価額

「**リース資産**」は、下記の要件を満たすリース取引により取得した場合に資産計上される（同法第64条の2　1・3項）。

　ア　契約により賃貸借期間の中途で解除することができない

　イ　貸借人が当該賃貸借に係る資産からもたらされる経済的な利益を実質的に享受でき、かつ、使用に伴って生じる費用を実質的に負担する場合

リース資産の取得価額は、リース期間中のリース料の合計額と付随費用の額の合計額である。

② リース期間定額法

リース資産の取得価額をリース期間で月数按分した金額を各事業年度の償却限度額とする方法である（「同法施行令」第48条の2　1項6号）。

償却限度額＝（リース資産の取得価額－残価保証額）×契約で定めたリース期間÷当期リース期間

　※残価保証額がない場合には、リース料の総額

（４）資本的支出と修繕費の区分

「**資本的支出**」とは、資産の使用可能期間を延長させる部分の金額または価額を増加させる部分の金額のどちらかに該当するものは、損金に算入しない（「同法施行令」第132条）。

① **資本的支出の内容**（「同法基本通達」7－8－1）

ア 建物の避難階段の取り付け等、物理的に付加した部分の費用

イ 用途変更のための模様替え等、改造、改装の直接費用

ウ 機械の部品を特に品質または高性能のものに取り替えた費用のうち、通常の取り替えに要する費用を超えた金額

② **修繕費の内容**（同通達7－8－2）

ア 固定資産の通常の維持管理のため、または損傷した固定資産の原状回復のための費用

イ 建物の移築費用

ウ 機械装置の移動費用

エ 修理、改良等の費用が20万円未満である場合

オ 修理、改良等がおおむね3年以内の周期性をもつことが過去の実績等から明らかである場合

（5）耐用年数

① 法定耐用年数

「法人税法」では、法定耐用年数を「減価償却資産の耐用年数等に関する省令」（以下、「耐用年数省令」）で定めている。

② 中古資産の耐用年数

「中古資産」を取得した場合には、法定耐用年数によらず、残存耐用年数を見積もって減価償却を行うことができる（同省令第3条1項）。また、残存耐用年数の見積もりが困難である場合は、下記の簡便法により算定することができる（同条1項2号）。

ア 法定耐用年数の全部を経過した資産

法定耐用年数×20％

イ 法定耐用年数の一部を経過した資産

（法定耐用年数－経過年数）＋経過年数×20％

（6） 償却率

減価償却の償却率は、「耐用年数省令」別表第七、八、九、十で（旧）定額法、（旧）定率法のそれぞれに応じたものが定められている（同省令4条2・3項、5条2〜5項、「耐用年数の適用等に関する取扱通達」5-1-1）。

① 旧定額法、定額法または定率法を選定している場合
   償却率または改定償却率×当期の月数÷12ヵ月
② 旧定率法を選定している場合
   改定耐用年数に応ずる別表第七の旧定率法の償却率

（7） 減価償却方法の選定・届出

① 償却方法の選定（「法人税法施行令」第48条・49条の2・50条）
   ア 建物、建物附属設備および構築物…定額法
   イ 建物以外の有形減価償却資産…定額法・定率法
   ウ 無形減価償却資産（リース資産を除く）…定額法
   エ 営業権…5年間均等償却法
   オ ソフトウェア…3年または5年間均等償却法

② 選定届出・変更

減価償却方法は、税務署長に届け出る必要がある（「同法施行令」第51条2項）。減価償却方法を変更する場合は、事業年度の開始日の前日までに、その旨・変更理由等を税務署長に届け出る必要がある。ただし、償却方法を採用してから3年間を経過していない場合は、変更の申請が却下されることがある（「同法施行令」第52条）。

（8） 特別償却制度

① 特別償却

「特別償却」とは、「法人税法」の規定により計算された通常の償却額のほかに、特別に減価償却を認める税法上の特典であり、青色申告法人に認められている。

① 初年度特別償却（初年度）（「措置法」第42条の6等）

特別償却限度額＝資産の取得価額×特別償却割合

② 割増償却（一定期間5年間または3年以内）（同法第47条）

特別償却限度額＝当期償却限度額×割増償却率

② 特別償却準備金

特別償却に代えて、各特別償却対象資産別に、特別償却限度額以下の金額を損金経理する方法または当期の決算確定の日までに剰余金の処分により積立金として積み立てる方法により**特別償却準備金**として積み立て、その積み立てた金額を損金の額に算入する準備金方式も認められる（「措置法」第52条の3第1項）。剰余金の処分による場合は、別表四で減算調整を行う。また、準備金は、翌期から7年間にわたり均等額を取り崩し、各事業年度の損金の額に算入する（同条5・6項）。

設例4

資本的支出と修繕費に関する記述として不適切なものは、次のうちどれか。

ア 当該事業年中に同一の修理、改良のために支出した費用が20万円未満である場合は、修繕費とすることができる。

イ 建物の用途変更のための模様替えなどの改造や改装の直接費用は、資本的支出とする。

ウ 固定資産の通常の維持管理のため、または損傷した固定資産の原状回復のための費用は修繕費とする。

エ 機械装置の移設費（運賃、据付費）は、資本的支出とする。

オ 沈下した土地と回復するための地盛り費用は、修繕費とする。

解答・解説

エ

移設費は修繕費に該当する。

設例5

当社は、当期（X1年4月1日からX2年3月31日まで）の9月に中古の機械装置を取得し、直ちに事業の用に供した。以下に示す〔資料〕に基づいた場合、当期における当該中古機械装置の減価償却限度額として正しいものは、ア〜オのうちどれか。

〔資料〕

1．X2年3月31日の帳簿価額：4,050,000円
2．当期償却額：450,000円
3．法定耐用年数：25年
4．取得日までの経過年数：20年
5．耐用年数は簡便法により見積もる
6．償却率は次の定率法償却率を適用する
　　9年：0.222　11年：0.182　13年：0.154

ア　803,250円　イ　582,750円　ウ　1,002,000円　エ　1,052,100円
オ　1,078,400円

解答・解説

イ

計算：中古資産の耐用年数：（25年−20年）+ 20年 × 20％ = 9年
　　　（4,050,000円 + 450,000円）× 0.222 × 7ヵ月 ÷ 12ヵ月 = 582,750円

設例6

甲社の当期（X1年4月1日からX2年3月31日まで）における機械装置に関する減価償却費の計算方法等は、以下に示す〔資料〕のとおりである。税務上の減価償却限度額として正しいものは、ア〜オのうちどれか。

〔資料〕

1．機械装置の取得価額：9,000,000円
2．前期から繰り越した償却超過額：300,000円

3．当期償却実施額：190,000円
4．期末帳簿価額：1,400,000円
5．耐用年数：12年
6．償却方法：定率法（償却率0.167）

　ア　314,180円、イ　330,720円、ウ　315,630円、エ　400,900円、
　オ　441,080円

解答・解説

ウ
計算：1,400,000円＋190,000円＋300,000円＝1,890,000円
　　　償却限度額：1,890,000円×0.167＝315,630円

6 繰延資産

　「繰延資産」とは、法人が支出した費用のうち、支出の効果がその支出の日以後1年以上に及ぶもので、一定のものをいう（「法人税法」第2条24号）。法人税法で認められる繰延資産には、会社法・企業会計上で限定列挙している下記の繰延資産のほかに、税法独自の繰延資産がある（「同法施行令」第14条1項、「同法基本通達」8－1－3～12）。

（1）会社法・企業会計上の繰延資産
　①創立費、②開業費、③開発費、④株式交付費、⑤社債等発行費

（2）税法上の繰延資産
　①　自己が便益を受ける公共的施設または共同的施設の設置または改良費用（道路の舗装費、堤防の護岸等の建設費、法人が所属する協会・組合・商店街等が共同で設立するアーケード・会館等の負担金）
　②　資産を貸借し、または使用するために支出する権利金、立退料そ

の他の費用

③　役務の提供を受けるために支出する権利金その他の費用

④　製品等の広告宣伝の用に供する資産を贈与したことにより生じる費用

⑤　①〜④のほかに、自己が便益を受けるために支出する費用

（3）繰延資産の償却限度額

①　会社法・企業会計上の繰延資産

上記**（1）**の①〜⑤の繰延資産は、償却の時期・額については自由償却による（「同法施行令」第64条1項1号）。

②　税務上の繰延資産

上記**（2）**の①〜⑤の繰延資産は、その支出の効果の及ぶ期間で均等償却を行う（同条1項2号）。

（4）税務上の繰延資産の償却期間

①　公共的施設等の負担金

公共的施設等の負担金と償却期間等は図表4−3−4のとおりである（「同法基本通達」8−2−3）。

設例7

以下に示す〔資料〕に基づいた場合、当期（X1年4月1日からX2年3月31日まで）の繰延資産の償却限度額として正しいものは、ア〜オのうちどれか。

〔資料〕

A社は、自社の店舗前の市道のコンクリート舗装工事のための負担金としてX1年10月1日に600万円を市に支出した。コンクリート舗装の耐用年数は15年である。

ア　200,000円　イ　360,000円　ウ　400,000円　エ　500,000円
オ　560,000円

図表４－３－４　公共的施設等の負担金

種　類	細　目	償却期間
公共的施設の設置または改良のために支出する費用※（「基本通達」８－１－３）	(1) その施設または工作物がその負担者の専用とされる場合	その施設または工作物の耐用年数の７/10
	(2) 上記以外	その施設または工作物の耐用年数の４/10
共同的施設の設置または改良のために支出する費用（「基本通達」８－１－４）	(1) その施設が負担者または構成員の共用とされる場合または協会等の本来の用に供される場合	(1) 施設の建設または改良に充てられる部分の負担金は、その施設の耐用年数の７/10 (2) 土地の取得に充てられる部分の負担金については、45年
	(2) 商店街等の共同アーケード、日よけなどの負担者の共用とされるとともに一般公衆の用にも供される場合	５年（その施設の耐用年数が５年未満である場合は、その耐用年数）

※法人が道路用地をそのまま、または道路として舗装のうえ国または地方公共団体に提供した場合で、その提供した土地の価額（舗装費を含む）が該当する場合は、その償却期間の基礎となる「その施設または工作物の耐用年数」は15年として適用する。

解答・解説

エ

計算：償却期間：15年 × 4 ÷ 10 = 6 年

償却限度額：600万円 ÷ 6 年 × 6 ヵ月 ÷ 12ヵ月 = 50万円

設例8

以下に示す〔資料〕に基づいた場合、共同的施設の負担金の償却期間として正しいものは、ア～オのうちどれか。

〔資料〕

当期（X1年４月１日からX2年３月31日まで）において６月５日に商店

街における共同のアーケード建設費用の負担金として、900万円を支出した。アーケードの法定耐用年数は15年である。

　ア　4年　イ　5年　ウ　6年　エ　10年　オ　15年

解答・解説

　イ

　共同的施設の負担金の償却期間は5年（当該施設の耐用年数が5年未満である場合は、当該耐用年数）である。

7 役員の給与等

（1）役員と使用人の区分

　　（「法人税法」第2条15号、「同法施行令」第7条、同法第34、「同法基本通達」9－2－5）

① 選任役員

　「選任役員」とは、取締役、執行役、会計参与、監査役、理事、監事および清算人をいう。

② みなし役員

　使用人以外の者で法人の経営に従事（職制上使用人としての地位のみを有する者以外の者）している者。

③ 同族会社のみなし役員

　株主等の3人以下および同族関係者の有する株式等の合計が当該会社の発行済株式総数等の50％以上を超える会社等の使用人のうち、一定割合以上の持株を有する者。

④ 使用人

　使用人とは、雇用関係による契約であり、役員とは委任関係による契約であり、使用人給与は、原則として全額損金算入されるが、役員給与には、損金算入に制限が加えられている。

⑤ 使用人兼務役員

役員と使用人の職務を兼ねる人を使用人兼務役員と称し、税務上、一般の役員に対する給与とは異なる取り扱いを認めている。使用人分給与については、原則として全額損金算入となる。

（2）役員給与の損金不算入額

① 定期同額給与

給与の支給時期が1ヵ月以下の一定の期間ごとに支給される給与で、かつ各支給時期の支給額が同額であるものをいう（同法第34条1項1号）。定期同額給与は、損金の額に算入される。

   ① 通常の改定

     事業年度開始後3ヵ月以内に開催される定時株主総会で選任された場合（「同法施行令」第69条1項1号イ）

   ② 臨時改定

     役員の職制上の地位の変更、職務の内容の重大な変更等によりされた改定（同条1項1号ロ）

   ③ 業績悪化の改定

     法人の経営の状況が著しく悪化したこと等によりされた減額改定（同条1項1号ハ）

   ④ 継続的に供与される経済的な利益のうちその供与される利益の額が毎月おおむね一定であるもの（同条1項2号）

② 事前確定届出給与

役員の職務につき所定の時期に確定額を支給する給与であり、届出期限（株主総会等の決議によりその給与に係る定めをした場合におけるその決議日から1ヵ月を経過した日とその会計期間開始日後から4ヵ月を経過した日とのいずれか早い日）までに、所轄税務署長に所定の届出をしている給与をいう（同法第34条1項2号、「同法施行令」第69条3・4項）。

③ 業績連動給与

　非同族会社が業務執行役員に対して業績に連動して支給する給与で、算定方法、支給期限、および損金経理等の要件を満たすものをいう（同法第34条1項3号、「同法施行令」第69条10項、「同法施行規則」第22条の3 3項）。

設例9

　以下に示す〔資料〕に基づいた場合は、当社の当事業年度（X1年4月1日〜X2年3月31日）における役員給与の損金不算入額として正しいものは、ア〜オのうちどれか。

〔資料〕

（単位：円）

支払月	代表取締役	専務取締役	取締役営業部長
4月分給与	2,000,000	1,500,000	700,000
5月分給与	2,000,000	1,500,000	700,000
6月分給与 ※①	2,500,000	1,800,000	900,000
夏季賞与	−	−	1,300,000 ※④
7月分給与	2,500,000	1,800,000	900,000
8月分給与	2,500,000	1,800,000	900,000
9月分給与	2,500,000	1,800,000	900,000
10月分給与	3,000,000 ※②	1,800,000	900,000
11月分給与	3,000,000 ※②	1,800,000	900,000
冬季賞与	−	−	1,500,000 ※④
12月分給与	2,500,000	1,500,000 ※③	900,000
1月分給与	2,500,000	1,500,000 ※③	900,000
2月分給与	2,500,000	1,800,000	900,000
3月分給与	2,500,000	1,800,000	900,000

※①　6月分の昇給は、定時株主総会終了後における定時改定事由に該当するものである。
※②　給与の増額は、業績が好調であったためである。
※③　給与の減額は、不祥事を起こしたことによる減給である。
※④　給与のうち50万円は使用人職務分である。また、賞与はすべて使用人職務分であるが、部長としての適正額は、夏季・冬季ともに120万円である。

　ア　80万円　イ　100万円　ウ　120万円　エ　140万円　オ　200万円

| 解答・解説 |

エ

損金不算入額：140万円

(1) 代表取締役：（300万円 − 250万円）× 2 ヵ月 ＝ 100万円

(2) 専務取締役：なし（③は減額改定給与）

(3) 取締役営業部長：（130万円 − 120万円）＋（150万円 − 120万円）
　　　　　　　　　　 ＝ 40万円

8 寄附金

（1） 意義・一般寄附金

「寄附金」とは、金銭等の資産または経済的利益を贈与または無償供与することである（「法人税法」第37条 7 項）。法人が寄附金を支出した場合は原則として損金に算入されるが、一定の限度額を超える場合には、その超える金額は損金不算入となる（同条 1 項、「同法施行令」第73条 1 号）。

（2） 指定寄附金

国や都道府県・市区町村に対する寄附金、公益法人等に対する寄附金で、広く一般に募集され、教育または科学の振興、文化の向上、社会福祉への貢献その他公益の増進に寄与するための支出で緊急を要するものに充てられることが確実であるものとして財務大臣が指定したものは、全額損金の額に算入できる（同法第37条 3 項）。

（3） 特定公益増進法人等

独立行政法人、日本私立学校振興・共済事業団、日本赤十字社、公益社団法人、公益財団法人、社会福祉法人等に対する寄附金は、損金算入限度額を超える場合には、その損金算入限度額に相当する金額を損金に算入する（同条 4 項）。

（4）損金算入限度額

① 一般寄附金（普通法人、共同組合等、人格のない社団等）

$$\{(資本金等の額 \div 12 \times 月数 \times 0.0025) + (所得金額 \times 0.025)\} \times 0.25$$

※資本金等の額とは、株主等から出資を受けた金額

② 特定公益増進法人等

$$\{(資本金等の額 \div 12 \times 月数 \times 0.00375) + (所得金額 \times 0.0625)\} \times 0.5$$

③ 指定寄附金

全額損金の額に算入できる

設例10

　以下に示す〔資料〕に基づいた場合、当社の当期における寄附金の損金不算入額として正しいものは、ア〜オのうちどれか。

〔資料〕

１．支出寄附金等

①　指定寄附金：1,000,000円

②　特定公益増進法人等に対する寄附金：2,500,000円

③　国外関係者に対する寄附金：800,000円

④　その他の寄附金（①〜③以外）：3,100,000円

２．特定公益増進法人等に対する寄附金の損金算入額：2,000,000円

３．その他の寄附金の損金算入限度額：2,000,000円

ア　800,000円　イ　1,300,000円　ウ　1,900,000円　エ　2,400,000円

オ　3,000,000円

解答・解説

エ

損金不算入額：(2,500,000円 − 2,000,000円) + 800,000円 + (3,100,000円 − 2,000,000円) = 2,400,000円

9 租税公課

（1） 法人税額等の損金不算入

「法人税額等」とは、法人税、道府県民税、市町村民税が含まれ、損金の額には算入されない（「法人税法」第38条1項・2項2号）。

当期確定申告による納付予定額を〔（借方）法人税等充当額（P／L）XXX（貸方）納税充当金（B／S）XXX〕と計上した場合には、申告書別表四で「損金経理をした納税充当金」として、当期利益に加算される。また、中間申告による納税額を〔（借方）租税公課（P／L）XXX〕と計上した場合には、申告書別表四で「損金経理をした法人税及び地方法人税」「損金経理をした道府県民税及び市町村民税」として当期利益に加算される。

（2） 法人税額から控除される所得税額

受取利子や配当等に対する源泉徴収額は、法人税額の税額控除となる。税額控除を受ける場合には、申告書別表四で所得に加算することになる（同法第40条）。また、利子等の復興特別所得税も損金不算入のため、別表四で加算される。

（3） 事業税等

事業税等とは、前事業年度分の利益に対する事業税と地方法人税が含まれ、当期の損金に算入される。当期分の利益に対する事業税等は、当期の損金に算入できない。しかし中間申告分の事業税等は、損金の額に算入することができる（「同法基本通達」9－5－2）。

設例11

以下に示す〔資料〕に基づいた場合、当期法人税額の計算基礎となる所得金額として正しいものは、ア～オのうちどれか。なお、下記以外の税務調整項目はないものとし、当期純利益の金額は40,000,000円とする。
〔資料〕

1．納税充当金の当期損金経理による繰入額の内訳
- （1）法人税額：12,000,000円
- （2）道府県民税および市町村民税の額：3,000,000円
- （3）事業税額：600,000円

2．当期中に損金経理により納付した租税公課等
- （1）法人税額の中間納付額：9,000,000円
- （2）道府県民税および市町村民税の中間納付額：1,800,000円
- （3）事業税の中間納付額：400,000円
- （4）印紙税の過怠税：5,000円
- （5）受取利息について源泉徴収された所得税：30,000円

3．前期末に設定した納付税充当金の取崩し額の内訳
- （1）法人税額：14,500,000円
- （2）道府県民税および市町村民税の額：1,900,000円
- （3）事業税額：900,000円

ア　65,535,000円　イ　65,835,000円　ウ　65,935,000円

エ　69,535,000円　オ　70,250,000円

解答・解説

ア

計算：12,000,000円＋3,000,000円＋600,000円＋9,000,000円
　　　＋1,800,000円＋5,000円＋30,000円－900,000円＝25,535,000円
　　　40,000,000円＋25,535,000円＝65,535,000円

10 交際費等

（1）交際費の範囲

「交際費等」とは、交際費、接待費、機密費等の費用で、得意先、仕入先その他事業に関する者等に対する接待、慰安、贈答、その他これら

に類似する行為のために支出する費用をいう（「措置法」第61条の4 4項）。

① **交際費等に含まれる費用**

① 法人の社屋新築記念、何周年記念における宴会費、記念品代、交通費や、新船建造、土木建築等における進水式、起工式、落成式等における費用

② 得意先、仕入先等、社外者の慶弔・禍福に支出する金品等の費用

③ 得意先、仕入先等を旅行・観劇等に招待する費用

④ 得意先、仕入先等の従業員等に対して取引の謝礼等として支出する金品の費用

⑤ 得意先、仕入先等社外の者に対する接待、供応に要した費用（寄附金、値引き、割り戻し、広告宣伝費、福利厚生費、給与等に該当しないすべての費用）

② **交際費等から除外される費用**（「措置法」第61条の4 4項、「措置法施行令」第37条の5）

① もっぱら従業員の慰安のための運動会・演芸会・旅行等に通常要する費用（福利厚生費）

② 飲食その他これに類する行為のために要する費用（法人の役員・従業員またはこれらの親族に対する接待等の支出を除く）で参加者1人当たりの金額が5,000円以下の飲食費（少額社外飲食）

③ カレンダー、手帳、うちわ等の物品を贈与するために通常要する費用（広告宣伝費）

④ 会議に関連して、茶菓子、弁当等の飲食物を供与するため通常要する費用（会議費）

⑤ 新聞、雑誌等の記事収集、または放送の取材に通常要する費用（取材費）

⑥ 不特定または多数の被災者を救済する災害見舞金等、自社製品等の提供に要する費用

（2）交際費等の損金算入

法人の得意先、仕入先その他事業に関連がある者に対する交際費等は、原則として、損金に算入されない。ただし、交際費等の額のうち接待飲食費の50％相当額は損金に算入される（「措置法」第61条の4・68条の66）。

中小法人については、定額控除限度額の800万円に達するまでの金額の損金算入と、接待飲食費のために支出した費用の額の50％の損金算入との選択適用が認められている（同法第61条の4 2項）。

設例12

法人税法上、交際費等の損金不算入の対象とならない費用は、次のうちどれか。

ア　得意先の従業員に対して取引の謝礼等として支出した金品の費用
イ　仕入先に対する慶弔に際して支出した金品の費用
ウ　仕入先のコンペに参加した当社の従業員分のゴルフプレー費用
エ　仕入先を接待した際の飲食費で、1人当たり5,000円以下の費用
オ　得意先に対するお中元の費用

解答・解説

エ
交際費等から除外される費用に該当する

11 引当金、準備金

（1）貸倒引当金繰入額

貸倒引当金の適用法人は、銀行、保険会社その他これらに類する法人および中小法人等に限定されている。貸倒引当金繰入限度額は、「個別評価金銭債権」に係る貸倒引当金と「一括評価金銭債権」に係る貸倒引当金とに区分される（「法人税法」第52条）。

（2） 個別評価金銭債権に係る貸倒引当金

① 長期棚上げ債権の繰入限度額

　下記のアからエの事実が生じた場合には、特定の事由が生じた事業年度の末日の翌日から5年を経過する日までの弁済予定金額と担保権の実行による取り立て等の見込み金額を控除した金額が、繰入限度額となる（「法人税法」第52条1項、「同法施行令」第96条、「同法施行規則」第25条の2、「同法基本通達」11－2－8）。

　　ア　会社更生法等の規定による更生計画認可の決定

　　イ　民事再生法の規定による再生計画認可の決定

　　ウ　会社法の規定による特別清算に係る協定の認可の決定

　　エ　債権者集会の協議決定、行政機関または金融機関その他の第三者の斡旋による当事者間の協議により締結された契約で、合理的な基準により債務者の負債整理を定めている場合

② 債務超過が相当期間継続している場合等の繰入限度額

　債務者について、債務超過の状態が相当期間継続し、かつ事業好転の見通しがないことや、災害、経済事情の急変等によって多大な損害が生じたため、当該金銭債権の一部金額につき回収の見込みがないと認められる金額が繰入限度額となる。

③ 形式基準による繰入限度額

　債務者について下記のアからオの事実が生じた場合には、当該金銭債務（担保権の実行・保証債務の履行等による取り立て等の金額を除く）の50％が繰入限度額となる。

　　ア　会社更生法等の規定による更生手続開始の申し立てがあったこと

　　イ　民事再生法の規定による再生手続開始の申し立てがあったこと

　　ウ　破産法の規定による破産手続開始の申し立てがあったこと

　　エ　会社法の規定による特別清算開始の申し立てがあったこと

　　オ　手形交換所による取引停止処分を受けたこと

（3） 一括評価金銭債権に係る貸倒引当金

「一括評価金銭債権」とは、個別評価金銭債権を除く金銭債権（売掛金、貸付金その他これらに準ずる債権）である（「法人税法」第52条2項、「同法基本通達」11－2－16、11－2－18）。

① 金銭債権に含まれるもの

ア 未収譲渡代金、未収手数料、貸付金の未収利子等で、益金に算入されたもの

イ 他人のために立替払いをした場合の立替金

ウ 未収の損害賠償金で益金に算入したもの

エ 保証債務を履行した場合の求償権

② 金銭債務に含まれないもの

ア 預貯金の未収利子、公社債の未収利子、未払配当金

イ 保証金、敷金、預り金

ウ 手付金、前渡金

エ 仕入割り戻しの未収金

③ 貸倒引当金繰入限度額

貸倒引当金の繰入率は、貸倒実績率による。貸倒実績率は、過去3年間における貸倒損失に基づいて算定される。中小法人等では、実績繰入率と法定繰入率による繰入限度額の計算のいずれか有利なほうを選択することができる（「措置法」第57条の9 1項）。

法定繰入率は下記の事業の種類に応じて定められている（「同法施行令」第33条の7 4項）。

ア 卸・小売業：1.0％、イ 製造業：0.8％、ウ 金融・保険業：0.3％、エ 割賦小売業：1.3％、オ その他の事業：0.6％

公益法人等や協同組合等は、これらの金額の10％割増しの額が繰入限度額となる（「措置法」第57条の9 3項）。

また、貸倒引当金繰入額は、翌期に全額取り崩して益金の額に算入する洗替方式である（「法人税法」第52条10項）。

④ 準備金積立額

　税法上の準備金は、産業の振興など特定の政策目的のために、一定の限度額まで損金算入が認められている。租税特別措置法の準備金には、海外投資等損失準備金（特定株式等の価額の低落等に備えるための準備金）、特別修繕準備金（船舶、溶鉱炉等の周期的な大規模な修繕に要する費用に限られる）があり、損金経理だけでなく剰余金処分方式も認められる。準備金の積立額は、原則として、将来の事業年度において取り崩され、益金の額に算入される。

（4）貸倒損失

① 貸倒れ

　「**貸倒損失**」とは、売掛金、受取手形、貸付金等の金銭債権が回収不能となった場合、損金算入できるものである。

② 法律上の貸倒れの場合

　下記の事実または法律により金銭債権の一部または全部が切り捨てられた場合には、その事実の発生した事業年度において貸倒れとして損金の額に算入される（「法人税法基本通達」9－6－1）。

　　ア　会社更生法の更生計画の認可の決定

　　イ　民事再生法の再生計画の認可の決定

　　ウ　債権者集会の協議決定で合理的な基準により負債整理を定めているもの

　　エ　債務者の債務超過の状態が相当期間継続し、金銭債権の弁済を受けることができない場合、債務者に対して書面により明らかにされた債務免税額

③ 事実上の貸倒れの場合

　債務者の資産状況、支払能力等から見てその金銭債権が全額回収不能である場合には、全額損金として計上することができる（同通達9－6－2）。

④ 形式上の貸倒れの場合

　下記の事実が発生した場合には、その売掛債権（売掛金、未収請負金、

これらに準ずる債権をいい、貸付金等を含まない）について、売掛債権から備忘価額（1円）を控除した残額を貸倒れとして損金算入することができる（同通達9－6－3）。

　ア　債務者との取引を停止したとき以後1年以上を経過したこと

　イ　同一地域において有する売掛債権の総額が取り立てのために要する旅費その他費用に満たない場合で、支払いを督促しても弁済がないこと

設例13

　甲社は、資本金1億円の製造業を営む会社で、当期（X1年4月1日〜X2年3月31日）末現在の債権残高は、以下に示す〔資料〕のとおりである。業種別法定繰入率による税法上の貸倒引当金繰入限度額（一括引当）として正しいものは、ア〜オのうちどれか。

〔資料〕

　1．売掛金：8,000,000円

　2．手付金（固定資産の取得の代価）：700,000円

　3．貸付金（得意先A商店に対するもの）：900,000円

　4．受取手形（割引に付した2,500,000円を除く）：5,000,000円

　5．差入保証金（借家の敷金）：3,000,000円

　6．未収金（未収地代家賃）：1,200,000円

　　注1）得意先B商店に対する売掛金1,000,000円が〔資料〕1の中に含まれているが、同商店には、買掛金1,500,000円が残っている。

　　　2）得意先C商店に対する売掛金800,000円が〔資料〕1の中に含まれているが、同売掛金に対して個別引当の貸倒引当金400,000円を設定している。

　　　3）割引手形2,500,000円は、売掛金の回収として取得したものを割引に付したもので、その支払期日は未到来である。

　ア　0円　　イ　126,400円　　ウ　137,000円　　エ　150,400円

　オ　169,000円

解答・解説

イ

中小企業者等の特例（製造業0.8％）

売掛金：8,000,000円 − 1,000,000円 − 800,000円 ＝ 6,200,000円

貸付金：900,000円

受取手形：5,000,000円 ＋ 2,500,000円 ＝ 7,500,000円

未収金：1,200,000円

限度額：15,800,000円 × 0.8％ ＝ 126,400円

12 圧縮記帳

　法人が国庫補助金、工事負担金等の交付により、固定資産等を購入する場合、および、火災保険金を受け取る場合には、受贈益や保険差益が発生する。しかし、この受贈益等を課税の対象にすると、益金に算入されるため、補助金等本来の目的が失われ、目的とする資産の取得が困難となる。「法人税法」では、受贈益を一応課税の対象として益金の額に算入するが、圧縮記帳により、当該資産等の取得価額を減額して記帳し、減額した部分の金額を損金の額に算入し、受贈益と圧縮記帳損を相殺することが容認されている（同法第42条〜50条）。

　「圧縮記帳」とは、国庫補助金等を受け入れたときに課税されるべき法人税を一時に課税せず、課税を繰り延べる措置である。これは、減価償却資産の場合は、減価償却費が少なくなる分、毎年納める税金が多くなり、また非償却資産の場合は、譲渡時に一時に売却益に課税することになり、税金の取り戻しが行われる。

13 その他の損益

（1）資産の評価損益

① 資産の評価益の益金不算入

　「法人税法」では、取得原価主義を採用しているため、資産の評価益の計上は認められない（同法第25条1項）。

　ただし、下記の場合には、資産の評価益を計上することができる（同条2項、「同法施行令」第24条）。

　　ア　会社更生法等による更生計画認可の決定
　　イ　民事再生法による再生計画認可の決定
　　ウ　保険会社の株式の評価換え

②　資産の評価損の損金不算入

　法人税法では、資産の評価換えをした場合、資産の評価損の計上は認めない（同法第33条1項）。

　ただし、棚卸資産、有価証券、固定資産、繰延資産において、災害による著しい損傷の事実が生じた場合等には、資産の評価損を計上することができる（同条2項、「同法施行令」第68条）。

14　欠損金の損金算入

（1）欠損金の繰越控除 （2018（平成30）年4月1日以後開始する事業年度）

　青色申告書を提出する法人の各事業年度開始の日前10年以内に開始した事業年度において生じた「繰越欠損金」は、その各事業年度の所得の金額の計算上損金の額に算入できる（「法人税法」第57条1・11項）。

　ただし、各事業年度の所得の金額の50％相当額（2017（平成29）年4月1日から2018年3月31日の事業年度は55％）。中小法人（資本・出資の金額が1億円以下の普通法人）は、所得の金額の制限はなく、金額を繰り越すことができる。

（2）欠損金の繰り戻し還付

　青色申告事業年度において欠損金が生じた場合、1992（平成4）年4月1日から2020年3月31日までの間に終了する各事業年度で生じた欠損

金額については、原則として適用が停止されている（「法人税法」第80条１項、「措置法」第66条の13）。ただし、中小法人等の欠損金額については、停止措置の例外とされている（「措置法」第66条の13　１・２項、「措置法施行令」第39条の24）。

設例14

　以下に示す〔資料〕に基づいた場合、当社（資本金5,000万円）の第20期事業年度（平成30年４月１日から平成31年３月31日まで）において、損金の額に算入できる繰越欠損金の金額として正しいものは、ア〜オのうちどれか。なお、当社は継続して青色申告による確定申告書を提出しており、また、過去において、欠損金の繰り戻しによる還付の適用を受けていないものとする。

〔資料〕

期別	事業年度	青色申告	繰越欠損金額控除前の所得金額または欠損金額
第11期	１年	青	△7,000,000円
第12期	１年	青	△4,000,000円
第13期	１年	青	5,000,000円
第14期	１年	青	6,000,000円
第15期	１年	青	△1,500,000円
第16期	１年	青	△　400,000円
第17期	１年	青	1,000,000円
第18期	１年	青	2,500,000円
第19期	１年	青	△3,000,000円
第20期	１年	青	5,000,000円

　ア　1,000,000円　イ　1,100,000円　ウ　1,300,000円　エ　1,400,000円
　オ　3,000,000円

解答・解説

オ

計算：$\underset{\text{11期}}{7{,}000{,}000円} + \underset{\text{12期}}{4{,}000{,}000円} - \underset{\text{13期}}{5{,}000{,}000円} - \underset{\text{14期}}{6{,}000{,}000円} = \underset{\text{欠損金額}}{0円}$

$\underset{\text{15期}}{1{,}500{,}000円} + \underset{\text{16期}}{400{,}000円} - \underset{\text{17期}}{1{,}000{,}000円} = \underset{\text{欠損金額}}{900{,}000円}$

$\underset{\text{欠損金額}}{900{,}000円} < \underset{\text{18期}}{2{,}500{,}000円} \quad \therefore \quad \underset{\text{欠損金額}}{0円}$

18期までの欠損金額は0円であるため、19期の欠損金額3,000,000円が翌期（20期）の繰越欠損金額となる

15 借地権等

（1）借地権等の設定に伴う対価の所得計算

　借地権または地役権の設定により土地を使用させ、または借地権の転貸その他他人に借地権に係る土地を使用させた場合、使用対価として通常収受する権利金その他の一時金は、益金の額（借地人側は借地権として無形固定資産）に算入する。また、権利金等の収受に代えて、土地（借地権者にあっては借地権）の価額に照らし、その使用の対価として、相当の地代を収受しているときは、正常な取引条件として相当の地代に該当する（「法人税施行令」第137条、「同法基本通達」13－1－2）。

（2）権利金の認定課税の見合わせ

　権利金の授受を伴う土地の使用に権利金を収受せず、相当の地代も収受しない場合でも、当事者間の契約において将来その土地を無償で返還することを明らかにし、その旨を税務署長に届け出たときは、相当の地代と実際に収受している地代との差額について年々認定課税をするにとどめ、権利金の認定課税はしない（同通達13－1－7）。

16 同族会社と特定同族会社の留保金課税

（1） 同族会社

「同族会社」とは、株主等の3人以下および同族関係者の有する株式等の合計が当該会社の発行済株式総数等の50％超を保有している会社等をいう（「法人税法」第2条10号）。

（2） 特定同族会社

「特定同族会社」とは、会社の株主等の1人とこれらの同族関係者が有する株式等の合計額が、当該会社の発行済株式数等の50％超を保有している会社をいう（同法第67条1・2項）。同族関係者とは、株主等の親族（配偶者、6親等内の血族および3親等内の姻族）、株主等と内縁関係にある者、個人株主等の使用人等をいう（「同法施行令」第4条1項）。特定同族会社とみなされ、資本金等の額が1億円を超え、各事業年度の留保金額が留保控除額を超える場合には、留保金に対する法人税が加算される（同法第67条）。

① 留保金に対する特別の法人税＝（留保金額－留保控除額）×特別税率

② 留保控除額（下記ア～ウの金額のうち最も多い金額）（同条5項）

ア 所得基準（当期の所得金額×40％）

イ 定額基準（年2,000万円）

ウ 積立金基準（期末資本金×25％－期末利益積立額*）

* 当期の所得等に係る部分の金額を除く。

③ 税率（特別税率）

ア 年3,000万円以下の金額（10％）

イ 年3,000万円超1億円以下の金額（15％）

ウ 年1億円を超える部分の金額（20％）

【設例15】

　以下に示す〔資料〕に基づき、同族会社と判定する場合の株式数等の持株割合として正しいものは、ア〜オのうちどれか。

〔資料〕

株主名	地位または関係	株数
山田　一郎	社長	4,000株
青山　太郎	専務取締役	3,000株
森谷　二郎	常務取締役	1,000株
森谷　五郎	監査役（二郎の長男）	500株
山田　春子	一郎の妻	2,000株
山田　三郎	一郎の長男	1,000株
品川　和夫	春子の父	500株
その他少数株主		8,000株
合　計		20,000株

ア　37.5%　イ　40%　ウ　52.5%　エ　60%　オ　70%

解答・解説

エ

第1順位の株主グループ：4,000株＋2,000株＋1,000株＋500株
　　　　　　　　　　　　＝7,500株（37.5%）

第2順位の株主グループ：3,000株（15%）

第3順位の株主グループ：1,000株＋500株＝1,500株（7.5%）

同族会社の判定：12,000株（7,500株＋3,000株＋1,500株）

　　　　　　　　12,000株＞10,000株（20,000株の50%）

　　　　　　　　12,000株÷20,000株＝0.6（60%）

17 税額控除

（1）所得税額の控除

　所得税法の規定により源泉徴収される利子や配当金に係る所得税は、法人税額から控除される（「法人税法」第68条、「復興財源確保法」第49条）。

　①　上場株式等の配当等（所得税15％、復興特別所得税0.315％）

　②　非上場株式等の配当等（所得税20％、復興特別所得税0.42％）

（2）外国税額の控除

　内国法人が外国法人税を納付する場合、一定の限度額を外国税額控除として、当該事業年度のわが国の法人税の額から控除できる（「法人税法」第69条）。

（3）その他税額控除

　「租税特別措置法」では、青色申告法人には試験研究費、雇用者数、給与額の増加等を行った場合の法人税額の税額控除が認められる。

　試験研究費とは、下記の①から③の内容が該当する（「措置法」第42条の4　8項1号。「同法施行令」第27条の4　2・3項）。

　①　製品の製造もしくは技術の改良、考案もしくは発明にかかる試験研究のために要する費用

　②　対価を得て提供する新たな役務開発に係る費用で、原材料、人件費（試験研究にもっぱら従事する者への給与）

　③　試験研究を行うための経費および委託研究費

設例16

　青色申告法人である当社において、当期の試験研究費の税額控除を求めるための支出試験費に該当しないものは、次のうちどれか。

　ア　試験研究用の資産の減価償却費

イ 工場と研究所の兼任研究員に対する人件費
ウ 試験研究を行うための委託研究費
エ 試験研究を行うための原材料費
オ 研究所の専任研究員の給与

| 解答・解説 |

イ
試験研究の業務にもっぱら従事する者への人件費が該当する。

18 使途秘匿金に対する課税

「使途秘匿金」とは、法人が支出した金銭その他の資産のうち、その相手方の氏名または名称、および住所または所在地並びにその事由をその法人の帳簿書類に記載していないものをいう（「措置法」第62条2項）。その支出額について40％の法人税が追加課税される（同条1項）。

法人申告書とその基本構造

◆申告（確定、中間、予定、期限後、修正）と納付について理解する。

◆還付（税額控除不足、中間納付額、欠損金の繰り戻し、更正の請求）と付帯税について理解する。

◆確定申告書の構成内容（別表四、五（一））の記入方法について理解する。

1 申告の種類とその内容

（1）確定申告

法人は、各事業年度終了日の翌日から2ヵ月以内に、確定した決算に基づいて確定申告書を作成して、所轄税務署長に提出しなければならない（「法人税法」第74条1項）。確定申告書以外には、当該事業年度の①貸借対照表、②損益計算書、③株主資本等変動計算書、④上記①・②に係る勘定科目内訳明細書および事業概況報告書等を添付しなければならない（同条3項、「同法施行規則」第34・35条）。

会社法上の**大会社**（資本金5億円以上または負債が200億円以上である株式会社）は、税務署長に当初の事業年度終了日までに「申告期限の延長申請書」を申請すれば、事業年度終了日の翌日から3ヵ月以内に確定申告書の提出期限を延長することができ、また、一定の常況にあると認められた法人については、申請により、4ヵ月以内に延長される（同

法第75条の2）。

（2）中間申告

法人は、事業年度が6ヵ月を超える場合は、当該事業年度開始の日以後6ヵ月を経過した日から2ヵ月以内に、中間申告書を税務署長に提出しなければならない（同法第71条）。中間申告には、次の2つの方法がある。

① **予定申告**（同法第71条1項）

予定納付税額＝前事業年度の法人税額÷前事業年度の月数×6ヵ月

ただし、予定納付税額が10万円以下である場合またはその金額がない場合には、申告書を提出する必要はない。

② **仮決算による中間申告**

当期の業績が悪く、前事業年度の実績に基づいて予定申告をした場合、当期分として過納になる場合は、仮決算した場合の中間申告をすることができる（同法第72条）。

2 期限後申告・修正申告

法定申告期限後でも、申告書の提出が認められる。しかし、期限後申告の場合には、**延滞税**や**無申告加算税**がかかることになる（「国税通則法」（以下、「通則法」）第18条）。

また、申告した税額に不足額や、還付金額が多すぎた場合には、修正申告をすることができる。この場合には、無申告加算税（期限後）、過少申告加算税（期限前）がかかることになる（「通則法」第19条）。

3 納付・利子税

法人は、申告書の（中間申告書、確定申告書）の提出期限までに、法

人税額を国に納付しなければならない（「法人税法」第76・77条）。

　また、災害その他やむを得ない理由等で確定申告の提出期限の延長の特例の適用を受けた場合は、提出期限を指定された日まで延期することができる（同法第75条1・2項、「通則法」第11条）。延長期間の日数に応じ、年7.3％の利子税がかかる（「法人税法」第75条7項）。

4　還付（税額控除不足額、中間納付額、欠損金の繰り戻し）

　法人は、控除されるべき所得税額や外国税額が法人税額を上回った場合、または中間申告による納付額が確定申告税額より多かった場合は、過納分の還付を受けることができる（「法人税法」第78・79条）。また、青色申告法人の場合、欠損金をその発生事業年度開始日前1年以内に開始したいずれかの事業年度に繰り戻して、その事業年度分の法人税額の還付を受けることができる（同法第80条1項）。ただし、中小法人、公益法人等、協同組合等および人格のない社団等を除き、1992（平成4）年4月1日から2018（平成30）年3月31日の間に終了する各事業年度に生じた欠損金額については適用が停止されている。→本章第3節14（2）

$$還付される法人税額＝還付所得事業年度の法人税額 \times \frac{繰戻欠損金額}{還付所得事業年度の所得金額}$$

5　更正の請求

　法人は、申告書の提出後に、税額に法令の適用誤りや計算誤りなどにより納付税額が多すぎた場合には、法定申告期限から5年以内、また純損失等の金額が過少である場合には、法定申告期限から9年以内（2018（平成30）年4月1日以後開始する事業年度は10年）に限り、税額を少なくする「更生の請求」ができる（「通則法」第23条）。

6 附帯税

（1） 延滞税・利子税

　法人は、法人税額をその法定納期限までに納付しなかった場合には、延滞税（年14.6％）がかかる。ただし、法定納期限の翌日から2ヵ月以内は年7.3％（「通則法」第60条、「措置法」第94条1項）。また、災害その他やむを得ない理由等確定申告書の提出期限の延長の特例の適用を受けた場合は、利子税（年7.3％）を納付する必要がある（「通則法」第64条）。

（2） 加算税（過少申告加算税、無申告加算税、重加算税）

　法人は、法人税額を過少に申告した場合には過少申告加算税（年10％）が課され、法定申告期限までに申告をしなかった場合には無申告加算税（15％）が課される（同法第65・66条）。また、法人税額を過少申告や無申告が隠蔽、仮装に基づく場合には、重加算税（35％）が課される（同法第68条）。→図表4－4－1

図表4－4－1　附帯税と損金との関係

	附帯税	損金算入・損金不算入
1	延滞税	損金不算入
2	利子税	損金算入
3	過少申告加算税	損金不算入
4	無申告加算税	損金不算入
5	重加算税	損金不算入

7 税額の計算

（1） 法人税率

　法人税額は、課税標準に所定の税率を乗じて算定される。中小法人（期末資本金・出資金の金額が1億円以下の普通法人）および人格のな

図表4－4－2　法人税額の税率

区　　　分		税　率
期末資本金等の額1億円超の普通法人		23.2%　※1
期末資本金等の額1億円以下の普通法人、一般社団法人、人格のない社団等	年800万円以下	19%（15%）　※2
	年800万円超	23.2%　※1
公益法人等・協同組合等　※3	年800万円以下	15%
	年800万円超	19%

※1　2016（平成28）年4月1日以後に開始する事業年度：23.4%
　　　2018（平成30）年4月1日以後に開始する事業年度：23.2%
※2　2019（平成31）年3月31日までに開始する事業年度：15%
　　　さらに2年延長される見込み。
※3　特定の協同組合等で年10億円を超えた所得に対しては、22%が適用される（「措置法」第68条）。
※4　上記の図表は、収益事業の所得を前提としている。

い社団等においては、年800万円以下の所得金額は**軽減税率**が適用される（「法人税法」第66条）。各事業年度の税額を計算する場合の所得金額は1,000円未満を切り捨て、法人税額は100円未満を切り捨てる（「通則法」第118・119条）。→図表4－4－2

設例1

期末資本金額1億円以下の普通法人の法人税率（復興特別法人税率は除く）の説明として正しいものは、次のうちどれか。事業年度は平成30年4月1日から平成31年3月31日。

　ア　課税所得金額が年800万円以下は、15%となる。

　イ　課税所得金額が年800万円以下は、19%となる。

　ウ　課税所得金額が年800万円以下は、23.2%となる。

　エ　課税所得金額が年1,000万円以下は、15%となる。

　オ　課税所得金額が年1,000万円以下は、19%となる。

ア

中小法人の法人税率の時限措置

設例2

法人税確定申告書に添付する書類として不要なものは、次のうちどれか。

ア　当該事業年度末の損益計算書
イ　当該事業年度末の勘定科目明細書
ウ　当該事業年度の貸借対照表
エ　当該事業年度のキャッシュ・フロー計算書
オ　当該事業年度の株主資本等変動計算書

解　答

エ

8 別表四と五（一）の申告書

（1）別表四の申告書

　法人税申告書「**別表四**」の申告書は、法人税の課税所得の計算を行い、社外流出と社内留保の区分を行う。→図表4−4−3

（2）別表五（一）の申告書

　「**別表五（一）Ⅰ**」の申告書は、別表四の所得のうち社内に留保している金額（利益積立金額）の内訳を示すものである。利益積立金額とは、所得金額のうち留保している金額の累計額である。また、「**別表五（一）Ⅱ**」の申告書は、税務上の資本金等の額が記載される。資本金等の額には、①資本金の額または出資金の額、②前事業年度までの資本金の額または出資金の額以外の資本金等の額の増減額および当該事業年度の資本

図表４−４−３ 所得の金額の計算に関する明細書−別表四（簡易）

区　　分		総　額	処　分	
			留保	社外流出
当期利益又は当期欠損の額				
加算	損金経理をした法人税及び地方法人税（附帯税を除く。）		×××	
	損金経理をした道府県民税及び市町村民税		×××	
	損金経理をした納税充当金		×××	
	損金経理をした附帯税（利子税を除く。）、加算金、延滞金（延納分を除く。）及び過怠税			×××
	減価償却の償却超過額		×××	
	役員給与の損金不算入額			×××
	交際費等の損金不算入額			×××
	小　　計		×××	×××
減算	減価償却超過額の当期認容額		×××	
	納税充当金から支出した事業税等の金額		×××	
	受取配当等の益金不算入額（別表八（一）「13」又は「26」）			×××
	所得税額等及び欠損金の繰戻しによる還付金額等			×××
	小　　計		×××	×××
仮　　　　計			×××	×××
寄附金の損金不算入額				×××
法人税額から控除される所得税額				×××
合計・差引計・総計			×××	×××
所得金額又は欠損金額			×××	×××

金の額または出資金の額以外の資本金の額の増減額の合計額が記載される。→図表４−４−４

図表４－４－４　利益積立金額及び資本金等の額の計算に関する明細書－
別表五（一）

Ⅰ　利益積立金額の計算に関する明細書				
区　　分	期首	減	増	翌期首
利益準備金	×××	×××	×××	×××
積立金	×××	×××	×××	×××
貸倒引当金繰入超過額			×××	×××
繰越損益金	×××	×××	×××	×××
納税充当金	×××	×××	×××	×××
未納法人税及び未納地方法人税	△×××	△×××	中間・確定	△×××
未納道府県民税	△×××	△×××	中間・確定	△×××
未納市町村民税	△×××	△×××	中間・確定	△×××
差引合計額	×××	×××	×××	×××

Ⅱ　資本金等の額の計算に関する明細書				
区　　分	期首	減	増	翌期首
資本金又は出資金	×××			×××
資本準備金	×××			×××
差引合計額	×××			×××

▐▌▌▌▌ 第4章　理解度チェック ▐▌▌▌▌

次の設問に解答しなさい（解答・解説は後段参照）。

1. 以下に示す〔資料〕に基づいた場合、小売業を営む甲社の当期（X1年4月1日からX2年3月31日）における貸倒引当金の繰入限度額として正しいものは、次のうちどれか。なお、期末資本金額は1億円とする。

〔資料〕

期末における債権の内容は次のとおりである。

（1）売掛金：2,800,000円

（2）貸付金：1,500,000円

（3）預貯金に係る未収利子：80,000円

（4）損害賠償金に係る未収金：740,000円

（5）受取手形（割引手形1,000,000円を除く）：3,300,000円

（6）受取手形のうち、B社からのものが1,500,000円あるが、B社はX1年10月1日に手形交換所の取引停止処分を受けている。

（7）売掛金のうち、C社に対するもの700,000円について、同社からの買掛金400,000円がある。

ア　74,400円　　イ　96,400円　　ウ　750,000円　　エ　824,400円

オ　995,400円

2. 法人税の申告調整事項のうち、申告書において必ず調整しなければならないものではなく、申告書に記載した場合のみ適用されるものとして適切なものは、次のうちどれか。

①　寄附金等の損金不算入

②　受取配当等の益金不算入

③　法人税の損金不算入

④　減価償却超過額の損金不算入

⑤　役員給与の損金不算入

3. 次の事項の中で、決算調整事項（決算書類作成時に収益または費用として処理しておかなければならない企業利益が増減されない事項）とならないものはどれか。
① 貸倒引当金の繰入額の損金算入
② 一括償却資産の損金算入
③ 減価償却資産の減価償却費の損金算入
④ 青色欠損金の損金算入
⑤ 圧縮記帳に関する損金算入

・・・・・・・・・・ 第4章 理解度チェック 解答・解説 ・・・・・・・・・・

1. ア　中小企業者等の特例（卸・小売業：1.0％）

売掛金：2,800,000円－400,000円＝2,400,000円

貸付金：1,500,000円

未収金：740,000円

受取手形：3,300,000円＋1,000,000円－1,500,000円＝2,800,000円

限度額：7,440,000円×１％＝74,400円

　　　　1,500,000円×50％＝750,000円

合計：824,400円

2. ②

受取配当等の益金不算入は、申告調整を行うかどうかは法人の任意である。

3. ④

青色欠損金の損金算入は、法人税の申告にあたり、必ず申告調整しなければならない必須調整事項である。

〈参考文献〉

（一財）大蔵財務協会編『私たちの税金－平成29年度版』大蔵財務協会、2017年

菊谷正人・依田俊伸・井上行忠・酒井翔子『租税法入門』同文舘出版、2016年

（公社）全国経理教育協会編『入門税法－平成29年度版』清文社、2017年

成松洋一『法人税法 理論と計算〔十三訂版〕』税務経理協会、2017年

日本税理士会連合会編、中村慈美『法人税 重要計算ハンドブック－平成29年度版』中央経済社、2017年

日本税理士会連合会編『法人税法規集』中央経済社、2017年

日本税理士会連合会編『法人税取扱通達集』中央経済社、2018年

渡辺淑夫『法人税法－平成29年度版』中央経済社、2017年

―― 都道府県職業能力開発協会 所在地一覧 ――

協会名	所在地	TEL
北海道職業能力開発協会	〒003-0005 札幌市白石区東札幌5条1丁目1番2号 北海道立職業能力開発支援センター内	011-825-2385
青森県職業能力開発協会	〒030-0122 青森市大字野尻字今田43-1 県立青森高等技術専門校内	017-738-5561
岩手県職業能力開発協会	〒028-3615 紫波郡矢巾町南矢幅10-3-1 岩手県立産業技術短期大学校内	019-613-4620
宮城県職業能力開発協会	〒981-0916 仙台市青葉区青葉町16-1	022-271-9260
秋田県職業能力開発協会	〒010-1601 秋田市向浜1-2-1 秋田県職業訓練センター内	018-862-3510
山形県職業能力開発協会	〒990-2473 山形市松栄2-2-1	023-644-8562
福島県職業能力開発協会	〒960-8043 福島市中町8-2 福島県自治会館5F	024-525-8681
茨城県職業能力開発協会	〒310-0005 水戸市水府町864-4 茨城県職業人材育成センター内	029-221-8647
栃木県職業能力開発協会	〒320-0032 宇都宮市昭和1-3-10 栃木県庁舎西別館	028-643-7002
群馬県職業能力開発協会	〒372-0801 伊勢崎市宮子町1211-1	0270-23-7761
埼玉県職業能力開発協会	〒330-0074 さいたま市浦和区北浦和5-6-5 埼玉県浦和合同庁舎5F	048-829-2801
千葉県職業能力開発協会	〒261-0026 千葉市美浜区幕張西4-1-10	043-296-1150
東京都職業能力開発協会	〒102-8113 千代田区飯田橋3-10-3 東京しごとセンター7F	03-5211-2350
神奈川県職業能力開発協会	〒231-0026 横浜市中区寿町1-4 かながわ労働プラザ内	045-633-5420
新潟県職業能力開発協会	〒950-0965 新潟市中央区新光町15-2 新潟県公社総合ビル4F	025-283-2155
富山県職業能力開発協会	〒930-0094 富山市安住町7-18 安住町第一生命ビル2F	076-432-9883
石川県職業能力開発協会	〒920-0862 金沢市芳斉1-15-15 石川県職業能力開発プラザ3F	076-262-9020
福井県職業能力開発協会	〒910-0003 福井市松本3-16-10 福井県職員会館ビル4F	0776-27-6360
山梨県職業能力開発協会	〒400-0055 甲府市大津町2130-2	055-243-4916
長野県職業能力開発協会	〒380-0836 長野市大字南長野南県町688-2 長野県婦人会館3F	026-234-9050
岐阜県職業能力開発協会	〒509-0109 各務原市テクノプラザ1-18 岐阜県人材開発支援センター内	058-322-3677
静岡県職業能力開発協会	〒424-0881 静岡市清水区楠160	054-345-9377
愛知県職業能力開発協会	〒451-0035 名古屋市西区浅間2-3-14	052-524-2031
三重県職業能力開発協会	〒514-0004 津市栄町1-954 三重県栄町庁舎4F	059-228-2732
滋賀県職業能力開発協会	〒520-0865 大津市南郷5丁目2-14	077-533-0850
京都府職業能力開発協会	〒612-8416 京都市伏見区竹田流池町121-3 京都府立京都高等技術専門校内	075-642-5075

協会名	所在地	TEL
大阪府職業能力開発協会	〒550-0011 大阪市西区阿波座2-1-1 大阪本町西第一ビル6F	06-6534-7510
兵庫県職業能力開発協会	〒650-0011 神戸市中央区下山手通6-3-30 兵庫勤労福祉センター1F	078-371-2091
奈良県職業能力開発協会	〒630-8213 奈良市登大路町38-1 奈良県中小企業会館2F	0742-24-4127
和歌山県職業能力開発協会	〒640-8272 和歌山市砂山南3-3-38 和歌山技能センター内	073-425-4555
鳥取県職業能力開発協会	〒680-0845 鳥取市富安2-159 久本ビル5F	0857-22-3494
島根県職業能力開発協会	〒690-0048 松江市西嫁島1-4-5 SPビル2F	0852-23-1755
岡山県職業能力開発協会	〒700-0824 岡山市北区内山下2-3-10	086-225-1546
広島県職業能力開発協会	〒730-0052 広島市中区千田町3-7-47 広島県情報プラザ5F	082-245-4020
山口県職業能力開発協会	〒753-0051 山口市旭通り2-9-19 山口建設ビル3F	083-922-8646
徳島県職業能力開発協会	〒770-8006 徳島市新浜町1-1-7	088-662-5366
香川県職業能力開発協会	〒761-8031 高松市郷東町587-1 地域職業訓練センター内	087-882-2854
愛媛県職業能力開発協会	〒791-1101 松山市久米窪田町487-2 愛媛県産業技術研究所 管理棟2F	089-993-7301
高知県職業能力開発協会	〒781-5101 高知市布師田3992-4	088-846-2300
福岡県職業能力開発協会	〒813-0044 福岡市東区千早5-3-1 福岡人材開発センター2F	092-671-1238
佐賀県職業能力開発協会	〒840-0814 佐賀市成章町1-15	0952-24-6408
長崎県職業能力開発協会	〒851-2127 西彼杵郡長与町高田郷547-21 長崎高等技術専門校敷地内	095-894-9971
熊本県職業能力開発協会	〒861-2202 上益城郡益城町田原2081-10 電子応用機械技術研究所内	096-285-5818
大分県職業能力開発協会	〒870-1141 大分市大字下宗方字古川1035-1 大分職業訓練センター内	097-542-3651
宮崎県職業能力開発協会	〒889-2155 宮崎市学園木花台西2-4-3	0985-58-1570
鹿児島県職業能力開発協会	〒892-0836 鹿児島市錦江町9-14	099-226-3240
沖縄県職業能力開発協会	〒900-0036 那覇市西3-14-1	098-862-4278

経理（財務会計）2級〔第2版〕
―― テキスト監修・執筆者一覧 ――

監修者

大倉　学	明治大学	経営学部	
	教授		
鈴木　昭一	拓殖大学	商学部	
	教授		

執筆者（五十音順）

井上　行忠	嘉悦大学	経営経済学部	第4章
	教授		
大倉　学	明治大学	経営学部	第1章
	教授		（第1～3節）
			第2章（第1・3・
			4・6・7節）
			第3章
			（第1・4節）
鈴木　昭一	拓殖大学	商学部	第1章
	教授		（第4～7節）
			第2章
			（第2・5節）
			第3章
			（第2・3節）

（※）所属は平成31年4月時点のもの
なお、第2版は、初版における記述を基に、必要に応じて新規執筆・加除修正を加える形で
作成しております。

経理（財務会計）2級〔初版〕
── テキスト監修・執筆者一覧 ──

監 修 者

山田	庫平	明治大学　経営学部 教授	
松井	泰則	立教大学　経営学部 教授	

執筆者（五十音順）

高山	昌茂	協和監査法人 　代表社員　公認会計士	第2章 第3章
菱山	淳	専修大学　商学部 　准教授	第1章（第2節～ 第4節・第6節）
松井	泰則	立教大学　経営学部 教授	第1章 （第1節～第6節）

（※）所属は平成20年3月時点のもの

ビジネス・キャリア検定試験標準テキスト
経理（財務会計） 2級

平成20年3月29日　　初　版発行
平成31年4月26日　　第2版発行

編　　　著　中央職業能力開発協会

監　　　修　大倉　学・鈴木　昭一

発　行　所　中央職業能力開発協会

　　　　　　〒160-8327 東京都新宿区西新宿7-5-25 西新宿プライムスクエア11階

発　売　元　株式会社 社会保険研究所

　　　　　　〒101-8522 東京都千代田区内神田2-15-9 The Kanda 282

　　　　　　電話03-3252-7901（代表）

ISBN978-4-7894-9721-3 C2036 ¥2800E
©2019 中央職業能力開発協会 Printed in Japan